读行者

从阅读走进现实

knowledge-power

knowledge-power

读行者

傳記文學書系

蔣廷黻回憶錄

蒋廷黻◎著

岳麓書社·长沙
博集天卷 CS-BOOKY

图书在版编目（CIP）数据

蒋廷黻回忆录 / 蒋廷黻著 . —长沙 : 岳麓书社 ,2017.2
ISBN 978-7-5538-0671-6
Ⅰ . ①蒋… Ⅱ . ①蒋… Ⅲ . ①蒋廷黻（1895—1965）– 回忆录
Ⅳ . ① K825.81
中国版本图书馆 CIP 数据核字 (2016) 第 229693 号

著作权合同登记号 : 图字 18-2016-140 号

JIANG TINGFU HUIYILU
蒋廷黻回忆录

作　　者：蒋廷黻
责任编辑：龚　昊　蒋　浩　李郑龙
监　　制：于向勇　马占国
特约策划：秦　青
营销编辑：刘晓晨　罗　昕　刘文昕
装帧设计：张丽娜
岳麓书社出版发行
地　　址：湖南省长沙市爱民路 47 号
直销电话：0731-88804152　88885616
邮　　编：410006
2017 年 2 月第 1 版第 1 次印刷
开　　本：700 × 995　1/16
印　　张：20
字　　数：250 千字
书　　号：ISBN 978-7-5538-0671-6
定　　价：45.00 元
承　　印：三河市鑫金马印装有限公司

质量监督电话 :010-59096394
团购电话 :010-59320018

总序

岳麓书社依据台湾的《传记文学》，分类编纂，陆续出版“传记文学”书系，这是两岸文化交流史上的大事，是中国近代史和中华民国史研究的大事、喜事。

1962 年 2 月 5 日，时值春节，曾在北大读书的刘绍唐向当年的校长胡适拜年，谈起胡适长期提倡传记文学，而始终未见实行，向老师透露，自己正准备创办《传记文学》月刊。胡适虽肯定其志，却以为其事甚难，办月刊，哪里去找这么多“信而有征”的文字，因此不大赞成。不料当年 6 月 1 日，绍唐先生主编的《传记文学》竟在台北出刊了。自此，直到 2000 年 2 月 10 日，绍唐先生因病在台北去世，历时 38 年，共出版 453 期。每期约 30 万字，453 期就是约 13590 万字。此外，传记文学出版社还出版了“传记文学丛书”和“传记文学丛刊”，其中包括《民国人物小传》《民国大事日志》等许多民国历史方面的著作。

尽人皆知，绍唐先生没有任何背景，不接受任何政治集团、经济集团的支持，只身奋斗，孤军一人，却做出了台湾官方做不出的成绩，创造了中国出版史上不曾有过的奇迹。因此，绍唐先生被尊为“以一人而敌一国”，戴上了“野史馆馆长”的桂冠。

我在大学学习中国文学，毕业后业余研究中国哲学，1978 年 4 月，调入中国社科院近代史研究所，参加《中华民国史》的编写，自此，即与绍唐先生的《传记文学》结下不解之缘。在众多历史刊物中，《传记文学》最为我所关注。但是，我和绍唐先生相识则较晚，记得是在1995年9月，纪念抗战胜利50周年之际。当时，台湾史学界在台北召开学术讨论会，我和其他大陆学者31人组团越海参加。这是海峡两岸学者之间交流的起始阶段，有如此众多的大陆学者同时赴会，堪称前所未有的盛事。我向会议提交的论文《九一八事变后的蒋介石》，根据毛思诚所藏《蒋介石日记类钞》未刊稿本写成。当时，蒋介石日记存世一事，还不为世人所知，绍唐先生很快通知我，《传记文学》将发表该文。9月3日，闭幕式晚宴，由绍唐先生的传记文学出版社招待。各方学者，各界嘉宾，济济一堂。我因事略为晚到，不料竟被引到主桌，和绍唐先生同席。那次席上，绍唐先生给我的印象是热情、好客、豪饮。次年，我应"中研院"近史所所长陈三井教授之邀访问该所，在台北有较多停留时间。其间，我曾应绍唐先生之邀，到传记文学出版社参观。上得楼来，只见层层叠叠，满室皆书，却不见编辑一人。绍唐先生与我长谈，详细介绍《传记文学》创刊的过程及个人办刊的种种艰辛。绍唐先生特别谈到，办刊者必须具备的"眼力""耐力""定力"等条件，可惜，我没有记日记的习惯，未能将绍唐先生所谈追记下来，至今引为憾事。绍唐先生交游广阔，文友众多，因此宴集也多。每有宴集，绍唐先生必招我参加，我也欣然从远在郊区的南港住所赴会。许多朋友，例如旅美华人史学家唐德刚等都是在这样的场合下认识的。在台期间，台北史学界为纪念北伐战争70周年，召开北伐及北伐史料讨论会，我根据原藏俄罗斯等处的档案，撰写《1923年蒋介石的苏联之行及其军事计划》一文参加，绍唐先生不仅到会，而且当场确定《传记文学》将发表拙文。我离开台北前，绍唐先生再次将我引到他的藏书室，告诉我，凡传记文学出版社出版的图书，喜欢什么就拿什么。我因为近史所已赠我大量出版物，又不好意思，只挑选了《陈济棠自传稿》《傅孟真先生年谱》《朱家骅年谱》和李济的《感旧录》等有限几种，回想起来，至今仍觉遗憾。

绍唐先生自述，他有感于“两岸的文士因为历史原因等种种关系，许多史实难免歪曲”，因此，创办此刊，以便“为史家找材料，为文学开生面”。我觉得，绍唐先生的这两个目的，比较成功地达到了。政治对学术，特别是对历史学的干预，古已有之，但是，学术特别是以真实为最高追求目标的历史学，又最忌政治和权力的干预。绍唐先生在台湾的白色恐怖余波犹在的年代，能够不怕“因稿贾祸”，创办刊物，发行丛书，保存大量中国近代史特别是民国史资料，供千秋万代的史家和史学爱好者采用，这是功德无量的盛事、盛业。刊物虽标明“文学”，但是，取文、选文却始终恪守历史学的原则，排斥任何虚构和想象，这也是值得今之史家和文家们借鉴和注重的。

绍唐先生去世后，《传记文学》由中国新闻界的前辈成舍我先生的后裔续办，至今仍是华人世界中的著名历史刊物，衷心希望绍唐先生的事业和精神能长期传承，永放光彩，衷心希望“传记文学”书系的出版，能得到读者的喜欢，助益历史学的繁荣和发展。

杨天石

2015 年 5 月于北京东城之书满为患斋

凡例

一、原文的繁体竖排改成简体横排。

二、原文中脱、衍、讹、倒之处，均径改，不另加注说明。

三、原文中专名(人名、地名、书名等)及其译名皆一仍其旧，其中或有跟现今通行者有较大区别，而可能导致阅读障碍的，由编者加注进行说明。

四、原文中词语与标准用法有不同者，为尊重作者用语习惯及时代与地域差异等，不做修改，一仍其旧。

五、原文中标点符号的使用有不统一及不符合标准用法的，一仍其旧，其中或有可能导致阅读障碍的，由编者重新标点。

六、原文中的汉字数字不予变为阿拉伯数字，个别阿拉伯数字也不再统一为汉字。但注释部分为统一体例，版本年代及页码均采用阿拉伯数字，以便明晰。

七、所引文章中的纪年，1949 年 10 月 1 日前的民国纪年一仍其旧，1949 年 10 月 1 日后均采用公历纪年。

八、原文中 1949 年 10 月 1 日前对于中国共产党和国民党政治机构及职务的称呼均予保留，只对个别明显不符合历史事实的文字做了必要的删改。

九、原文中 1949 年 10 月 1 日中华人民共和国成立后，台湾地区自称“中国”“政府”及其政治机构、职务名称、“涉外”用语等，本书均加引号，以示区分。

十、原文中由于作者政治立场等原因，本书做了极个别的删节，不另加说明。但为保留资料的完整性，尊重原文及作者观点，文中难免偶有不妥之处，相信读者自能甄别分辨。

出版说明

蒋廷黻(1895—1965)，湖南邵阳人。出身于一个中等农家。六岁入私塾接受旧式教育。十岁即离开家乡入长沙明德小学，次年转入美国基督教长老会所办的益智学堂，开始学习英文。十七岁时赴美国留学，始为半工半读，后以成绩优异而获湖南省官费资助，先后就读于派克学堂、奥柏林学院。其间适逢第一次世界大战，曾应基督教青年会之召，前往法国为赴法的中国劳工服务。战后重返美国，入哥伦比亚大学研究院专攻历史，获哲学博士学位。旋即回国，先后任南开大学、清华大学历史系教授，致力于中国近代史尤其是外交史研究。自 1935 年始，以学者身份从政，历任国民党政府行政院政务处长、驻苏大使、救济总署署长等职。1949 年以后，又任台湾“常驻联合国代表”“驻美大使”等职。1965 年 5 月退休后，原计划重回学术生涯，撰写回忆录与中国近代史专书，不期因癌症不治于 10 月 9 日病逝于纽约。

近代的湖南，是一个“开风气之先”的省份。1844 年邵阳人魏源(1794—1857)刊行《海国图志》，提出了“师夷长技以制夷”的主张，成为最早“睁眼看世界”的学人。其后的曾国藩(1811—1872)身体力行，以学问与事功成就其“伟人”事业。稍后郭嵩焘(1818—1891)出任清政府首任驻英公使，遍历欧陆，屡次上书当局，建议不但可以接受外国的武器、轮船、铁路，更可采纳借鉴西方进步的政治经济模式，全面地“走向世界”。不过这种远远超过同时代人的思想，在当时是不可能被理解与接受的。但此后风气大开，“经世致用”的学风士风盛行交通闭塞的湖南大地。数十年潜移默化之功，涌现出谭嗣同、陈天华、黄兴、宋教仁、蔡锷等大批仁人志士，一时湖南人才号称鼎盛。稍晚的无产阶级革命家毛泽东、刘少奇等也是在这样的环境中度过了青少年时代。

1895 年 12 月出生的蒋廷黻，十岁时进入长沙明德小学，开始接受“新式教育”。当时的明德小学实为湖南“爱国主义教育”的中心（黄兴、张继此前曾在该校任教），蒋廷黻后来经常提到他的“国家观念”就是在明德时期形成的，乃是实言。在当时的明德、省立师范等新式学校中还流行一句口号：“中国若是德意志，湖南定为普鲁士。”意思是在新中国的建立过程中，湖南人一定要担任最重要的角色，体现了一股湘人的豪气。蒋廷黻受到这种激进的思想环境熏陶，潜意识中自然有了将来干一番大事业的壮志雄心。

1929 年，度过了十年留学生涯与有了六年国内大学任教经历的蒋廷黻，已经明确了自己的学术方向与人生理想，即以自身学识与经验来报效祖国。是年 5 月受命担任清华大学历史系主任，即着手大胆地改革旧的教学与治学路径。他放弃“治史书而非治史学”的传统史学方法，除了本人致力专攻近代史与外交史之外，还组织专门班子开设与中国前途密切相关的日本史、俄国史课程，提倡学问为现实服务，即是“学以致用”的显例。1931 年“九一八”事变后，基于国难当头的现实，他与胡適、丁文江等人创办《独立评论》杂志，发表学者们对时政的看法。他本人撰写了大量政论文章，阐明自己对内政外交的见解，这引起了时在南昌的蒋介石的注意。1933 年、1934 年受蒋介石之召，二人多次“面谈”。1935 年 11 月，蒋廷黻不顾众多友人的劝阻，决然跳入政治“火坑”，担任国民党政府行政院政务处长，从此踏上从政的不归之路。这可以说是蒋廷黻自觉或不自觉的必然选择。

蒋廷黻晚年与故交李济交谈时的一段对话很能体现他对自己人生道路的评判。李济："廷黻，照你看是创造历史给你精神上的快乐多，还是写历史给你精神上的快乐多?"蒋没有正面作答，他以惯熟的外交辞令回答："济之，现在到底是知道司马迁的人多，还是知道张骞的人多?"李济是研究撰著上古史的专家，蒋廷黻不好当面贬低"写历史"的贡献，况且自己也曾"写"过十多年的"历史"，但他显然对"创造历史"更有兴趣并引以"自豪"。

蒋廷黻作为一个有着特殊经历和身份的"重要人物"，其回忆录确实有着较为重要的史料参考价值，可惜其"口述自传"仅完成了大约一半即病故，本书仅仅反映了他前半生的经历，抗战以后的部分未能完成。这和他在清华任教时立志用十年时间撰写出《中国近代史》的宿愿未能实现一样，给相关研究者留下了永远的遗憾。

目录

附录

译者序

蒋廷黻先生早岁留美，归国后从事中国近代史之研究与教学，与胡適之、傅斯年、丁文江等创办《独立评论》，介绍西洋新思想、新观念，评论中国时政与积弊，为早期提倡中国现代化功臣之一。其后从政，出任外交官及台湾“国民党政府驻联合国首席代表”等职，是民国以来学者从政中最有成就的一位，誉为“国士无双”实不为过。

一九六五年春，他从“驻美大使”任内退休，原计划重回学术生涯。首先应哥伦比亚大学之邀，口述其一生治学从政经过，以便编印回忆录；然后拟回台定居南港，从事其中国近代史之撰写。唯在哥大口述回忆录仅完成三分之二时，即患癌症逝世。其已完成之回忆录，共分十七章，计自家世、童年、求学、留美、随劳工团赴法、哥大读书、南开及清华大学任教、《独立评论》种种、赴莫斯科考察、从政任行政院政务处长、任驻苏大使及抗战期间重任行政院政务处长等章，娓娓道来，亲切可读，无一不与中国近代史有关。唯最感遗憾者，即蒋氏战后出任救济总署署长、在联合国十五年以及晚年“驻美大使”任内之经历，则付阙如。

回忆录中部分人名地名，译音未必正确，且以蒋氏亦已作古，无从查询。故凡译者认为存疑者，均于译文后加注原文，读者如有指正，当于再版时修正。

译事本难，兼以才菲，舛误难免，尚望读者先进不吝指教为幸。

译者谢钟琏谨识

公元一九七九年元月十五日

第一章　我的先人和老家

我的先人和他们的家庭是属于古老的、传统的中国。就我儿时所知，他们——人和房子——没有受到任何现代化和外国的影响。他们生存的天地是中国式的。但他们是否能够代表整个古老的中国，我却不敢说。因为中国（古老的和现代的）毕竟是一个大国，地区辽阔，风俗各异。

我于一八九五年 12 月 7 日，也就是光绪二十一年十月二十一日降生。我家住在湖南宝庆府邵阳以北三十里的地方，那儿是有名的鱼米之乡。

我家门前有一条小路，人称小官道。小官道可以经过邵阳到楮塘铺；楮塘铺是个镇，镇北三里通大官道。循大官道可至湘乡和湘潭，最后可抵长沙。据我估计：从邵阳到长沙大约有一百四十里。路上都铺着青石板。小官道宽约四尺，如果有两乘轿子在路上相遇，其中一乘必须要躲在路旁，静待其他一乘过去，然后再走，以免被挤落田间或水塘。大官道宽约八尺，轿子可以并排通过。

我家东、南、西三面都是水田。北面有两个水塘，塘水用于灌溉和养鱼。四周既不是平原也不是山谷。房西是一带丘陵，最高处不到二十五尺，房后是一座小山，高约五十尺，孤立在那里，南、北两方视线受阻，看不出去。这块地方实在太小，小得简直不能称为一块平地，同时西面的丘陵又太矮，无法形成一条山谷。

房西约二百尺处是一条小河，宽约二十尺，雨后，上流的水流下来，水深可达十尺。过几天，水位下降，可以看见奇形怪状的石子。河上有一座木桥，是用六根松木架成的，下面是石头桥墩。有一次，我建议把木桥改成石桥，但是我的长辈们不赞成，他们说石桥建在大门前会破坏风水，带来噩运。

小河和木桥为我们族中兄弟们带来很多快乐。有时水浅，我们可以嬉水，并可寻找五光十彩的小石子；有时我们可以用各种方法去捕鱼。我们捕到的都是小鱼，从来没有超过四寸长的。小河南岸有古树，树中间又生着矮小的灌木。我们在树荫下游戏，小鸟在灌木中筑巢。

这座房子住了我们五代。它本是我太爷替他的两个儿子建造的。起初，房子的建造是左右耳房各一栋，中间是一栋宽敞的祖先堂。堂内设有祖先的供桌，每遇婚丧大典都在那儿举行。祖先堂是全家人的公产。我祖父和他的子女住南耳房，叔祖和他的子女住北耳房。虽然我在这栋房子里一直住到十二岁，后来我又回去过好几次，但我一直不知道它到底有多少间。那是一栋大而不规则的房子。

我太爷和我祖父在我出生前就已过世。我祖母自己住一套房间。我父亲和他的两兄弟也各住一套房间。我们可以说，那简直是一栋大公寓，每个成婚的人都会分到一小栋。只是，每栋都不是分开的。后来，当我这一代的人口增多时，我们的先人就再增建房屋，于是，我们也能分到一套房间。

从远处看，我家房子酷似两座并列的帐篷。每座帐篷有两条雕琢精美的屋檐。这两座帐篷由一条平行的屋脊串连到一起。那条平行屋脊的下面就是祖先堂。这座房子外表很有气势。前面的墙壁下面四尺是砖，上面是土坯。房子的结构非常坚固，家人从不担心它会倒塌。砖墙上面勾着石灰的混合物，这种混合物在古老的中国等于现在的水泥，不但可以防风雨的侵蚀，而且可以使外表美观。

房子的门窗都是木制的，上面没有玻璃，窗子上面糊着窗纸，不仅可以防风雨，又可以掩蔽隐私。因为是纸，所以不坚固，要时常更换。屋中的地是干土铺的，经人常年践踏，早已坚硬如石。当然，那儿是没有自来水的。房后是女厕所，男厕所设在屋角。所有的屋子都很暗。因为老一辈人都喜欢讲鬼，所以当我回忆到童年时，就越发感到那些屋子的阴森。

有些邻居的房子比我家的富丽堂皇。北面距我家两里是赵家(Chaos)。正南约两里是赵姓的另一族。东面山后也有一排房子，那是邓家（Teng Chan)。这些房子都比我家的有气势。外型美，用的砖也多。他们房前大多数都有一片砖铺的庭院。孩子们可以在院里玩，客人们也可以在那里下轿子。

我家西面是一片茅草屋，有的只有一间屋子。紧邻我们的房子，在水塘的那一边，住着我太爷的另一支后人。他们的房子比我们的大，但不如我们的好，至少在外表上不如我们。在那栋房子里，住着我祖父的堂兄弟——我的六叔祖、七叔祖和八叔祖。

我十岁时，祖父这一支的人口就已经超过了二十人。大伯父夫妇生三子三女，二伯父夫妇生一子四女。家父在兄弟三人中最年幼，有一女三子。因此，我祖母膝下有三子，三个媳妇和十五个孙辈。

我应该再补充说明一下，我的祖父母有一个女儿，她生两男一女。住在距我家约三里处，她丈夫姓刘（Liu)。所以她的孩子我们当作“外系”，因为他们不姓蒋。不过，我祖母对那些“外系”的晚辈和我们这些“内系”的晚辈都一样宠爱。

我的叔祖和叔祖母有四男二女，住在北耳房。他们有多少孙辈，我不太清楚。

在所有长辈中给我印象最深的是我祖母。我出生时她还不到六十岁。她活到九十岁，是一位意志坚强的女性。她对儿孙辈具有无上权威。家父和二伯做生意从城里回家时，总要给她带一些礼品。最常带的是人参，因为人参是被人们认为最有滋补的。在我们懂事以前，她把这些礼品大部分转赠给她的独生女。每遇这种情形，家父和二伯就埋怨她："早知你老人家把人参送给姊姊，我们就不买了。"这时，祖母就会说："你们送给我就是我的东西，我愿意送给谁就送给谁。"于是，大家也就不再讲话。这种情形发生过好几次。

家母在我六岁时就去世了。祖母立即把我哥哥、姊姊和我本人移到她的房里。她照顾我们衣食，将近两年，直到我们有了继母为止。因此，我当时认为她是最宠爱我们的。可是，事后回想起来，我又不敢肯定，因为她对所有的孙辈都是如此的。

家父和他的两个哥哥都崇奉儒家思想，换句话说就是对释、道两家不太有兴趣。可是我祖母却是一位虔诚的佛教徒。前面说过，在我们祖先堂中有一张供桌，桌上供着一个神龛，但却没有供任何佛像。祖母在供桌下面秘密供了一张佛像。每逢阴历初一、十五她都到佛像前去烧香。她常要我陪她去礼拜，要我跟着她三叩首，并且对我说千万不可亵渎神明，绝对不能触弄佛像。那时，在信仰上一方面是我的父亲和伯伯，另一方面是我的祖母，使我左右为难。父亲他们虽然不积极反对信佛，但往往斥信佛为迷信。因此，我只有徘徊在信与不信之间了。据我所知，祖母并不想要他的儿子们也信佛。另一方面，家父和伯伯们在她面前也从不对佛表示不敬。他们的行径，实在是信仰自由的最佳榜样。至于崇拜祖先，祖母和他的孩子们却是看法一致的。

我应该再补充一点，祖母是个文盲，腿也有点儿毛病。中等身材，有点儿胖，她常趑趄着在房子周围散步。据我所知，她从未走到距房子三里以外的地方。只有一次是例外，一八六〇年，她还年轻，为了避太平天国之乱，她曾随大人到过山中。她对那段慌乱的岁月已经记忆不清，但我还记得，她曾以不屑的口气说过"长毛匪"。

如前所述，家母于我六岁时去世，我对她印象不深。外祖父是个秀才，但是家境贫寒。就我所知，家母时常患病，但她得的是什么病我却不知道。中医经常到我家来。我记得他骑的是匹白马，常常小心翼翼地讨论我家门前那座木桥。我家炉子上经常坐着一把药壶，煮着医师所开的药。家母吐血，我想她可能是患肺病。

家父受的是旧式教育，程度等于现在的小学。他很早就辍学，随祖父到靖港去做生意。家父和二伯轮流照看生意。

我乡盛产煤、铁。祖父早年就经营铁器生意。他为什么要干这一行，我一直不清楚。我们在靖港的店铺就卖铁钉、铁犁、铁锤等。后来，我家又在距上述店铺约二十里的地方开了一座铁工厂，铸造各种铁器。船夫们从下流乘船到我家来买铁器，再把邻省江西贩来的瓷器卖给我们。家父和二伯二人轮流看店，每年轮换一次。

家父和二伯，于往返老家和店铺时，多数乘船。从我家先到三十里外的永丰，这段路要起早，或徒步或乘轿。从永丰再到湘潭，这四十里有小船可乘。因为是顺水，很少有超过两天的，沿途风景也很美。到湘潭后沩水（Wei Shui）入湘江，湘江是长江的支流。从湘潭经长沙到靖港，全长五十里，人们大多数都乘船。

家父很有经商的天才，而且是一位民间领袖。他晚年做过靖港的商会会长。在家乡常为邻居排难解纷。有好几次为人排难解纷的事，至今我还记得。他所用的方法是：把争执的双方和他们的朋友约到我家吃便饭。然后请双方说明争点所在。接着他再请双方的朋友们发表意见。最后，他把争端总结一下。于是他劝双方和解，但也有时他会站在某一方面。据我所知，争执双方大多数都会接受他的调停。不论他们双方是否高兴，但家父最后总是解决了双方的争端。如果争执双方或是其中的一方愿意的话，也可以去打官司，但这种情形就从未发生过。

家父也是一个实事求是的人。他认为经商是一种很好的职业，因为经商可以过正经而快乐的生活。如果他说话能算数的话，他就会要我哥哥和我到店里去当学徒，将来做个生意人。在这方面，二伯和他完全不同。

二伯的年岁较家父大，比家父受的教育也多，他想参加考试求取功名。我们蒋家没有一个有功名的人。伯父锐意于此，但是考试落第，最后才打消求学念头，改而经商。因此，他决心寄望于下一代，希望他的子侄，能够努力读书求取功名。

大伯父为人很文弱，他早年就吸鸦片烟。我常看到他一榻横陈，喷云吐雾。吸鸦片烟的用具对小孩子们颇具吸引力，鸦片烟的味道也很香。有时我也看他熬鸦片，把烟土熬成像果酱似的东西。大伯母对大伯父的烟瘾甚感不怿。因为她晓得吸鸦片是很浪费的嗜好，能够败家。

我们住的房子在稻田和水塘之间，我和堂兄弟们也就在这片空间中玩耍。玩耍时可以说没有玩具。新年时我们自己做毽子。有时我们用竹子做一根鱼竿去钓鱼。有时跟在牛群后面，听牛背上牧童们唱歌。有些牧童唱的歌至今我还记得。牧童们时常比赛唱歌，由一个牧童先开始，他唱完后，另一个牧童立刻接唱。他们比赛谁唱得多，唱得好。

周末和星期假日在古老的中国是没有的。虔诚的佛教徒是于阴历初一、十五在自己家里或到庙上祭拜，但却和平时一样也要工作。在中国，较大的节日都是关于人的节日。第一个节是新年，从正月初一直到十五。这是中国最大的节日。

正月初一，因为我们要祭天地，尽管除夕大家睡得很迟，但还是要起早。长辈们率领我们鱼贯走到小官道。我们向天祭拜，每人三叩首，同时燃放鞭炮。然后再到祖先堂去祭拜祖先。祭过祖先后，住在北耳房的人要给我叔祖父和叔祖母拜年，同时我们住在南耳房的人也要给祖母拜年。接下来，我和兄弟们再给大伯父和大伯母拜年，最后再给二伯父和二伯母拜年。祖母、伯伯和伯母都要给我们年糕。第一次参加拜年的男孩子会比别人多得一个红包，表示长辈对他的喜爱。

南耳房拜完年后，我们都到北耳房去给叔祖父和叔祖母拜年，我们这一辈的也要给叔婶们拜年。北耳房的人们，同样也到南耳房给我祖母拜年。

在中国旧社会中，辈分和年龄是决定礼仪的基本条件。我要给父执辈拜年，同时也要给祖父辈的人拜年。在平辈人中，我要给比我年岁大的人拜年。以拜年论，不分贫富，不论社会地位，不论主仆都是如此的。我们雇用的长工，如果他是家父一辈的——往往是如此的——我们也要对他们说些恭维话。如果我对年长的雇用人有疾言厉色，家父和家母一定要责备。任何不敬老的事都被认为是不良行为。这种礼俗在拜年时要严格遵守。

正月初二，我们住在大房子的人要到水塘对面的房子去给叔祖父、叔祖母、叔婶们拜年。他们也要到我们家给祖母、叔祖父、叔祖母、叔婶们拜年。拜年时，要互送礼物，大多数都送年糕。

正月初三，我和兄弟们要给外公、外婆和表兄们去拜年。大人们要到左邻右舍朋友们家中去拜年。

过新年，有鸡、鸭、鱼、肉和年糕，我们可以大快朵颐。

初五开始舞龙和耍狮。舞龙和耍狮的队伍多半由某一族人自己组成。傍晚，舞龙的队伍带着锣鼓出发，一群人跟在后面，每人打着纸灯笼，看起来非常好看。在我五岁以前，母亲不准我跟着去看。五岁以后，她晓得已经管不住我，只好把我交给一个年长的人照顾，才准我跟去看。舞龙的队伍要到邻家，特别是同族的邻家去舞。在舞龙时有些自命不凡粗通文字的人还要来几句散文诗，说几句过年的应景吉祥话。接着是拳击和摔角表演。表演后群众安静下来，主人献茶，把年糕分给小孩子们吃。

正月初八，附近的庙宇白天要演戏，引来很多观众。开锣前，各种小贩麇集，卖吃食，卖玩具，样样都有。庙外常有耍猴子和白老鼠的。儿时，我对小贩和猴戏比庙内的戏要有兴趣得多。

正月十五，年过完了。人们都要重新开始工作，生活恢复正常。新年过去，人们都有一种怅然若失的感觉。

五月初五，也是一个节日。这个节只有一天。每家要在门上挂艾草，表示驱邪，并且要吃粽子。临河的城镇有龙船竞赛，或以行业，或以地区组队参加。

五月节过后是中秋节，日期是八月十五。人们都认为八月十五的月亮最圆最亮，中秋节只有一个晚上，大家吃月饼。

最后的节日是九月九。九月九在中国称重阳节，人们用登高来庆祝。如果无山可登，就登上一座较高的建筑物来意思意思。重阳节是庆祝丰收，因而要打牙祭。

除了上述的节日外，春天大家还要上坟祭奠祖先。我在过节时都会感到高兴，都会有好东西吃。除了玩和吃之外我不想其他的东西，因为我除此以外也不知道其他东西。

每逢过年节，长辈们对我们的管束就放松了。父母对我们更放任。如果我犯错父亲会告诫我："如果不是过年，我非打你不成。因为过年，今天饶了你。"平时，父母对我们管得很严。他们自己也自律甚严，以身作则，示意我们将来要好好过日子，好好做人。

第二章　家人和邻居

我出生那年，适逢中日战争。中国战败，签订《马关条约》，被迫将台湾割给日本。后来我从族人那儿获悉，邵阳乡下的老百姓若干年后才知道中日之间发生了战争。这并不稀奇。因为当时邵阳没有报纸，也没有邮政电信设施。

一九〇一年以前，湖南省连一个外商、传教士、使领人员都没有。我童年时从未看见或使用过外国货。连最普通的外国货洋油、洋烟、洋布等，都一概没有。唯一可能有的外国货是针。有一个小贩，不会说本地话，常常到我家来兜售东西。长辈们告诉我说那个小贩是广东人。至于他如何从沿海广东来到内地湖南，我就不清楚了。在他售卖的东西里有光亮、大小一致的针。广东当时已经开放对外贸易，因此，这些针就经广东到了湖南。当时，湖南是抵制外货最久的省份之一，因此，仍然继续它的孤立生活。但是后来，湖南也终于无法逃出和外界接触的命运。很不幸，正当湖南要面对此一巨大而复杂的变化时，本身也是问题重重。在这方面，湖南和其他各省一样：整个中国在过去一百年间都处在内忧外患之中。

我家是从邻省江西吉安迁到邵阳的，时间可能是在十七世纪的后期。似乎是陆续迁移而不是整族迁移的。我们族人有一份族谱，每十五到二十年修订一次。为了修订族谱，族人曾派代表到吉安去搜集资料。我应再补充一句，我的族人有一部分迁到老远的四川，定居在战时首都重庆附近。

当我的祖先抵邵阳时，当地一定还是一个未开发的边区，和十九世纪末二十世纪初的北满差不多。对此问题我没有作过有系统的研究，但是某些事实使我相信当时的情形是如此的。

当我年幼在小官道上散步时，常见有些人穿着奇装异服。人们告诉我说那是“苗子”或土人。他们自愿与汉人隔离居住。他们固守自己的生活习惯和宗教信仰。他们的家距我家不远，可能就在五里以外。在湖南西南部苗子的人数比邵阳还多。

长辈们最喜欢讲的传奇就是本族祖先生活的情形。据说我们的祖先很富有，有一二八〇亩以上的土地。他的土地一天都走不完。这种传奇对我影响极深。我在美国受完大学教育曾不辞辛劳，调查此事。我家附近的许多庙宇、寺塔、桥都有石碑，碑上刻着捐款建造人的姓名，我祖先的名字往往列在最前面。距我家三里的地方，有一座精美而独立的房子，迄今可能仍然存在，那就是我祖先在十九世纪初所建筑的。那所房子已经落到外族手里，但是二伯为了尽孝又买回一半。如果说当年这里不是边区，一个人怎么会有一千多亩的田产。

十九世纪末我族才有祠堂。这说明在此以前蒋家族人稀少，无此必要。

邵阳人均以勇武自负。我和哥哥年幼时，父亲就为我们请了一位拳师，教我们防身术。很多武林故事在乡间流传，其情节酷似电影中美国西部武打片。

到我成年，边区的情况已不存在，但在某些方面，边区的遗风犹存。

乡间各族彼此不和是常有的事。在我年幼时，李刘两姓时常械斗。一个刘家的人两个李家的人因械斗丧生。我问二伯：为什么刘李两家要彼此仇杀？他说：因为他们的先人曾经有争执，所以他们要打下去。

二伯有一个佃户，对于耕种不甚勤劳。他似乎染有烟酒嗜好。二伯认为他已不能再容忍，应该通知佃户退佃。佃户竟因退佃而自杀。他是河对岸李姓的同族。立刻就有人告诉我家，说李姓族人要武力报复，把死尸抬到我们祖先堂来。一般认为这对蒋家是最大污辱。二伯动员蒋家的男丁，各操刀棍，轮番守夜，他们计划的战略是先守住木桥，正对桥头驻守一小队人。另外的人派到北方一里半路的地方把守那儿的石桥。气氛非常紧张，但双方未发生冲突。次日晨，邻居一位长者来会二伯，劝双方和解。中人说：如果蒋家肯出丧葬费，械斗可以避免。二伯接受了他的调解。

祖父去世时，留下一家店铺和十二亩左右田地。祖母分到三亩，三个儿子各分三亩。家父的三亩田，一亩与人合种，对方出劳力，我们出种子、牛、肥料。每年收成三分之一归劳方，三分之二归地主。另外的两亩租给佃农，每年收成双方各半。我们是地主，是所谓的上中阶级。附近最大的地主有一百二十亩地。他有十子，每人可分到约十二亩。多数大地主都有十至三十亩田地。

我家的稻田每亩年产约三十担（每百斤一担）糙米，三亩可产九十担。与佃户及合耕人分成后，我家每年约可分到五十担，约值一百五十银元。

在我童年中，一九〇〇年是最重要的一年。有一天，大约是春季，家母替我洗好手脸，换上新衣服，因为她认为有一个重要客人要来了。我堂兄们比我懂事，知道的比我多，悄悄对我说，客人是一个媒婆，是来给我做媒的。以我那时的年龄论，这件事对我是无所谓的。但是，静静等在那儿还是很烦人的。媒婆按时抵达。她和家母互相耳语了一阵，再从上下左右端详了我一番。据媒婆说，距我家约四里有个贺（Ho）家，有一个很漂亮的女孩子，年龄和我相仿。她认为我和那女孩是天造地设的一对。不到几个星期，经合婚后，正式交换订婚证书，我和小贺小姐订婚了。

一九〇〇年苦旱，门前的小河都干涸了。水塘也没有水，我们不得不把塘里的鱼捞起来。塘底在烈日照晒下，土地龟裂。田中禾苗，均已枯焦。饮水成了严重问题。

那年家父正好在家。我记得他提着水桶带一把铲子到小河去。我跟在他身后，看他到处去挖。挖了好几个小时终于给他找到一处水源。家父挖开泥土，打了一个小洞，渐渐的，有水渗进小洞。家父提了一桶水回家。四邻闻讯，都去提水。

小贩们到我家来卖一种所谓观音土的东西。那是一种灰色的泥土，据说在荒年可以充饥。它被认为是上帝的恩物。二伯也弄了一些回来，用水煮过后要我们吃。我吃了一小碗，很难下咽。幸好我们有前年的余粮，不必靠观音土维生，得度荒年。但乡下有很多人却饱受灾难，哀鸿遍野，草根树皮挖掘殆尽。

一九〇〇年也是“拳匪”在北方发难的一年。彼时张之洞任两湖总督，“拳匪”在两湖的宣传活动为张所敉平。但是，有一个姓贺（据赵士介先生提供资料：其人名贺金声——译者谨注）的单身汉成立了一支救国敢死队，想要沿江而下，去杀洋人。敢死队到了大官道上的青树坪，距我家仅仅八里路。他们遇上了官兵，双方打起来，敢死队非死即逃，姓贺的被枭首。官兵把他的首级装在木匣子里，沿小官道从青树坪运往邵阳，正好经过我们家门前。家父供给他们茶水，请他们准许我们看看贺某的首级。官兵答应了。我还记得，我拉着家父的手走到木匣子旁边，去看那个死人。我记得很清楚，当时我的长辈和我都把那个姓贺的当作大英雄。正好他是我未婚妻贺小姐的一个叔辈。

贺某的事迹邻人一直讲了好多年。似乎人们都认为中国人很神圣，外国人很野蛮。两相对照也就非常清楚了。这件幼年的经历使我永远不能忘记。在以后的若干年月中，我一直想着与那件事有关的许多事情。无疑的，那是因为我同情那个姓贺的英雄和他的部下的缘故。

念了许多年书，包括在美国留学，我还是不能忘却那位姓贺的英雄。一九二三年冬，我回到家乡，有一次去探望族中长辈，途中在一家小店吃茶休息，猛然看见墙壁上贴着一张缘起，上面说附近的善士们正在募款给一位新神修庙，新神姓贺，很多城镇中也贴着相同的缘起。我回家问继母那位新神是谁。她说，即使她说出来我也不会相信，所以她也不愿意告诉我。经我再三恳求，她才告诉我，那位神仙就是一九〇〇年率领救国敢死队去杀洋人的那位姓贺的英雄。她告诉我那位英雄就是一度做过我未婚妻的贺小姐的叔辈。她说姓贺的英灵未泯仍然活在那一带人们的心中。群医束手的病人，久婚不育的妇女，只要许愿为他修庙，无不有求必应。我于一九二三年间就知道继母很迷信，而且我也知道她是个虔诚的迷信者。我亲眼看见一种新的宗教赞礼。这完全起于人们的无知和对洋人的仇恨。

邵阳县从过去到现在，一直是中国最大的县份之一。二次大战时，为了抽壮丁，国民政府估计它有一百二十万县民。行政大权和责任落到县长一个人肩上。他的地位高但行政组织不够，在广袤的辖区中很少有下级机构。就以我的四邻论，我们从未看到过县府人员，甚至连一个警察都没见到过。地方事务都是由亲族组织、邻里组织来处理。

在乡间，每族都有他们自己的祠堂和族长，族长在家族中具有无上权威。大多数的祠堂都有祠堂公产，公产收入用于修缮、祭祀、救济族人，补助同族子弟，特别是聪明而贫苦的学生学费。族人间的争执大都由族长们出面排解。

我常听人说，某某因为行为不检，族长要开家祠惩罚他。有时也听人说，争执的一方要开家祠评理。这种威胁方法常被使用，但往往是空话一句，威胁对方一下而已。

我从未看过开家祠审判族人的事，但，我听族长们说族中顽劣子弟可开家祠杖罚或是出宗。

邻居之间，也有他们自己的组织，在他们中心设立一个办公处。如有事端，如匪警等，邻里组织的自卫队就穿上制服，执干戈以卫桑梓。遇有重大刑案，邻里组织可以报告县府，要求派警察来。有些刑案，于捕获犯人后，可以送到县府。县长充检察官，在邻里组织人员面前审讯犯人。犯人可以接受某些法律指导。我说“某些”，是因为我国当时没有律师，在乡间只有些粗通法律可以写状子的人，于是犯人就成了他们的好主顾。

就我记忆所及，大体上说，乡间的治安是很好的。我家只被毛贼偷过一次。乞丐倒是很伤脑筋的，尤其是办红白喜事时更甚。有一年大旱，为了谁家先从水塘汲水的问题发生争执。依照习惯和传统，凭地契决定先后次序而非根据法律，也没有书面契约。借贷、利息等也都依照习惯和传统。债权人如迫于不得已，可诉之于族长或邻里组织，请求帮助收回贷款。

我年八岁以后，继母常派我去看佃户收割稻子。根据习惯，佃户要把收割的日期通知地主。我要到田里去看佃户和工人们收割。佃户往往给我准备热茶、西瓜或葵瓜子，帮助我打发时间。如果要收割一整天，佃户就会请我到他家吃午饭，菜肴往往很好。稻子收割好了，佃户把他分作两堆，旁边再留一小部分。他要我来选其中一堆，当作地主的一份，然后求我把旁边所留的一小部分也送给他。我如果认为留的太多，也可以不给他。选完后，我家工人把我选的一堆搬回家去。我家长辈似乎从未担心过佃户会欺骗我，地主与佃户之间很能互信。

就乡村经济而论，租地、分谷和借贷是最重要的几件事。在我家乡有一位和我祖母同辈的老太婆，我称她叶（Yeh）奶奶。我听说她是家父的奶妈。她在我家给我母亲和继母做女佣人。她积了一点儿钱，放出去吃利息。她出去收债时常要我伴着她，以花生瓜子作酬劳。她向债务人收回她应得的钱。就我所知，利钱是三分。贷出的数目很小，一个人从不超过三块银元。

后来我核算一下，才知道在乡间放款吃利是最有利可图的。可虑的是放款不太安全。土地的收入不及放利息好。地主要纳税，税款约等于总收获的百分之十到百分之十二。据我若干年后核算，投资土地每年纯益率约为百分之九。但人们还是愿意投资土地，因为比较安全。贼不能偷地，战争也毁不了地。每个乡下人都愿意买地。

很明显，乡间人们贫富不均。有些大地主生之者众，食之者寡，因之，田地一天天多起来。所幸，中国对土地有一条不成文法：地主死后，他的儿子要平分他的土地。这种不成文法即使死者有遗嘱不许分也无济于事，因为法律和传统都没有遗嘱的规定。

次于大地主的是富农。他们自己耕种自己的田，借以糊口。再其次是半自耕农，他们有一部分田地，但不足以维生。他们要从大地主那儿租田来种。最差的是贫农，他们家无寸土，靠劳力或耕种人家的地维生。乡间也有手艺人，如石匠、木匠、裁缝等。但乡间大多数是普通工人，他们没有手艺，靠劳力赚生活。

回想起来，可以说大多数乡下人都是工作苦，生活俭朴。他们既不感到满足也不感到不满足，都过着和他们前辈相类似的生活。大地主们虽然在乡间为人所嫉，但他们的生活标准和情趣也不太令人羡慕，至少对现在这一代人说是如此。由于分家，很容易使大财主家道中落，甚至饔飧不继，但，另一方面，欲想发财却是难上加难。对乡下人说，没有太大的发财机会。

第三章　启蒙时期

（一九〇一—一九〇五）

一九〇一年，也就是光绪二十七年，轮到二伯看家。他悄悄地计划办一所私塾。他征得叔祖的同意，把北耳房的客厅当教室。那是一间宽大的空房，长宽各约二十尺。他请了一位王先生任教。又鼓励族人、亲戚们把子弟送来上学。

有一天，二伯对家母说，家兄（按，即蒋嵝）和我明天应该去上学。要她替我们修饰一下，穿得洁净些，同时应该准备一个红包当学费。次日清晨，二伯领我和哥哥去上学。老师已经候在那儿迎接我们。他站在孔夫子供桌前，我和哥哥站在他身后。大家向孔圣人三叩首。二伯把红包递给王老师。我和哥哥坐在桌旁，打开书，展开仿纸，预备好笔墨，一切准备停当。二伯嘱咐我们要服从老师，努力向学，说完离去。从此开始了我的读书生活。

私塾中除我和哥哥外，还有其他五名学生，都是我的堂兄弟。他们上学比我稍早几天。我们行过入学礼后，他们开始背书。

这个一间房子的私塾，各方面都是传统式的。所教的课程和教授法全是传统式的，我想多少个世纪以来都没有变过。像我那样年龄的人能受到那样古老式的教育的还不太多。

开始学的是《三字经》。我把书交给老师，他念一遍，我跟着念一遍。他看我已经会念，就命我回到自己桌子，高声朗诵，直到记牢为止。因为

《三字经》有韵律，句子短，每句都是三个字，所以记起来并不困难。虽然我不懂每个字的意思，更不懂每句的意思，但我发现念起来还相当有趣。每句念若干次，我认为可以丢掉书本背得出来时，再拿书到老师那里，背朝着老师和书本，背诵书中的原文。老师认为我真能背诵了，于是他再教我四句新的。为了变换花样，他又教我习字。

在旧式教育中，书法是很重要的一部分。写得一手好字是念书人的门面。字写得不好，立刻会显出书读得也不好。在习字前，我要磨墨。这件工作相当烦人。磨墨往往会弄脏桌子和仿纸。再者，我缺乏经验，不知磨到什么时候才算浓淡合度。习字用的纸上有经纬线，格成约一寸见方的格子。我有一本字帖，要照帖练习。我把字帖放在下面，仿纸盖在上面，照帖描写，老师不时到我桌旁，教我如何执笔和运笔。这种练习既有趣又刺激。我喜欢临摹得和原帖一样。

午餐过后，我再回学堂，和早晨一样，读书习字。老师听我念完第二个四句《三字经》后，再测验我头四句，看我是否忘记。因此，我对已经会背的部分还要不断复习。

运动和游戏是没有的。因为老师一直都在教室里，所以我们也不能互相交谈。但教室里却是非常嘈杂的，里面充满《三字经》的声音。凡是从小官道上经过的人，听到孩子们的书声，就知道那里是一所私塾。

《三字经》是一本很好的书，其中包括儒家伦理思想的基本原则，指出修身、睦邻、齐家的准则。总而言之，它为青年人提供了儒家思想的轮廓。

《三字经》的头四句是：人之初，性本善。性相近，习相远。

这四句“经”文，显然地指出习惯对人的重要性，要人们特别留意，勿染恶习。

除了教导人如何行为外，《三字经》对我国的史地也予概略的说明，并且提供一些动植物的基本常识。书中文字相当古典，但并不太生硬古板。在那段时日中，我们已可做到不用老师逐字讲解，就能明白每句的大意。我认为：背诵也有助于文句的了解。

若干年后，有一次我在哥伦比亚大学历史社会研究所听福克斯教授（Dixon Ryan Fox）演讲，讲题是哥大历史。演讲时他首先对我们说，过去曾有某教授在哥大前身的金氏学院开过一门课程，这门课程人们称之为“上下古今谈”，内容无所不包。自从那门课程开过后，终金氏学院时代，哥大就没有再开新课。到此，我才了解《三字经》也和哥大早期所开的“上下古今谈”的毛病一样，内容泛而不专。

我的姊姊和堂姊姊都没有进学堂。在当时，女孩子应否进学校读书的问题还没有人去注意。大多数人认为：女孩子不必上学。

我和哥哥入学约一个月，家母病逝。我们小孩子，虽然年幼，也要遵守古礼。我们要陪和尚念经，参加葬礼。坟边搭一个棚子，我们在那里休息睡眠，直到丧礼完毕。丧事过后，哥哥和我与祖母住在一起，又开始上学。

二伯时常到学校去察考学生们的进步情形，特别是对哥哥和我察考得更勤。我们在《三字经》和书法两方面的进步都超过他预期的理想。当时我成了天才儿童。

初级教育受过后并不是人人都升学的，并不是每个家长都希望他的子弟升入较高的学堂。大家都认为，事实亦复如此，有些人在若干年后一定会辍学的。一般人认为念书习字虽然很好，但也有人认为超过相当限度会浪费金钱和时间。但是我的情形不同，我的进步情形激起了我全家人，特别是二伯的雄心。我家老少都说我将来会有出息。有时他们打趣我，说我将来会入翰林院。但对我来说，进步快却增加了我的负担。

由于长辈们都把我看成是一块读书的材料，所以我的行为就必须比别人好。他们说，我不能和其他的孩子们一样，成天玩耍；我的衣服要比别的孩子清洁；我要对长辈更有礼貌；说话要更文雅。那些涉世已深的长辈悄悄对我说，我应该努力用功，时机到来，我可以高中，做大官。他们把中国历史上的成名人物拿来给我做榜样，来鼓励我。但我觉得，这全是小题大做庸人自扰。

但，这对我的长辈们说却是合理的。在古老的中国中，大家只有一条出路，只有一个努力方向。一个人必须要学而优则仕。除此之外，简直没有进身之阶。当然，也有人循其他途径得到地位和财富的，但毕竟是少之又少。事后回想起来，我才了解、才感谢长辈们对我的劝告和鼓励。但在当时，我认为他们太多事；我希望能和其他的孩子们一样。

二伯认为我的私塾和老师都不够好，他说服附近一个姓赵的大地主拨出几间房子，成立一个较大较好的私塾，请我舅舅来做老师。他本身虽无功名，但他的父亲却是一个有功名的人，而且大家都认为他很有学问。一九〇二年我和哥哥都转到赵家的学堂。

赵先生是个大地主，大约有二十五亩田。他的房子美轮美奂。是他父亲当年给他盖的，希望将来有一天他的后代能够住满那栋房子，因此，拨出七间耳房来办私塾毫不困难。

全私塾共十多个学生，他们来自不同的家庭，赵家子弟优先。在这所私塾里我开始念四书和一些其他的诗文，同时继续练字。

老师姓熊（Yung）（家母也姓熊），他用另一种方法来教我们。他不朗诵课文要我们死记。他要我们指出书中不认识的字，他把指出的字高声念给我们听，然后他再把新功课讲给我们听。此种方法似乎比过去那位老师的方法好，因为先明白意思比较好记。但是我不得不承认有时老师讲得很不清楚，和没讲一样，可是我也不敢说出来。

我和哥哥读的书较其他学生的浅。熊先生要我们跟年长的学生们一块儿听他讲。他让我和哥哥坐在那儿听，但不考问我们。

私塾距我家虽然不到两里，但我们仍然住校，吃大伙。家里有时送来小菜和腊肉，每隔五六天佣人会送来新鲜蔬菜。

老师也住在校内，其实他家离学校只有一里路。赵先生和熊老师是多年的朋友，他们二人不仅是近邻，而且有些我不懂的关系。赵很富有，熊很贫穷，但多年来他们都处得很好。

我大舅（熊老师）和赵先生是同窗好友。他们有个相同嗜好，都喜欢喝两杯。大舅常去看赵先生。每次赵先生一定会拿出一小瓶四十度的白干，佐以一小碟腊肉。二人就喝起来，他们边喝边谈，能够喝上几个小时。究竟谈了些什么我不知道。但据我所知赵先生就从未请我大舅正正式式地吃过一顿饭。

赵家虽是大地主，但是小气得出了名。如今忽然在他家的房子里办私塾，让别家子弟去上学，这真是一件大新闻。赵家从不穿丝绸或皮毛的衣服，一向穿棉衣。出门从不坐轿，永远步行。如果有人为慈善事向他捐款，他一定捐得最少。对他们的佃户，刻薄到极点。因此，附近的人都称他“守财奴”。

我家的情形与赵家迥然不同。我的家人常穿丝绸和皮毛，出门有时步行有时坐轿。可能我家是受了都市的影响，因为我家在城里做生意。在教育方面，蒋、赵两家尤其不同。赵家和蒋家一样也没有出过一个有功名的人。但赵家有钱，人们认为赵家应该让他们的子弟上学，俾使其社会地位提高，但事实并未如此。就以办私塾的赵先生论，也只读了两年书。赵家有一个孩子对我说，他爹认为花钱念书没有意义。他自己也不喜欢念书。

以上所述并不代表赵家无意争取社会地位，只是他们争取的方法不同而已。他们的房舍在附近是最漂亮的。房子盖好后又花了很多钱修了一个祖先堂，画栋雕梁，美轮美奂。整个房子用风火墙围起来，墙与房子中间是一片大院子，地上铺着灰砖。在中国的乡间，无论是当时或是以后，我都没有见过像赵家那样阔气的房子。

赵、蒋两家虽然经济地位和社会地位悬殊，但是后来却成了亲家，因为办私塾的那位赵先生的女儿嫁给我的哥哥。这段姻缘以后我再叙述。

我和哥哥在赵家私塾读了两年，二伯又把我们转到我家东方约二里处的邓家私塾。那里的老师是我们蒋家的族人。尽管他屡试不第，但却文名藉藉。二伯为什么给我们换私塾，没有告诉我们，但我想是因为蒋老师比熊老师好的原故。

邓家私塾的主人也很有钱。他的家财既非来自继承也非出自田地，而是来自他家附近的煤矿。尽管他有矿产，但他却没有什么社会地位，因为当时人们看不起工商界，特别是开采煤矿的。但邓先生却有他的想法，他认为可以把开矿和种田两者混在一起，这样就可以提高他的社会地位了。他把钱尽量买地，给后人建了一栋大房子。当我到邓家时，我发现只有邓先生夫妇和几名长工住在那儿。据我所知，他是没有儿子的。他是否有女儿，我就不清楚了。即使有我也从未见过，事实上我也不应该看见。房多人少，因此，他的房子一半做了私塾。

其他学生是从老远地方来的，年龄也比我和哥哥大。蒋老师认为对二伯要特别负责。第一，因为我们都姓蒋，是同族；第二，他是二伯推荐的；第三，我和哥哥是学堂中最年幼的。蒋老师不仅是我们授业的严师，也是严厉管束我们行为的监护人。他把我们安置在隔壁，我们进出一定都要路过他的房子。

赵家私塾两年加上邓家私塾的两年，我已能背诵五经中的四种，只有《易经》还不曾读。另外还要背一些其他诗文。我读过宋人司马光的《资治通鉴》。进而我要自己作文甚至作诗。二伯不时到私塾来，对我进步情形至感欣慰。他越发相信我能求得功名成为一个大人物。

在邓家私塾我大部分时间都用在背诵经书上。虽然老师逐字予以讲解，但以我当时的年龄来说，实在无法明了其中真意。然而，背诵并不太难，每种经书都有它特殊的格调和词汇，我可以一个一个去记。除了新课，旧书也要不断温习。有时下午我要拿着书到老师那里，他可以随意选出一段要我背。

另一门功课是作文。为了作文，我要背很多前人的文章。我的作文题都与四书和历史有关。如果题目是与四书有关的，我就要阐明圣人的原意。如果是与历史有关的，我就要阐明我对那位历史人物的观点。这两种作文方式我都作得不错。老师有时会把我的作文读给年长的学生们听，要他们向我学习。

第三种功课是习字。蒋老师在这方面不太行，因为他自己的字写得不太好。但二伯的字在附近却是素负盛名的。每次他到学堂都要看我练字，并指出某处运笔错误。他对握管运笔之道解说甚详，有时也选些过去老师所写的字给我当字帖，他把这些字帖裱糊得很精美。至于他的解释，我觉得很不切实际。

邓家私塾与其他私塾一样，没有运动和游戏。人们认为游戏有害于读书。换句话说，游戏和读书二者是不能并存的。某日有位客人来拜访蒋老师，晤谈甚久，我和哥哥就私下下起棋来。我们教室有一扇窗子正好对着竹林，竹林与窗子之间是一条小道，老师常从那儿过。我和哥哥把窗子用纸挡起来，窗角留个小洞，俾能看到窗外。出人意料的，客人还在房里，蒋老师竟到我们的窗下，他发现我们正在走棋。他回到房里立刻把我们叫去，他一问不问就说："你们是要挨板子还是要罚跪?"我哥哥比我勇敢，他选择挨板子。可能他认为短时痛苦比长期受罪好。我自愿罚跪。老师打哥哥时几乎把板子都打断了才罢手，我在地上不晓得跪了多久。我在邓家私塾念了两年，只受过这一次罚。

有时老师回家，其间往往是两天。这两天我们可以尽情地玩。遇此情形，我大部分时间都消磨在别的孩子们的房间里，听他们讲故事。故事内容大致如下：

有一次，有一个和我们一样的私塾，老师不在，学生们决定报复私塾主人一下。因为学生们希望有钱的主人常供给他们一些鸡鸭鱼肉之类的好菜，但是主人却从不大方地供给他们。于是，学生们决定自己想办法。到夜间，他们把老师的蚊帐当网，到塘里去捞鱼。他们捞到很多肥美的鲜鱼，饱餐一顿。自此以后，他们就经常来这一手。

另外一个故事也和上述的差不多。老师不在，学生们决定偷附近地主的一只羊。这个计划执行得非常成功。他们把羊牵到私塾宰掉。正好这时候羊的主人来了，为首者立刻把羊藏在洗澡盆里。盆里盛上水，由一个学生坐在上面假装洗澡。然后，为首的学生很有礼貌地把羊主人请进来，对他说，很不巧，老师不在，问他有什么事。羊主人说他丢了一只羊，怀疑是学生们恶作剧。为首学生立刻表示这是一种诬蔑，要陪他到各处去搜。待搜到浴室时，为首的学生抱歉说有一个同学正洗澡，不便进去，但可以从窗子看看。羊主人碍于礼貌，只好不看走了。

这些故事代表乡间私塾中学生们的幻想。

在乡村，有一批人我们称之为“寒生”，事实上他们就是叫花子。他们受过一些教育，本可当老师。但是因为教书的人供过于求，人浮于事，因而他们失业，于是就揩那些已有职业的读书人的油。当这种寒生到我们私塾时，蒋老师要殷勤献茶。但他们希望至少能吃一餐饭，如果可能，还要再弄几文钱。对付这些寒生，要不失礼仪，这倒成了一种专门艺术。凭经验，每个老师都有他们自己的一套对付方法。以蒋老师说，如果他自己穷于应付，就叫学生帮忙。学生不必像老师那样拘谨有礼。他们可以在古书中找一句冷僻的句子去考问寒生，或者出一副对联要寒生对下联。如果对方讲不出或对不上，就代表对方饾饤不文，不值敬佩，更谈不到帮忙了。遇此情形，寒生只好羞愤而去。反之，如果寒生能说明他确实有真才实学，蒋老师就要招待他饭，还可能送他一块银元当程仪。

像蒋老师那样的人，每年可收入三十元学费。此数约等于乡间普通工人五倍的收入。如果学生考中秀才，老师还可能得到十到二十元的谢礼。另一方面，他的声望也可因此提高，不愁将来没人请他当老师。

在邓家私塾那段时日中，我和哥哥每年都放约二十天年假和一个半月暑假。回到家中，继母照看我们。她在未嫁父亲之前是个寡妇。出人意料的，她对我们照顾得无微不至。她虽严厉，但从未责骂过我们；她用说服的方法使我们改过。有时我们不听话，她使我们自惭形秽。

我前面已经谈到继母对那位姓贺的英雄的看法。姓贺的英雄若干年后变成了神仙。我在乡村读书时，她对宗教并无偏爱。她只是一个好主妇、好母亲。

我还记得有一年过年，她所安排的拜年次序，先是到我生母家然后再到她自己家。她颇懂先后大小，她训示我和哥哥要尊敬我生母家的人。每年都送礼，礼也很重。每年拜年我和哥哥都坐轿，这并不是因为我们走不动，目的是表示外婆家和我们蒋家的崇高社会地位。每次继母都对轿夫仔细叮嘱。有一次，轿夫把我们送到熊家，告诉熊家下午再来接我们，然后又回家去。这种举措都是深具含义的。因为轿夫如果等在熊家，熊家就要备饭款待他们。如果他们当天不去接我们回来，熊家又要准备我们的食宿。在继母的安排下我们依礼到母亲娘家拜了年，但又没有增加他们的负担。

可是当我们到继母娘家拜时情形就不同了。我们坐轿去，轿夫整个下午都等在那里。她晓得她家有钱招待我们和轿夫。湖南人的亲切和体贴，继母可以说表现得无遗了。

继母与他的先夫没有孩子，嫁过来后生了一个女儿，不幸于三岁时夭折。这可能是她日后笃信宗教的原因。女儿夭折是她人生中的一场悲剧，改变了她的人生观。

在乡下念书只有一个目的：考中后去做官。这种考试没有其他用途，它只给青年人指出一条路：学而优则仕。教育的目的是作古文。乡村私塾读了五年，我仍然不会写一封报告起居的家信，但我却能作词藻丰富的文章。至于古文的内容，不论是哲学的、伦理的或是历史的，我都是一知半解。乡村的老师对于古文的内容并不计较。

中国旧社会使很多读书人成名。这并不是旧社会的教育制度所使然，相反的，这正是不重视教育制度的结果。中国旧社会的读书人利用考试求取功名，再以功名换取官位。为官期间，他们在坎坷旅途上体验人生，吸取经验。另一方面视环境许可及个人的兴趣，再去读书思考。到了晚年，他们的书读通了，阅历深了，思考成熟了。有的适时成为名副其实的饱学之士，有的成为真正伟大的政治家。

第四章　新学校、新世界

（一九〇五—一九〇六）

一九〇四年到一九〇五年爆发了日俄战争。彼时住在邵阳乡下的我们对战争毫无所知，至于战争的结果，就更不必提了。一九〇五年春，二伯从城里回来，外表很严肃，好像发生了什么大事似的。后来，有一天他对我和哥哥说："皇上已经决定废科举，再继续读旧式学堂已经没用了。以后你们一定要进城里的新学校。"

十九世纪末和二十世纪初期日本的崛起使中国政府和人民大感吃惊。在此以前中国人称日本人是"小日本"，话中含有不屑之意。何以如此，至今我仍不解。有些中国读书人称日本人为"倭寇"，因为过去日本人曾经结伙劫掠过我国的沿海各地。一八九五年日本战胜中国，全国震惊。知识分子开始自问：日本何以能够如此？大部分人（虽然也有少数例外）都认为是明治维新的结果。

因此，一八九五年后，在中国产生一种维新的潮流和政治运动。一九〇〇年的"拳匪之乱"，是维新运动的一股逆流，欲将没有主见的执政者拖到最保守的一方而已。待一九〇五年日本战胜俄国，维新之议已成不争之事实。中国必须循着日本的成功之路去维新，去改革。其中一项最具体的措施是建立新教育制度。即使是最反对改革的慈禧太后也同意废除一向为人向往的科举。

二伯深为这些事烦恼。他在返家之前在城中获悉此事，我敢说，他实在是煞费考虑。他决心采取步骤来应付这种新情况。他认为：不管中国怎么变，他的侄辈欲求发展只有读书一途。

二伯急于要我和哥哥继续读书，即使到距家若干里外的城里去上学也在所不惜。因为他的独生子（我们称他三堂弟）没有念书兴趣。不论他父亲如何惩罚他，他仍逃学。有一次，我记得二伯把他绑在梯子上要佣人把他丢进水塘去。他放声大哭，声震屋宇。祖母看见他的三孙子被绑在梯子上，责问是谁干的，要把他怎么样。佣人们只好羞怯地说他们是奉二先生的命令，二先生不知到什么地方去了。祖母也不再问，吩咐他们把三堂弟拉上来。释放后，牵着他的手带他到自己的屋子里。对于读书问题祖母和二伯他们的态度是一致的，都训诫三堂弟要用功。但，他们的训诫和惩罚都没有用，三堂弟就是不念。

一九〇五年冬，二伯回城里。他请一位远房表兄于第二年春天把我和哥哥送到省城长沙。这位先生我叫他"蓝（Lang）三伯"，但他与我家究竟是什么关系我却不知道。他比二伯年纪大，在我家店铺里做过账房，为人非常可靠。

一九〇六年后不久，也就是光绪三十二年，家兄和我跟蓝三伯去长沙。虽然我对祖母等家人依依不舍，但也愿意到大都市去见识见识。都市对我们并不太生疏，因为二伯和家父常去城里买些东西回来。

我们徒步赴长沙。因为我没有出过远门，所以走起来感到很吃力。蓝三伯比我们走得快些。他不时把糕饼放在路边引我们到前面去拾取。从小官道开始，不久就上了大官道。大官道上行人很多，还有些轿子，这种情景我们过去从未见过。路边许多大建筑也令我感到惊异。有一个地方，一片广阔的稻田里有一丛小树，野鸟飞进飞出。蓝三伯告诉我们那丛树林里有神。如果有人去伤害林中的鸟，就会触怒了神，神会惩罚他，所以没有人敢去林中捉鸟。就这件事论，迷信比警察的力量还大。

沿大官道，每隔三四里就有一个市集，其中有旅社、药铺和杂货铺。

我们每天平均走二十里，每到有店铺的地方就停下来休息吃茶，中午吃饭晚上住宿。

当我们到湘乡时，我以为是到了外国，因为那里的人说话我不太懂。湘乡的风景很美。

有一段路我们沿着一条小河行走，看见河边有个大轮盘，运水灌田。又经过一座很好看的桥，桥有九孔。蓝三伯说在未建桥前行人是用渡船过河。因为水流湍急，渡船常生意外，人常被淹死。一位贫穷的大善士立志要修一座桥，他募了许多年的款，桥才修成。桥边有座石碑，上面刻着修桥经过及善士们的大名。若干年后，大官道成了行驶汽车的公路，桥上也改行汽车了。

过了湘乡，我们看到曾国藩故居。曾是湖南杰出的人物，也是中国十九世纪最负盛名的政治家。他的故居虽然距离大道有一段距离，但却可以清楚看到。房子虽然很大，但并非是沿途最大的。

过湘乡抵湘潭。湘潭的语言我认为和邵阳的差不多。在湘潭有一家邵阳人开的铁器店，我家和他有过生意上的来往。蓝三伯带我们到那家铁器店做礼貌上的拜会，店主奉茶并给我们每人一包槟榔。槟榔是用红纸包裹，我感到很新鲜，于是打开来吃，谁知又辣又热，把嘴弄得非常难过。湘潭人对嚼槟榔很感兴趣，长沙人亦复如此。若干年后，我发现越南人也好此道。可能湘潭长沙两地的人在某个时期与越南人有某种关系。

在长沙我们住旅馆。这里的旅馆和邵阳的完全不同。二伯已来长沙接我们，第二天他带我和哥哥去明德小学，该校分小学和中学两部分。由于乡下学堂和都市学校的功课不同，所以我们过去学的都不算数，重新从小学的最低年级开始。

明德与邓家学堂和赵家学堂之不同，有如老虎与猫。小学部约有四百人，建筑现代化，木板铺地，还有玻璃窗，我那班有三十多名学生。我们着制服，进教室、宿舍须先排成像士兵的行列。我们有体操课。此外，还有游戏的时间。

所学的科目是国文、数学、修身、图画和自然。礼拜六只有上午有课。星期日全天放假，我们可以到城里去游玩。我们逛公园，逛庙，爬城墙，到河边逛码头。有时我们过河去爬有名的岳麓山，山上有历史上有名的岳麓书院。

晚间下课后，我们仍要排队到礼堂听代校长训话。训话的内容都是要我们爱国。他强调中国是文明大国，但被东西列强压迫。所以他要年青的一代努力读书，吸收新知识，俾使中国富强。我认为他的话又新又刺激。有时他也会念一封校长的来信。彼时校长正奔波于平沪之间为学校募款。校长的信同样的也是鼓励我们爱国。

后来，我获悉这所学校和国父孙逸仙先生所领导的革命有关系。明德是一所充满革命气息的学校。中学部学生很少。有人背地告诉我，那不是一所真正学校，是革命分子的秘密机构。但是，却有好几个皇上任命的湖南高级官员和地方绅耆都爱护那所学校。

星期天我们体操老师或课外活动老师有时命我们穿上漂亮的制服整队穿过大街。我觉得我好像是一名小兵上战场。同学们在校内有时会谈到自由、平等，有时也攻击传统的管教方式。不晓得是什么缘故，有一次有些学生示威，反对课外活动指导老师。为了镇压那些参加者，代校长把为首的人开除了。

长沙和明德使我进入一个新世界。革命令人感到迷惑、浪漫、兴奋。我没有听人谈论过国父的具体革命计划，我只对未来的理想世界有个基本的想法。只有一件事我是肯定的：所有中国青年都应该努力用功，以备将来为国牺牲。

在年长一些的学生们中，特别是在当时毛泽东就读的省立师范中，流行一句口号：“中国若是德意志，湖南定为普鲁士。”普鲁士主义的真意何在没人能够真正了然，那句口号的意思只是表示在新中国建立的过程中，湖南人一定要担任重要角色。极端的保守主义转变成极端的激进主义。

省会长沙是湖南政治、经济、文化中心。一九〇六年，受外国影响已经很深。城内许多商店陈列着五光十色的外国货，大部分是日本货。店主不以出售敌货为耻，反而用巨大广告牌标明他们有头等的外国货。陈列货物的橱窗令人目眩，其中陈列各式钟表、煤油灯、玻璃器皿和胶鞋。胶鞋可以穿在中国鞋外面，有时也可代替拖鞋使用，光亮、柔软、舒适而且绝对防水。当时的年轻人几乎每人一双。其他的商店出售瓶装饮料，无论老少，都对汽水感到神奇而可口。

人们开始带怀表，表上缀着一条金表链。某些开风气之先的人甚至抽起纸烟。小店用桐油灯，但大商店已改用煤油灯以广招徕。

我看到长沙已有好几所教堂，天主教的、基督教的。教士们所到之处，定然引起人们的侧目。他们的服饰、头发、皮肤和身材均能引起人们的好奇心。

大型汽轮从上海汉口开来长沙，看起来好似水上行宫。

我和哥哥在靖港我家的店铺中度过一九〇六年暑假。靖港在长沙北二十里，是一个商镇，并非县府所在地，但却相当大。靖港位于一条小河和湘江汇合处。湘江是长江一条巨大支流。那条小河的名字叫什么我不知道，镇上人都直叫它“河”。靖港镇较低的一头有座大庙，供着河神，每届新年都要唱戏。沿河有一条一里长的街，街上有商店，街后是民房和仓库。

我和家兄抵靖港时，出乎意料的，发现我家原来的一家店铺已经变成两家了。一家在老地方，另一家设在镇上的新地区。祖父开设了老店，二伯和家父又开设了新店。店中主要营业项目是铁器。在许多的货物中我看到有很多光亮机制钉子和铁丝。外商的势力也已渗入靖港，只是不及长沙显著而已。

有一爿店的后面堆着大批铁器，备批发之用。从江西湖北来的船，往返不断。他们并非全来买外国货，因为外国货他们可以在邻近的九江、汉口去买。家父和二伯殷勤招待那些船主，和他们做生意。每次生意可能达到二三百元银元。一次批发生意可以抵得十或二十天的零售生意。

小河的上游，我家族人开了一家铁工厂，制造水壶等厨房用具。我没有去过铁工厂，但别人告诉我说，厂是设在小河边上，因而厂中所用材料运输很便利。铁工厂由一位远房叔叔替我们经营。

除了铁器外，我家的两个店铺还经营鸦片生意。一九〇六年和民国初年，当袁世凯执政时，鸦片可以公开买卖。据说鸦片较铁器的利钱厚得多，唯一的坏处就是税太重。

二伯和家父是店东。大伯儿子，我的二堂兄有时也到店里，他是少东家。商店是家父和两位伯父的公产，获利由三股均分。我和哥哥的学费由店中供给。就我所知，大伯和二伯对我们的学费就从未抱怨过。不过，若干年后，二伯母倒是发过牢骚，说我们这一股多占了利益，用店中的钱供自己的孩子们读书。家父听到后，反应很坚决：他要我们辍学到店里去当学徒。二伯的反应也很坚决：他要二伯母对此不要妄议。如果必要，他甚至会把他的私田卖掉，供两个侄子读书。我和哥哥很幸运，因为二伯的决定终于为大家所接受。

虽然我没有做学徒，但对做生意的事却蛮有兴趣。我家每个店都有店东和少东，另外还有六七个伙计。地位最高的是账房先生，最低的是新学徒。我看店员们做生意，每天傍晚打烊后我帮他们数钱算账。我对算盘很感兴趣，当时各家商店都用算盘算账。经过一个暑假，我已把珠算练得很熟，居然可以和那些年轻学徒们比赛。加减很容易学，乘除则需较长时间练习。

我们住在店中时，父亲和二伯都不给我们零用钱，店中年龄较大的伙计为了满足我们的欲望，有时公开给我们几枚铜板，让我们上街去买零食。

在店中大家在一起吃饭。店中所有的人围坐一桌吃同样的饭菜，伙食比我们乡间的要好些。城里赚钱比乡间容易。中国人一向很俭朴，乡下农家较城中商人尤甚。

宗湘（Chung Hsiang）叔叔常从他所经营的铁工厂到靖港来。他比二伯和家父年轻，外表也很帅。有一天他带我们去看他的朋友。他的朋友是一家茶馆的女老板，可能就是个妓女。她的房舍很华丽，陈设也很雅致。我们进去后，她殷勤招待，奉茶拿瓜子。她问我多大年纪，又问我念书情形。

过一会儿，她女儿回来了。她年约十岁，穿着彩色鲜艳的绣花衣服。在家乡，这是我第一次，也是仅有的一次和女孩子坐在一起。我手足无措，说不出话来。那个女孩子也局促不安。午餐时，我们两人都没有开口。饭后大人到别的地方去，房中只剩下我们两个人。这更令人尴尬。我希望我能拥抱她，但却一动也不敢动。

长沙和靖港显然有些不同。长沙大，有许多学校，有护卫森严的大官，有很多庙宇。政治对人们的影响如何我无从知道，从表面看，他们唯一有兴趣的似乎就是做生意。但自从革命分子震惊了地方绅耆和官员后，一般百姓也不能完全漠不关心了。再看靖港，它只是一个镇，没有政府机构，只有一座庙。镇上是否有学校，我记不得了。因为我从未见到过。如果有，二伯们也许可能把我们留在靖港上学了。不论长沙人对政治如何，但靖港的商人是漠不关心的。

至于谈到受外国影响，靖港远不及长沙。全部售外国货的店铺在靖港是没有的，靖港人不像长沙人那样爱用外国货。靖港教堂没有外国人，是由中国人主持的。我还记得某次有一个年青外国人，带着一个工人，背着一个大口袋，沿途抛掷香烟。好奇的人拾起烟盒，彼此争论烟中是否有毒，有些人打开烟盒试抽其中的香烟。靖港吸烟的人倒不少，但都是吸水烟，没有吸香烟的。

当时币制不统一，所用通货种类很多，最主要的是传统用的制钱。铜制，中间有方孔，上面刻着铸造时期皇帝的名字和“通宝”二字（意为法定货币）。制钱中间的方孔，可以穿一根绳子，把许多制钱串在一起。平常都是每千个一串，中间加个标签，注明数目。较新的钱币是铜板，当中没有方孔，较制钱重，每枚价值可当制钱十枚。

另外还有许多银币，一角、二角和一元的。使用银元时，对方要把银元摔到桌子上，看看是否哑板（银币中间如有破绽或成分不足，摔时所发声音不清脆，俗称“哑板”，其价值低于同类之银币。——译者）。这种银币是在广东、江苏、湖北等地铸造的。虽然上面铸着一角、两角或一元的字样以代表它的价值，但在使用时其市场价值却与币面所标的价值时有出入。

另一种通行的货币是纯银，有时铸成马蹄形，有的铸成银条。此种货币于使用时要仔细称它的重量。

到后来，才使用纸币。纸币是两湖总督指定汉口一家银号发行的。长沙有两家民营银号也发行小额纸币。年轻学徒在店中只可收制钱和铜板，有经验的生意人才能收银币和银子。值得注意的是：尽管中国是一个文明古国，但却没有良好的货币制度。

一九〇六年夏，二伯对我们又改变了教育计划。他认为明德虚有其表，他不喜欢大班制，认为明德的英、术两科不够。他不知从什么地方听来，湘潭长老教会学校办得很好。对他说，所谓新学校，主要的就是英、术两科。因为这两科都起源于西方，所以他以为西方人办的学校一定较国人办的学校好。我想这是二伯改变计划的主因。一九〇六年秋，我们进了湘潭长老教会学校（益智中学），不再返长沙的明德。

第五章　教会学校时期
（一九〇六—一九一一）

基督教、天主教、美国人和欧洲人对中国近代发展的影响如何，只有历史学家经过仔细研究后才能定论。十六世纪，天主教神父对中国当时知识分子影响极深。特别是在数学、天文、地理、造兵等方面。他们认为中国知识分子是统治阶级，所以他们很聪明地把知识分子当作传教的基本对象。教士们得到许多有学问的人支持，传教工作进行得很顺利。直到十七世纪末清政府和梵蒂冈间在观念上有了冲突为止。自此，教会和西方人在中国的影响力渐走下坡。到了二十世纪初，中国知识分子几乎将过去传教士对中国的贡献完全忘记。

我和哥哥于一九〇六年秋入湘潭长老会学校，当时根本没有注意到历史背景和未来的结果。二伯送我们进教会学校的想法很简单，主要是要我们学英语、数学和一些其他的课程。他认为这些课程可以在未来的新中国谋生。他已预见新中国即将降生，虽然好坏尚不可预知。他嘱咐我们努力读书，但对教士所讲的上帝和耶稣要留心。他对教会并未表示激烈反对，但他却使我们感到传教在中国是没有必要的，因为教义实在比不上中国文化。

林格尔（William H. Lingle）夫妇在会客室内接待我们三人（因为二伯护送我们）。林格尔先生有六尺多高，络腮胡子，相貌很怪。由于我自觉没有什么错，所以也不怕他。林格尔夫人头发棕色，面部红润，面带笑容。虽然他们的中国话讲得不太高明，但我们还是说中国话。会客室中陈设一些中国木器，使我不禁以为这些美国人已经有一部分被中国同化了。

林格尔夫人问了我们一些问题。她给我一本精美的书，上面印着图画，有树，有花也有鸟，还有很大的字。书上印着一个英文字“Apple”，字旁边有一株苹果树。我不用看图就能识字。尤其“A”字更引起我的兴趣，因为“A”字就像一个村妇肩上背着两根长木棍一样。我和她谈了些什么如今已经记不得了。最后，林格尔夫人说我和哥哥可以入学。

长老会在湘潭当时有一所男校，一所女校，一所教堂和一家医院。男校名“益智”，是一所二楼建筑，有地板和玻璃窗子。教室、宿舍和礼堂都挤在一个楼里。在当时，有三四十名学生。

林格尔夫妇于一八九四年到一八九五年中日战争停止后不久被长老会派到山东，后来又转往广东，再从广东转到湖南。林格尔先生回忆他初到湖南时还有老百姓向他扔垃圾，表示仇恨。

益智教数学的老师是中国人，他从山东长老会办的基督书院毕业。在他的教导下我在益智学了五年算术、代数和几何。这些科目我感到又容易又有趣。

英语开始是林格尔先生教，后来改由林格尔夫人教。开始时我和另外四五个学生一起学。第一个字我学的是“Book”，念起来并不困难。可是当时林格尔先生说：“一本书我们说 One book，两本书我们就要说 Two books。”我问他为什么后者 Book 要加个 s，他说：那代表复数。我感到我们说两本书时已经在 Book 上加了一个 Two 字，那已代表复数，所以我认为实在没有再加 s 来表示多数的必要。他说：“加 s 是规定和习惯，是无法变更的。”后来我又发现并非复数都加 s，有些字后面附加其他字尾，也有的名词和中国字一样，在表示复数时根本不附加字尾。

动词比名词更难。“I go”“You go”不用说很合理，“He goes”就显得不合理。此外，我又读到“I went”“I have gone”“I shall go”“I will go”“I am going”“I was going”等。我当时想，如果英语的结构和中国话一样，那该多好。但，经过努力学习，也就不感困难了。不论懂不懂，我都像背古文一样，把单词和文法牢牢记住。

林格尔先生也教我们圣经。这门课给我带来最大灾难，主要是中文译得不好。我想圣经怎么能用这种粗鄙的文字？因此我对创世记中所说的以及耶稣生死的记载也都大打折扣。对圣经课，我从不发问，也从不请老师讲解。我认为：不论我喜欢不喜欢我必须努力用功使考试及格。圣经课与英语数学不同，后两者我必须要弄明白，要精通。

星期天上主日学和进教堂比上圣经课还令我讨厌。在教堂坐在硬板凳上身体精神均感痛苦。我能在益智的五年漫长岁月中在教堂里保持安静，实在是家庭教育和乡村教育训练我尊敬老师和长辈的结果。

我们国文老师是中国人，教我们国语、作文和历史。他的教授法和明德国文老师类似。这些课程我既不讨厌也不喜欢。这里没有强迫记忆的课程。

益智的生活和乡村学堂及明德的生活迥不相同。益智每班只有五至六人，不像明德每班有三十多人。我们不穿制服，也没有军训，固定的课外活动也没有。学校前有一片广场，下课后我们可以去游戏。至于做什么游戏，如何游戏，林格尔夫妇是不管的。后来，我们弄到一个足球，大家乱踢一通。

周六和星期天下午我们可以去湘潭。湘潭的商业区在城外，商店设在湘江左岸的一条长街上。县政府在城里，是一座庞大的建筑。湘潭是个商业都市，较靖港大，但不及长沙。就政治和文化的重要性说，湘潭似乎介于靖港和长沙之间。城内可看的东西很少。我们沿大街漫步，在人群中挤来挤去，张望店铺和他们的招牌。有时我们也到小店去吃面。我和哥哥常到我们家乡人开的铁器铺，在那里可以吃到槟榔。

离学校不远有一片果树园，我们可以给园主几个铜板吃上一个够。有时我们还买几口袋水果带回学校来吃。

明德热衷于爱国主义，益智没有政治气氛，但林格尔夫妇在学生压迫下，也只好从上海订了两份报纸。林格尔夫妇不知道那两份报纸正是国民党的宣传品。国文老师对社论非常推崇，他把其中精彩部分用红笔圈点起来。其中有一些我读过，但我委实不解其中含义。这些报纸是在租界地印的，也就是说是在外国统治的领土上印刷的。它们虽不是在大清帝国的领土内印刷，但是大清邮局却把它们按时送到学校来。清帝国，在理论上虽然是专制的，但却未学会近代独裁制度的某些统治方法。尽管老师们不批评朝政，但革命的政治理论却经过报纸传进学校。

益智也不能独自置身于学生骚乱之外。国文老师住在学生宿舍附近，人们一向以为他熄灯后按时就寝。有一天他向林格尔夫人报告，说他在楼顶上抓到一批赌博的学生。林格尔夫人很生气，她把学生们集合到大教堂，首先请王老师报告经过。接着她问学生："你们自己怎么解释?"一个参与其事的学生站起来回答，他的音调措辞非常客气而有礼貌，他说："这件事完全是王老师虚构的。"依他的说法，是王老师和一些学生同赌，王老师诈赌，学生们不服，才闹出这场是非。另外一些学生也出来作证。林格尔夫人感到迷惑、吃惊，她不知信哪一方面好。她把学生开除，宣布此事完结。我当时并未亲睹那幕闹剧，事后才听人说王老师曾经道出事实真相。

学生们轮流担任勤务。有一次，正当我轮值时，有些学生抱怨说饭未煮熟。我到厨房要厨子们重新再煮，厨子们到饭厅把饭端走。不一会儿，他们又把饭端出来，有些学生说，厨子根本没有重煮。他们说，厨子是欺侮小孩子们年轻，大家绝不能饶他们。学生们不约而同地把碗碟摔到地上，弄得满地一塌糊涂。

林格尔夫人要学生们赔，他们不赔，双方僵持起来，校中一位老师出来打圆场，建议全体老师代赔，冲突才算解决。

当时湘潭和长沙的学校常起各种风潮。我们的都很小，但省会长沙的风潮往往是很严重的。回想起当时的情形，我敢说各校学潮一校比一校闹得凶。

一九〇七年，长老会在旧校舍附近的广场上，为益智建了一栋新楼，比旧的大得多，新校舍可容六七十名学生。湘潭长老会在其他方面也很有成就。一位名叫凯卜勒（Dr. Kepler）的新牧师被派到教会来。医院里有两位美国医生负责诊断，他们是杜克尔（Tooker）和温德堡（Vanderburgh）。星期日林格尔先生到远在二十里外的湘乡去传教，午餐后再回湘潭。我敢说林格尔夫妇对于传教实在是不遗余力的。

赌博滑稽剧过后，林格尔夫人认为王老师已在学生面前失尽面子，无法再继续为人师表。当时适逢二伯到学校去，她请二伯为她推荐一位中文老师。二伯立刻提出邓家学堂的蒋老师。从某方面看，益智是新旧兼容的，因为蒋老师本人无论从哪方面看都是旧时代的人物。

不久，林格尔夫人教我英语。她教了三年，文法采用的是《纳氏文法》，这本文法系英国人在印度学校使用的课本。在读本方面，她选用《伊尔文见闻录》。她对我进步神速至感愉快，我对她的耐心教导也感高兴。

有一次，林格尔夫人对我说："我希望桃乐丝的记忆能和你一样就好了。"桃乐丝是她的女儿，年龄与我相若。

英语之外，她也教我们西洋史。采用课本是麦尔斯（Myers）所著《通史》的中译本，是山西基督书院一批学者译的。该书除了使我感到兴趣外，更为我开辟了一个新天地。我从书中学到希腊、罗马、中世纪、文艺复兴、宗教革命，以及法国和美国的大革命等等。在当时，我们中国还没有像麦氏《通史》那样的历史课本。虽然我花了很多时间去读中国历史，但我所知的只是星星点点，不能窥其全豹。读了麦氏《通史》之后，我认为我应该研究整个西方世界的进步情形。美国和法国革命也深深引起我的兴趣。其中只有一件事令我困惑不解：为什么革命进行了那么久，遇到那么多困难？革命潮流似乎是不可抗的，无论美法，都是如此。

念书之外，同学和我常做白日梦，其中最重要的一种是救中国。我们幻想许多使中国富强的方法。为了神圣的救国使命我们还把工作分配好。就回忆所及，我常任军事领袖，目的是训练军队打败入侵的外国人。其他同学有的从事教育，有的从事财政，有的从事农业。

我的寒假有时是在靖港店铺中度过，但大部分是在校中度过。至于暑假，我要隔年返乡村老家，隔年住在店中。

在乡间我发现了某些变化。在我离家前，继母已替较我小一岁的妹妹裹脚。裹脚时祖母在旁监督，要继母尽量裹紧。她总是对妹妹说："脚裹不好，嫁不出去。"后来，当我回家过暑假时，我发现继母对此工作已经马虎，实际上，她已经完全不管了。比我妹妹年纪小的堂妹们一个都没有开始裹。两个年纪比我大的堂姐她们在此变化未来之前已经裹脚，为此她们终身受苦。我家因为有人时常往来城市，所以较其他邻人变化得早，但是，不到几年整个乡村也都改变了。这种变化并非基于皇帝的法令，而是时代风气所使然。

当我在乡村度假时，我看到有一个人穿一身白制服，戴一顶新式草帽，骑马到我家来。他的外表令乡人侧目，羡慕不止。他是二伯母的堂兄弟，刚从日本留学回来。当时我家的人不管日本叫"日本"，称日本为"东洋"。那时我常自问："东洋"之外是否还有"西洋"？后来我获悉真有一个"西洋"，距我们很远很远。当时我就发誓：如果在"东洋"念书就能受到如此的尊敬，将来我一定要到"西洋"去念书。

一九〇七年秋某日，正当我们游戏时，凯卜勒先生告诉我们："慈禧和光绪皇帝都已去世了。"我自言自语地说："这是重大消息。"但它究竟重大到什么程度我却不知道。

一九〇八年或是一九〇九年夏，我在靖港和家人及一些学徒把辫子剪掉了。辫子是满人逼着汉人留的。留辫子就代表忠于满族。清朝末年，它一变而成为奴隶的象征。我必须说明，在当时我对辫子的种种实在无甚了解，我剪辫子只是想表示要做个自由人而已。

一九一一年春，我在益智染病，好几个星期后才康复。患病时，林格尔夫人像护士一样照看我。她每天来给我量体温，送汤，送易消化的食品。虽然我在夏季到来前早已痊愈，她仍要我给二伯写信，告诉他我应该陪她到长江中游的牯岭去避暑，借以休养。她说为了恢复健康我应该到天气较凉的地方去过夏。二伯答应了。

在当时，牯岭是教士们在长江沿岸的避暑胜地。那里有许多教会活动，如青年会、救世军等。当时最负盛名的牧师是丁丽美（Ting Li-mei），山东人，极有口才。林格尔夫人安排我和丁牧师单独会晤。在青年会的各项聚会中，有很多人去传教。我特别记得布克曼（Brockman）和罗勃森（Robetson）两先生，他们联合证道。我当时感到很大压力，但我却没有受洗。

是年夏，我和马丁（Martin）小姐交换课程。她和林格尔夫人住在同一房子里，是一位教会工作者。她教我英语，我帮助她学中文。事实上，我们并没有研究什么，我们只是讨论一些普通事物。讨论时，我们不时谈到革命问题。林格尔夫人对此也极有兴趣，往往和我们在一起谈。她认为革命很危险，往往建设少破坏多。她晓得中国南方的革命风气比北方重，但她大胆地说："在中国历史上，南方从未战胜过北方。"我无法反对她的见解。但我对她和马丁小姐说，中国实在需要革命，而且革命就要来到，同时结果一定会成功。这仅是一个武断的说法，当时我是否提出合理的论证，如今已记不得了。我和她俩虽然辩论过这个问题但并不认真。可能我只是为辩论而辩论。是年夏季我令林格尔夫人很失望，因为我始终拒绝受洗成为一个基督徒。

一九一一年秋学校开学不久，我们听说两湖总督衙门所在地的武昌已经发生革命。我们获悉清朝官吏逃走，革命分子兵不血刃而轻取了武昌和汉口。我们在湘潭所听到的实在是过分简单了。事实上，革命分子虽然胜利，但也付出了代价。

约一周后，长沙也起了一次骚动。接着，校中谣传革命将波及湘潭。益智的学生有时也谈革命，但我们承认我们不了解革命是什么东西。我们要到城里亲眼去看看革命的真相。当我们要到大街时，正好看到一群暴民从城南县府所在地冲到城北的大街。满街都是人，从南向北冲。不到十分钟，人群经过我们站的地方。我们决心跟在人群的后面，随他们到城北去。正当此时，我们发现四周的人越来越少了，不久，就只剩我们自己了。路不远处，我们看到一匹死马，我们大家上前围观，彼此互问："这就是革命吗?"我们问商店老板革命群众怎么样了。他们耸耸肩表示和我们一样也不知道。我们回到学校感到非常困惑和失望。

约一个礼拜后，林格尔夫人对学生们说，恐怕革命后要有一段混乱期间，为了安全，他决定关闭学校。她要我们暂时回家，她也要暂返美国。这些话对我们实在是一个大打击。当时我才十六岁，如果说参加革命，又太年轻，如果说静止不动，又嫌太大。我当时回忆麦尔斯《通史》中所述的法国和美国革命，我想：难道说要我枯等七年或者甚至二十五年，静待革命过去再读书吗？不，这样不行。我想：最好的主意是随林格尔夫人到美国去读书，待革命过后再回中国。我认为我的想法妙极了。

当我告诉林格尔夫人我的想法时，她问我："你家人同意你随我到美国去吗？他们能供给你必需的费用吗?"我非常高兴她这一问，因为这说明她同意我的计划，只是有些枝节问题尚待解决而已。我对她说，首先我要到靖港去征求家人的同意，然后准备必需的款项，随她赴上海。

一九一一年秋，碰巧我伯父和父亲都不在店中，二堂兄主持店务。我向他提出请求，他问我需要多少钱。他的反应我也感到很高兴，这无异是说明大原则他不反对了。我请求他给我三百银元。他说他将为我设法，只是当时店中稍有困难。四五天后，二堂兄告诉我他已筹到一百九十元，当时约合一百二十美元。我带着一百九十元返湘潭，几天后，我随林格尔夫人顺流而下赴上海。

抵上海后，又做赴美准备，如出国护照、衣服、船票等。不意，这时林格尔夫人突然宣布她改变计划，中止返美，她要回湘潭继续办学校。她说她过去的看法是错误的，中国革命已经过去了，中国革命不会像美法革命那样久。她对我说："你最好跟我一起回湘潭。"

我当时想：就赴美留学的路程说，走到上海已经是一大半了，我不能回去。不论林格尔夫人回不回湘潭，我都要去美国。林格尔夫人并不想劝阻我，但她指出我带的钱太少。不过她又说："如果我能找到朋友借钱给你，你想你家人能还给他们吗?"我没有理由怀疑家人不偿还这种债务。在我整个读书过程中，家人都是尽量帮助我鼓励我的。终于，林格尔夫人请湘潭医院的杜克尔博士借给我大约八十美元，她又请青年会的干事在旅途中照顾我，并在初抵美国时帮助我。于是，一九一二年元月中旬，我买了一张三等票搭乘"波斯"（Persia）轮前往美国旧金山。

我应该再补充一下在湘潭美国教会学校念书时的最后一段生活。信基督教的问题我是从未考虑过的。我当时十六岁，对基督教的教义知道得很少，而且成为基督徒的倾向也很小。但我在湘潭参加长老会的聚会已有五年之久。凯卜勒博士、杜克尔博士、温德堡博士，特别是林格尔夫妇，他们的热心以及对社会福利事业的关怀，使我深受感动。于是我想一个对人类深具影响力，又能使很多教士热心公益的宗教必然是一种好宗教。经过这一番推理，我最后终于答应林格尔夫人受洗，这就是我做基督徒的经过。

第六章　留美初期

（一九一二—一九一四）

我所乘的船，即使是在一九一二年也是很小很旧的。三等舱内空气龌龊，令人深感不耐。离开上海不久，我们就遇上场暴风雨，至少对我说那是一场暴风雨。我晕过去，昏了多久我也不知道。邻铺的人把我弄醒，并且给我一个橘子。橘子味很美，正好能解我的头晕病。我发现同船的人都是广东人。有些人和我一样躺在床位上，有些闲逛，还有些在赌博。因为我不懂广东话，因此无法交谈，但他们都知道我是赴美留学的，所以对我都还客气。有一天，送给我橘子的那个人拿一张纸要我念。我告诉他那是张汇票，数目是多少。他很高兴，认为银行没有骗他。

船过日本后，天气转好，太平洋风平浪静，碧波万顷。我常到三等舱舱面上去看海浪和水鸟。头、二等舱的客人从上面看下来，对三等舱的客人表示一种可怜和不屑的神情。我对他们的态度至感厌恶。

我在檀香山过了快乐的一天，首次尝到凤梨和蔻蔻牛奶的味道。当地人民活泼、友善、进取，所着衣服颜色很鲜艳，街道和建设都很伟大。对我说，夏威夷实在是一片乐土。

一九一二年二月十一日船抵旧金山。他们要我在三等舱里等。不久我被招呼到甲板上面房间中去，移民局官员问我一连串的问题，话说得很快，一时听不懂。我很着急吃惊，因为我知道通过移民局官员的盘问与否，是我留学成败的关键所在。我记得，我谨慎地考虑把名词和动词都置于我认为最适当的位置，然后我对移民局官员说："如果阁下说得慢一点，我就能够懂。"他大笑说："你回去吧。"

我回到大舱，等"苦力"拿行李，等了很久不见到来。最后一个广东籍服务生对我说："美国没有苦力，每人都必须自己扛行李。"他的意思是说大舱中不会有挑夫来。他建议我提箱子他替我拿铺盖。他把我从船上领到岸上，把行李放在码头上，说声"再见"，他走了。

我不知道下一步应该怎么办，我该去什么地方。我坐在行李上，自言自语地说：用不着着急，反正已经到美国啦！此一想法予我极大的安慰和鼓励。尤有进者，当天正是一个晴朗的星期天。往来码头的人似乎都很友善。欣赏一阵风景后，一位广东绅士走过来。他是否认识我，我不敢确定。他提起我的箱子，叫我提起行李跟他走。我们走向一辆电车。我对电车并不害怕，因为我已在上海见过。不久，我们到了一座教堂，一位广东牧师和我谈话。经过一番不太清楚的谈话，他把我带到青年会。

在青年会，我把一切告诉一位极富同情心的干事。我告诉他我是到美国来念书的，我没有多少钱，我必须要找一所半工半读的学校，以资挹注。我又说："据林格尔夫人告诉我密苏里派克维尔①（Parkvill）就有这种学校。"干事说他晓得这所学校，他要给学校当局拍一通电报，替我请求入校许可。同时，他又命我暂时住在青年会。于是他叫一个人把我领到楼上一间屋子里。

我被领到一个外面看起来好像铁笼子的东西。我并未害怕，因为我看见还有其他的人被装在里面。事实上，那是一架电梯。工人把我带到一间屋子里，对我说，他希望我能感到满意。他又指给我洗手间的位置。

凭窗远眺，我看到许多房子、天井、烟囱、大街、小巷。我的屋中有一桌、一椅、一床，非常简单。我仔细检查了屋内每件东西，床上被子、

① 现通译为帕克维尔。

枕头、床单都很洁净。我实在不晓得我应该睡在床上的哪一层里。因为没有人看我如何睡法，不会有人耻笑我，所以我也就释然了。

翌日清晨，在我下楼时我想我用不着冒不必要的危险去乘电梯。于是我从楼梯走下去。我发现我住的房子只是在五楼。

干事告诉我吃早饭的地方，也告诉我阅览室。早餐后我到街上逛逛。我照直行走，决不转弯，以防迷路。回到青年会，到阅览室，这是我生平第一次看到美国报纸和杂志。我有些看不懂，但因无事可做，也只好看下去。

下午，第一次接待我的那位干事告诉我，密苏里派克维尔派克学堂已经允许我入学，如果我愿意，他可以代我买车票。他实在太好，不仅帮我买票而且把我送到车上。使我大吃一惊的是他竟给我买的是头等票。

沿途情形如何我已不记得，只是感到风景很美。火车爬上山再下来，然后又经过一片大平原。最后车到堪萨斯城，我要在此改乘当地火车赴派克维尔。

从堪萨斯城到派克维尔很方便，只有八英里路。

到派克维尔车站，有一名高大的黑人接我。他拿起我的行李要我跟他走。他把我带到办公大楼，办完注册及其他手续。我发现我还剩下十块钱。

在派克学堂的最初几天，都是上一些日常最简单的课程。真正使我吃不消的是那儿的吃饭和劳作。住校的男生要到女生饭厅去吃饭。女生的言谈和举措都使我不习惯。其他男生与女生间，均能谈笑自若，我却感到很尴尬。为了不出错，我吃饭时从不说话。我也不敢劳驾邻座的女生递给我面包。

我的工作都是我从未做过的。我去看工作监督，他让我午餐后去见他。午后我去见他，他似乎对我看都没看就说："你去骡棚，去拉一群骡子，把火车站的煤运到发电厂。"其他学生告诉我骡棚的位置。我到那里，看到骡子。它们又高又大，过去我从未见过。我不知道应该怎样对付它们，从何处下手。我绕着它们看，但不敢碰它们。最后有一个男生问我："你怎么啦？你不会赶车吗？我来教你。"他给我上了第一课，告诉我如何套车。

车套好了，我仍迟疑。那个男生跳上车去教我怎样握缰绳，如何指挥骡子。我笔直地坐在车上，整个一个下午，那位男同学都陪着我。我笨手笨脚地搞一阵后，他替我赶车。一点困难都没有，我们到了火车站，靠近车厢把煤装好。

首先是把煤从车厢中用锹装进骡车里，这并不难。我决心尽快地装。后来我发现我的手打泡了。我当时还不晓得有工作手套这种东西可以保护手。当我休息时，我才发现二月天气很冷。工作三小时，最后终于收工了，我感到非常高兴。

在工人大会堂洗个澡，我赴女生宿舍去吃晚餐。饭后我立即赶回男生宿舍。我自言自语："做了三个小时的工作赚了两个小时的书读，我非好好利用这宝贵时间不可。"

当时我所上的课，予我印象最深的是英语和数学。后者我并不感到困难。课外作业只要几分钟即可完成。难的是英语课。我还记得当时采用的课本是史考特[①]（Walter Scott）的《萨克逊劫后英雄略》。每次指定读十页。我利用一本英汉字典，查出每个生字，把它写在一本小册子上，同时标上中文解释。我发现在十页指定的课文中竟有三百多生字。生字查完后，我简直不知史考特在说些什么，课文对我简直是一片模糊。次日上英语课时，费根（Fagen）老师对我似乎很和蔼，我未举手发问他也没问我问题。英文课对我说是一堆生字。

在派克学堂的最初几天，我所过的生活是一连串听不懂的课程，吃饭

---

① 现通译为司各特。《萨克逊劫后英雄略》是林纾翻译司各特的代表作《艾凡赫》时所起的书名。

时受窘以及难以忍受的工作。我无处诉苦。我的痛苦坚持不让人知道，有些同学要帮助我，但我都婉拒。我想：他们不能替我上课、吃饭、做苦工。我绝不能逃避，不论这些事多么麻烦，我非自己干不可。

四月间我突然生病。医院中男女学生住了十几个，大家都患一样的病，是一种流行性的伤寒症。我昏昏的。医生和护士照顾我无微不至，好像我自己的父母一般。有一天医生检查过后，护士小姐对我说，她要把我移到楼上一间小病房去，那儿比较安静些。也就是说我要搬出大病房到单人病房。她同时把纸笔拿给我对我说，因为我病得很重，应该写信告诉远在中国的父母。我看看她并设法揣度她的意思。最后我对她说："我知道你认为我快要死了，我告诉你，我决不会死。"这句话令她破颜而笑。她说她从不担心我的康复，但是把病情报告给父母总是好的。她接着说："我很奇怪，你怎么知道你一定不会死?"我回答说："我从几千里外的中国老远到美国来求学，现在还未开始，我怎么能够死。"我以为我当时的答复很妙。她深以为然，并安慰我说我一定会好。

过了一个时期，我渐渐好起来，又回到大病房。我要在养病期间读书，以使我的英语迅速进步。护士小姐问我喜欢读什么？我想起《伊尔文见闻录》。这本书我在益智曾经读过，但并未全懂。我想我应该复习一遍。她居然给我找来一册。

这本书在当时我读得很感兴趣。我已不用再查生字，可以一直读下去，体会故事大意。我念完这本书，我又要她给我找类似的书籍。我一连读了好几本伊尔文的小说。

奇迹出现了，英语的门突然被我打开了，我开始对英语感兴趣了。我和护士小姐及其他同房的患者谈话也感到清楚有趣。这次患病使我在病房中学会很多英文成语。至于文法和词汇，我在益智受教于林格尔夫人时已经有些基础。真正令我感到困难的是发音问题，经过十周住院我已经窥其梗概。

当我逐渐康复时，他们允许我在病房中散步并随他们去学习量体温。有时他们就让我代他们担任这项工作。我成了见习护士。

我的主治医师安伍德（Underwood）先生是一位很了不起的人。我康复后，对于他的医药费非常担心。我告诉他我是工读生，真不知道应该怎样付他医疗费。他的回答令我毕生难忘，他说："不要担心。健康恢复后什么时候有钱什么时候给我。"

我出院时，学期已经终了。暑期虽然我的病好了，我仍不能从事体力劳动。因此，我随心所欲，干一些自己喜欢干的事。

当时派克学堂要读四年拉丁文。我春季入学为二年级生，我很担心学校要我重读整个二年级课程。果真如此，我还要读三年预科。我想我绝不能这样。于是我第一步先学拉丁文，因为拉丁文我在中国没有学过。我弄到一本拉丁文文法，每课约有十至二十个生字，一些文法。练习是将拉丁文译成英文和将英文译成拉丁文。出我意料，我发现我可以无师自通。生字可以记，文法既简单又合逻辑。至于练习，我前一天将拉丁文译成英文，第二天再将英文译回拉丁文，两相对照，看看有什么错误。一个暑期过去，我对拉丁文已经不感困难。

秋季学期开始，我坚请注册组答应我注册三年级。负责人说如果我要入三年级须请示拉丁文老师。蓓蒂（Cora Pickett）小姐考试一下我一年级的拉丁文课程，认为暑期自修的成绩很好。她说既然如此，她同意我修二年级拉丁文课。二年级拉丁文课讲的是恺撒。我以为我只上二年级拉丁文课，仍较同级的其他人少修一年。我问她："你为什么不让我上三年级拉丁文课，也就是说恺撒和西塞罗一起学。"她对我的请求首肯，她表示我应该先从恺撒开始，如果成绩好，她同意我也学西塞罗。我反对说，如果这样西塞罗部分就会躐等，学不好。我认为一开始恺撒和西塞罗两部分就一起学，比较好些。如果我读得不好，我再放弃西塞罗部分，专读恺撒。她熟思之后，同意我二、三年级拉丁文同时修，但成绩一定要好。

事实上，自从我英文进步神速产生奇迹后，我对二年级课程已经丝毫不感困难。恺撒和西塞罗两部分我都读得不错，考试分数很高。教室功课之外我又对其他的课外活动发生兴趣。

派克学堂在当时没有体育课，社交也很少。课外活动只有演说和辩论。我在三年级时参加朗诵比赛。费根教授给我选了一个小故事，碰巧故事内容很富罗曼蒂克。他校正我的发音。男教室后面是一片树林，一大早，我就前往树林背诵那段故事，把树当作听众。比赛结果我得第二，心中非常高兴。校中人和镇上人都大吃一惊，称赞不已。这一小小胜利在同学及镇民间给我带来相当的地位。从那时开始，无论是学校或是镇上都对我有了认识。

在派克学堂体力劳动的收入是充膳宿费的，其他的开销要另想办法才行。朗诵的胜利使校方当局和一些镇民介绍我到附近教堂和民间团体去演讲，每次演讲收入二至五元。我的演讲内容极简单，大部分都讲的是我的家庭和我在中国读书的情形。

有一次，他们邀请我到堪萨斯城长老教会主日学去演讲。事后有一位老者到青年会宿舍来看我，我正在那儿度周末。他说教会牧师突然患病，因此教堂很感束手，他请我在主日学以外，早晚多为教堂尽些义务。这种突如其来的大任使我深感意外。我对他说，我不能接受，因为我深恐不能称职。他坚持要我试一下。最后我同意，但在祈祷和唱诗时由别人帮忙，那位长者答应他可以帮忙。当晚，我修改一下我准备在主日学时用的演讲大纲，一改为二，每个加上一段祈祷和一个结论。出人意料地，我能掌握住听众。他们极欲从一个刚到美国一年的中国孩子那里去了解中国。那天我赚了二十元美金。

我抵派克维尔的前两年，该校曾有一名中国学生，他后来名闻世界，他就是董显光博士，是一位名记者并曾任驻美大使。我至派克维尔时，他已离开那儿前往米苏里大学新闻学院深造。但他为自己和中国都留下良好印象。起初当地只有我一个中国人，当地人对我极客气，全是一本至诚。

学校生活一直过得很好。上几何课时我常帮助老师讲解难题。我又新修一门课：德文。德文老师威廉斯（Blanche Williams）小姐系一奇特人物，是一位良师，也是一位益友。她和蓓蒂同样受我尊敬，我想我不能令她们中任何一个人感到失望。

时间一天天过去，劳动监督指派我担任各种校区内工作。我常和萨姆一起干，他是一个身材魁梧的黑人，曾到车站接过我的。他真是力大如牛，简直没有什么东西扛不起的。我们把路上的巨石抬到路边。在花园、果园，我们共同修理道路，我感到筋肉和背部很疼痛。即使是在现代的中国也很少有知识分子从事体力劳动的，我的经验非同小可。尽管以后我对许多理论问题感到兴趣，但我相信，体力劳动的经验，帮助我站稳了脚跟。

一九一三年初，二伯写信告诉我可以向湖南省长申请奖学金。我请校方给我一份成绩单，并请所有教过我的老师都替我写推荐函。我将所有资料封入信封，附上申请函，寄给省长。我以为这实在是一个大胆的尝试，因为贵为省长的大人先生，如何会注意到一封远从美国寄上的小孩子的申请函。但，反过来一想，我又觉得此举不会有什么损害，不写白不写。一九一三年四月或五月间，我得到复函，得到一份奖学金，数目十分可观，每月八十美金。我感到突然成了富翁。

接信后我决定告诉哥哥，说明我可以不用家庭供给或奖学金，自己赚钱读书，每月八十元足够我俩在美国求学之用，要他也来美国。特别令我感到幸运的是我的奖学金从一九一三年元月份即已开始，还要追补。中国留美学生监督第一次就寄给我四百美金。我可以负担我哥哥的路费。是年夏，他也到了派克维尔。秋季开学，我俩同在派克学堂求学。

接到钱后我决定做一套新衣服，到一家裁缝铺选了一段料子，我想这套衣服一定很帅。但当我穿上时，我的好朋友，无分男女，都说不够好，认为我应该选更好一点的料子。

一九一三年，我和朋友决定组织一个俱乐部。学校拨出一间房子，我们稍加修饰，用来开会与社交活动。我们一致认为应该有一架钢琴，我立刻决定捐一架。

派克维尔当时可能有一千人，包括派克专科和派克学堂的四百名学生在内。那里没有电影院和酒吧。有两家冷饮店，一家附设在安伍德医生的药房里，另一家也是由镇上一位医生经营的。我没有见过乞丐，也没听过有什么犯罪。贫富并不悬殊。大部分人都步行，少数人坐马车。每个人都守法、信教。大家都努力工作。

镇是坐落在米苏里河畔。米苏里河与中国的河一样多泥沙，但与中国不同的是该河没有舟船。只有一个黑人——但不是萨姆——利用那条河。他在河与公路中间修了一间木屋，我去看过他几次，每次他都请我饮咖啡吃肉饼。我们彼此往来得很亲密。他可能以捕鱼和捉螃蟹为生。

一九一三年，我们男生听说威尔逊（Woodrow Wilson）要到堪萨斯城国会大厦来演讲。他们告诉我威氏曾任普林斯顿大学教授和校长。他的一切令我景仰，同时也令我对美国更感到尊敬。我衷心以为：一个国家如果能尊敬学者，则在文化方面必定是进步的。为了听这位伟大学者兼政治家的演讲，我和其他同学徒步到八里以外的堪萨斯城。当晚威氏在竞选演说中讲些什么我已不复记忆，但我至今对他仍然尊敬。

派克专科和派克学堂在同级学校中水准平平。我甚至可以说它在一般水平之下。但该校笃信宗教，我们必须作礼拜及参加教会活动。此外，我们每天还要做祈祷，米勒牧师的祈祷词很长，就我记忆，也非常神学化。因为别人都不抱怨，我也只好跟着祈祷。重视宗教的结果，使大部分毕业生进了教会，有些到国外任教职，有些做了青年会干事。

一九一四年夏，我突然兴起一个念头，认为我和哥哥应该转到别的学校。哥哥对学农有兴趣，他认为应该献身农业为国家效力。因此，他决心到南方大学，因为南方盛产稻米。我已不记得当时的真正情况，一九一四年秋他终于进了亚拉巴马工艺专科。

至于我本人，我曾就商于蓓蒂小姐，我说我要进哈佛。她说那是最大错误，因为哈佛太大，对我无益。她建议我进一所小一点的学校，她认为我可以从老师那里获得额外的照顾。她推荐欧柏林（Oberlin）学院，那是她的母校。

夏季到来，我和哥哥离开派克维尔。他前往亚拉巴马奥邦[①]（Auburn），我到俄亥俄欧柏林。离别朋友我和哥哥非常忧伤。但我想：如果在美国要完成学业就必须离开。我们在美国开始时的生活是实实在在的。派克维尔两年半是否学到什么东西我不敢说，但我确信那里的工作使我身体健壮，意志坚强。

① 现通译为奥本。

第七章　四年美国自由教育

（一九一四—一九一八）

欧柏林学院的四年正好赶上第一次世界大战。就我记忆所及，战争一开始我对协约国和同盟国双方均无偏见。时间一天天过去，我渐渐同情英、法、比。记得在二年级时我在欧柏林加入后备军官训练团。我还记得，当时曾就商于院中体育指导萨维吉（Savage）先生，看看我能否入美国军事训练营。他仔细检阅我的体格记录表，并且打量一下我的身体，他说他认为我最好不要去当兵，他认为我的视力不适于当兵。此一建议我极感失望。一九一六年和一九一七年，我的同学有些前往欧洲，大部分都在法国担任医护工作，我非常羡慕他们。

萨维吉的建议令我失望的另一个原因是：因为我还没有忘情于我的“救中国”梦想，我要做个军人。我请驻美公使施肇基推荐我进西点军校。当他要我提出体格记录表时，我只好作罢，因为我确知：萨维吉先生一定在记录表上，对我身体不会给予好评。

然而，救中国的念头一直潜伏在我的意识里，时隐时现。欧柏林对于我实现此一理想已没有什么作用。它在过去和现在一直是一个纯粹自由的学堂，目的是训练美国青年能够生活于美国社会。当然，它也吸收了大批外国人，特别是中国学生。尤有进者，它在中国山西设有一所分校。在校园中还立一个碑，是纪念一九〇〇年山西“拳匪之乱”所牺牲的欧柏林人的。其课程宗教气氛太重，对于外国学生的特殊需要不甚考虑。

我在欧柏林读书时所产生的救国思想是温和的，目标是针对个人和全世界的。欧柏林的生活是每天忙着上课、进图书馆、上实验室、运动、交女朋友。是什么把这些串连在一起呢？第一，是因为要应付考试，要毕业；第二，是基于一种模糊的意识，认为健全的思想应该育于健全的体魄；最后，是人类内在的好奇心。学校生活本身也能产生一种动力。

时间一天天过去了，我的救国思想也一天天淡了，也可以说是扩大了。偶尔想一想，我的救国观念未免太简单了，有时我认为：我之所以有这种观念，实在是一种自我陶醉，这是不健全的。在我追寻内在思想之前，不妨先叙述一下校外的环境和重要大事。

一九一四年，湖南发生一个政治风暴。袁世凯总统免掉湖南省长谭延闿的职务，因为谭是国民党革命分子。他任命他的亲信汤芗铭担任省长。因为谭曾予留美湖南学生奖学金，所以认为留美湖南学生都是革命分子，于是他停发奖学金。

我和哥哥失去了奖学金，又回到自力更生的情况。林格尔夫人和另一位住在纽约迈亚克（Myack）哈德逊河畔的慈祥太太柯尔毕夫人供给我学费。我在欧柏林一个中国学生俱乐部工作，赚取食宿。当时在欧柏林求学的中国学生有二十人，学校小而中国学生最多，我们共同组织一个俱乐部，俱乐部有一所房子，大约有十个人住在那里。由工读生担任清洁、烹饪等工作，其他有家庭支援的学生，负担俱乐部的其他开支。

到暑假我要另觅其他工作。克利夫兰报上登出一则求才广告，我前往应征，获得录取。一九一五年夏我到水牛城去学习售货术，学习如何推销一本叫作《万宝全书》（*The Dictionary of Facts*）的书籍。该书系由福克（Funk）和瓦格纳斯（Wagnalls）二位出版。售货指导员教我如何进入假想买主的屋子，如何引起他们的购买兴趣。他指定我一些俄亥俄的市镇，大部都在欧柏林附近，要我去推销。我想这份工作我可能赚到几百元。

售货的第一个城镇叫什么名字，我已不复记忆。他们告诉我：每到一处应该先拜访当地督学。因为他们认为如果能够推给督学先生一册，则在以后的推销中就可以多一番说辞。我遵嘱前往。督学先生很文雅，他耐心地听我推销，并看样本。待我说完，他说：“小伙子！你讲得很好，我晓得这本书，因为我也推销过。但我现在并不需要它，因为我所需要的字典和百科全书一类的书籍，我全都有了。很抱歉，再见。”我认为这位仁兄拒购的理由很充分，也就不想再向他推销。

第二个推销对象是一个女教员。我顺利进入她的寓所。她正收拾房子，屋内还有另外一个中年妇人，我认识她，她也在本地学校教书。她俩对我这位中国推销员大感兴趣，于是坐下来听我的说辞。出我意料之外，她们听起来很用心。临了，其中一位说：她和她的朋友赚钱很少，为了收支平衡，她们自己还要操持劳务。在此情形下实在无力购买这本书，真是对不起。她们外表极诚恳，回答也很坚决，我想我实在没有办法再要她们购买。

经过上述两次失败后，我认为在水牛城传授我销货术的那位先生一定是错了。我应该放弃学校中的推销对象，到阔气的住宅中去找主顾。他们有钱，会购我的书。于是，我找到高级住宅区，决心要在区内找到合适的买主。

我敲一家相当阔气的大门，里面出来一位中年妇人，她也很客气，立即请我进去。我向她推销，她很感兴趣，她说她正有个孩子在念书，一定会用得到我推销的书。于是我又详细介绍书中的内容，特别是说明部分。正当此刻，我闻到有一股烧焦的味道，她赶到厨房，又盛怒地冲出来说：“小子！为了你，我把饼都烤焦了，滚！”又是一次失败。

几次失败后，我不想再做售货员了。我回到欧柏林，要求学校人事部门给我一份工作。事有凑巧，一位赴远处度假的教授，正好需要一个人照看他的房子和花园。工作很容易，但是待遇却不高。

有时我在欧柏林附近演讲。讲得最多的地方是俄亥俄州艾克伦（Akrons）的一个俱乐部。我相信在那里我能赚到二十元。

对学生们说，最普通的自力更生办法是去端盘子。欧柏林学堂有一个小旅馆，很多到欧柏林和欧柏林学堂的人都去光顾过。我在小旅馆餐厅中找到一份工作，令我十分高兴。中餐晚餐时我去工作，可以赚到两餐饭。此外并可得到一些小费。工作很简单。

我在“欧柏林旅馆”工作最初的几天，有一次我招待六位同来的顾客。我记下他们点的汤、鱼、肉、沙拉、咖啡和点心，回到厨房，我一口气背出来。厨房领班是一个身材魁梧的黑人，名字叫萨姆，他对我一言不发，两眼瞪着我，好像要把我吞下去似的。很快的，他把我所要的东西一股脑儿做好，放在台子上，要我端出去。我开始先端汤，待上鱼时，已经有点冷了，当上肉时，肉已太冷，顾客抱怨。我把客人的反应告诉萨姆。他对我大肆咆哮，好像我犯了什么滔天大罪似的。他说我应该按顺序报出菜单。我说这是他的责任，因为他应该知道每道菜所需的时间。我们争论得很凶，其他侍者出面劝解，但他们都站在领班的一方，要我以后报菜单时把时间算好。

不打不成交，我和萨姆经此争吵，反而变成朋友。事实上，我对端盘子艺术很有一手。我不仅能仔细调配时间，更能牢记每位客人所点的菜。我成了端盘子明星。

有些教授到餐厅来，我侍候他们。他们同情我，多给小费。我感到很不安，因为在中国，学生对老师习惯上总是免费招待的。我对心理学系主任史塔生说：“我是你的学生，不能收小费，因为中国习惯是‘有事弟子服其劳’的。”他听后大笑不止。他说在美国给小费是很普遍的。

有一天，是在毕业典礼那一周，我的女友凯塞琳和她母亲到餐厅来，另一个端盘子的，也是个学生，有意捉弄我，故意避开。我被迫只好硬着头皮去招待这两位女客。我女朋友的母亲给我五元小费。我感到很尴尬，因为我想：将来我约会凯塞琳，她一定会以为我用的是她妈妈的钱。另一位侍者要我把钱收起来，不必耿耿于怀。

两年以后，我从清华得到部分奖学金。清华是用罗斯福退回的庚子赔款创办的。我哥哥因为不满亚拉巴马专科，也转到欧柏林来。我俩都半工半读。

欧柏林学堂的水准在一般的同级学校之上。学堂本身有一千名学生。此外，音乐学院有四百名学生，神学院有两百名学生。学生人数占全镇人口一半。如果再加上老师和他们的家属，可能占镇上人口的三分之二。校区和校舍都很精美。教室、图书馆、实验室都很合乎我们的理想。

欧柏林学堂的理想是自由教育。说明白一点，就是要使其学生成为一个品行好、学问棒的基督徒。因为学校注重宗教，所以我们每天都有宗教活动。校区内不准吸烟和跳舞。金（Henry Churchill King）校长，波士委（Bosworth）教务长，哈琴斯（Hutchins）教授，都是阐明基督教义的名家，他们口才便给，雄辩滔滔。哈琴斯的儿子后来做了芝加哥大学校长，声名藉藉。我对这些人都极仰慕。当时的美国大学，希望每个学生都是基督徒，至于学问还在其次。但欧柏林却是二者并重的。

在欧柏林学堂，我首次开始学自然科学。霍莫兹（Holmes）教我化学，布丁顿（Budaington）教我生物学，葛威尔（Grover）教我树木学和进化学。他们三位都是杰出的教授。

欧柏林的老师不再要我死记课文，不再要我使用演绎法和孔夫子的格言，他要我多用眼睛多用手。要我在显微镜下研究试管中的微点，要我观察我所能看到的东西，不要忽略所观察到的事实。训练我观察要仔细，提出报告要客观。经过这一番训练，物质对我又有了新意义，科学方法也成了一个新发现。

我对这种新方法的反应如何呢？虽然科学研究在开始时困难，但我很快上了道。我衷心羡慕这种教育方法。这些课程我都学得不错，甚至霍莫兹教授劝我主修化学，布丁顿教授劝我主修生物学，葛威尔教授劝我主修植物。

在欧柏林的其他中国学生，大部分均较我年长，中文也较我好，但对自然科学不感兴趣。原因很简单，因为他们认为实验室工作困难。然而，在当时的美国大学中，却有许多中国学生，学自然科学或是学机械工程。他们有些是因为兴趣所在，有些则是依靠意志去克服困难。他们认为：中国目前最需要的是西方科学和技术。有些人甚至以为：中国只需要科学和技术。因此，中国知识分子间，对于文化改革也形成了一连串辩论。

我曾力主科学和技术。我必须说明，我的主张并不是人人赞同的。当时在康奈尔和哥伦比亚大学就读的胡適博士就是其中一个。他主张：中国人应该研究科学和技术，但西方文学和社会科学对新中国的进步也很重要。他对西方文明和唯物主义不作等量齐视。他终身在中国提倡科学与技术，经常演讲，阐扬西方在精神方面的成就。

事实上，在第一次世界大战和一、二两次世界大战之间，由于自然科学和技术受人重视，致令许多中国人对社会科学和文学都裹足不前。

葛威尔教授的树木学使我认识了欧柏林四周的树木。我尽量研究，辨别它们冬季和夏季的特点。我成了葛威尔实验室中的助理。我很高兴，能指给其他美国学生认识枫、杨……但当他们随着树木长大时，那些美国学生对枫、杨的枝叶也就不再关心了。

最麻烦的课程是葛威尔教授的进化论。我们研究达尔文和达尔文以后的理论，实验孟德尔遗传定律。由于葛威尔认为孟德尔定律损害了基督教教义，以致令我稍感困难。霍莫兹教授和布丁顿教授认为科学和宗教是并行不悖的。我真不了解，究竟是科学增加了他们对宗教的信心，还是宗教增强了他们对大自然刺探的决心。但有一件事却是真的，宗教和科学统一了他们的心灵和意志。

在欧柏林，又有一门新课引起我的兴趣，那就是心理学。我认为我对心理学的兴趣是威尔斯（Wells）教授在暑期教我的课程中启发的。他在讲课时讲解人性中的狂妄。他不用任何教条式的理论，就能使我们深入研究和分析。那年夏季我读了詹姆斯（Williams James）的《心理学大纲》，该书令我深感兴趣。詹姆斯的书有令人感到不忍释手的魔力。威尔斯教授使我在大学中专攻心理学。不幸，他在我四年级时离开欧柏林。接替他的是达雪尔（Dashiell）教授，他只能在动物心理学试验方面令我稍感兴趣。

我在欧柏林对文学也感兴趣。莫雪尔（Mosher）教授除教我德文外，并引起我对哥德和希腊的兴趣。我认为德文很容易学，而且我进步得也很快。最后几年，我又学法文。我认为：将来读法国学者所写的伟大历史著作时，法文会有用处。

我在欧柏林时，最杰出的文学教授是瓦格尔（Wager），他教我们英国文学。我选他的课是维多利亚时代散文和名著翻译。前者，我读卡拉尔、雷斯堪、安诺德、纽曼和派特等的作品。我喜欢安诺德的诗。我对他那科学前期对宗教信仰问题所作的诗章中的音韵极感兴趣，如果我想象的不错，我认为瓦格尔教授最喜欢的是纽曼。因为他们信仰相同，他们追求的是精神快乐和平安。我对纽曼作品虽不尽理解，但我想纽曼神异的动机，的确是找到了最后的精神安慰，我可能不太重视最后的安慰，因为我不喜欢隔绝的、一元化的世界。

在英国文学系教授们鼓励下，欧柏林学堂学生掀起一片文学热潮。他们出版了《欧柏林文学杂志》。贡献最大的是魏尔德（Wilder）。我和魏尔德合作，将一些中国诗翻译成英文。

我对欧柏林的历史课很失望。上课时很枯燥。但我自己私下却读了许多德国史和意大利史。我对俾斯麦很崇敬，对意大利加富尔、马志尼、伽里波等三位伟大的政治家也同样景仰。

当我留学时，我发现祖国正面临统一问题。一九一一年，从表面看，革命似已成功，但却正如后来事实所显示的，革命结果造成军阀割据。内战所引起的各项问题深深地刺激了我。不幸，那时欧柏林历史系的课程不能有助于我将来在中国从事政治工作。

在欧柏林有一位伟大的经济学教授，名叫鲁兹（H. H. Lutz）。他教我时采用的本子是陶星（Taussing）的《经济学大纲》。鲁兹教授为我详细讲解复杂的供求问题、边际效用和价值等问题。他非常认真，而且能以身作则，无论对学生或对自己都不马虎。

在我上鲁兹教授课时，有一次青年会国际会议总干事穆特（John R. Matt）来校布道，学校当局停两堂课，以便学生听传道。但是鲁兹教授宣布他的课要照常上。两者相较我还是上了他的经济学课。

我发现欧柏林的宗教气氛太浓，除了校长金氏、教务长波士委及哈琴斯教授对教会活动大力支持外，另一个有形的象征就是：校区中为纪念在中国山西传教而被“拳匪”惨杀的教士，建立一个纪念碑。此外，我的同学中也有好几个人他们的父母在中国传教。在镇上，威廉斯夫人和戴维斯夫人也都是退休的牧师，对中国学生特别有兴趣。

美国教会，为了筹集所需费用，往往谈到中国的穷人，损及中国人的尊严，此举使在欧柏林读书的中国学生大起反感。这是他们伤了我们的自尊心。然而这种自尊可能是不对的，因为他们所说的多半是事实。但我们却不希望他们在美国公开这些丑事。其实在中国学生中，谈到自己国家的种种，有时所用措辞，比教会牧师所用的更粗鲁、更尖刻。但是同样一件事，经牧师们一说，我们就大感不快，感到有失尊严。

离国数年后，我们又把祖国理想化了。凡是在国外的人都较为爱国，这可能是一条不易的真理。这条真理于欧柏林的学生身上更得到了明证。我对整个教会活动都感到怀疑。第一，我认为中国不会变成一个基督教国家。第二，我认为中国道德精神价值高于西方。欧柏林过分的教会活动遭到反对，至少大多数中国学生是反对的。

回顾一下中国学生和我自己对国内教会活动的态度，我愿对我年青时代的憎恨作一个相当合理的解释。总之，人民的信仰，是传统中最内层的部分。的确，宗教信仰是传统的。没有传统，特别是反传统，就得不到精神安慰。大多数美国人都是基督徒，其所以如此，并非基于逻辑上的理由，纯粹是因为他们的家庭和国家的传统使然。为求精神健康，每个人都应该有某种程度的宗教信仰。任何破坏这种共同认识的企图，都是一种精神上的损害。传教可以视为十足的精神侵略。近年来我曾注意观察，发现美国有些教派，对传教已不似昔日那样热衷。目前，似乎越是守旧的教派（如原教旨主义教派）越喜欢向教外人士传教。

欧柏林过去和现在都是一所好学校。我不敢说我在那里四年有什么成就，获得什么坚定的信仰。但我敢说：对于过去一些不明白的事务，我已能去观察，我的智识水准的确是提高了。虽然离开欧柏林后我仍旧没有成熟，但我却迈向成熟之路。

第八章　赴法插曲

第一次世界大战时，特别是威尔逊总统领导各国反对同盟国和同情中国学生时，我很亲西方。一九一七年上半年，中国对于是否参战问题，军政两界争论甚烈。就我回忆所及，大部分人是主张参加协约国的。极少数人主张中立。没有人主张加入同盟国。我个人是完全站在协约国一方的。威尔逊总统所说的每一个字，我都信以为真。

中国后来决定参加协约国。决定后不久，中国政府即和协约国方面达成一项协议。依据该协议，中国应对协约国提出人力支援。中国招募十五万劳工前往法国。有些在兵工厂工作，有些配属盟军担任兵工。其中隶属于英军的有十万人，法军的有四万人（其中部分为军需工人），美军的有一万人。美国本身也有随军志愿组织，目的是鼓舞前线士气，志愿组织中最杰出的是红十字会和哥伦比亚骑士队，他们代表天主教和青年会。后者一向是具有中国意味的。要组织一个队伍到法国战地中国劳工营中去鼓励士气，邱安（James Chuan）先生，中国学生青年会干事，也是我的朋友，于一九一八年春到欧柏林去物色人参加骑士队。我接受了他的约请。

欧柏林学堂一九一八年班是在战云笼罩下举行毕业典礼的。尽管我们毕业班的人都晓得毕业是我们生平一件大事，但也兴奋不起来。不过我还记得金校长在他的寓所招待我们的情形。一向矜持的校长那天也对我们笑起来，这是稀有的事。他用一种追怀往事的口吻，谈到他自己过去在欧柏林的情形，他对我们说：当他要从欧柏林学堂毕业时，他和他的同学们都担心：认为欧柏林学堂没有他们的领导，将来一定不成样子。“嗨！”他哈哈大笑说，“大出我们的意料，我们离开后，学校反倒进步了。”他又继续告诉我们，他知道学生们中普遍存在一个问题就是：怀疑他是否笑过。他告诉我们，他有时也的确会大笑，只是机会不多而已。我很高兴金校长告诉我们他的往事，因为当时我和我的同学也正有那种忧虑，认为欧柏林不能缺少我们。此后，无论何时只要我自我陶醉得过了火，我就回想那段往事。

在我叙述法国生活之前，我认为应该插入一段个人生活的插曲。当我哥哥来美国留学前，就告诉过我，他在祖母和家父的坚持下，赴美之前曾先回老家一次。抵家后，使他大吃一惊，他发现原来是要他回去结婚的，对方姓赵，就是过去我在他们家私塾上学的赵家女儿。尽管他非常不愿意这件婚事，但也只好服从长辈的命令。

家兄当时对结婚经过，不愿多说。我感到这是一个悲剧，但我知道我对此事无能为力。他的婚姻经过，促使我考虑到我自己未来的婚姻问题。我是否应该像家兄一样，俯从长辈的意思，与我五岁时订婚的贺小姐结婚呢？我决心不干。于是我立刻写信告诉父亲，请他解除婚约。家父的回信可以总括为两句话：“荒谬绝伦，不可能。”当他发现我的意志坚决时，他开始用说服方法，要我不要使他失信，让亲友看他教子无方，丢他的面子。我无法向他解释我对婚姻的观点，我只说我要自己选择对象，除非和贺小姐解除婚约，我决不回国。

这样一威胁，亲戚们的信函雪片飞来。这都是家父发动的，要他们帮助说服我。有些人说家父对我的主张很震惊，甚至为此而生病。另一批人说贺小姐既温柔又漂亮。我的三弟，当时正急于赴美留学，写信告诉我，说家父已经后悔当年让他的两个儿子赴美留学，因此，他绝不让他的三儿子赴美，以免受美国不良思想的熏陶。对这些说辞，我坚不低头。我请父亲尽速解除婚约，因为任何迟延都会影响贺小姐的终身大事。大约是我在欧柏林毕业时，终于接到家父的通知，告诉我与贺小姐的婚约已经解除，我如释重负。

毕业后，我前往纽约接受一星期青年会战地工作训练。七月间，我渡大西洋赴法国。途中第四天，我们劳连（Lorraine）轮上的乘客发现有一个庞大舰队与我们同行。其中有些是商船，有些是驱逐舰。我看到这些小而快的舰艇在我们四周护航，俾免遭到德国潜艇袭击。危险当前，我们反而感到兴奋。上岸的前一天，有一个老妇跳海，有人告诉我她是德国间谍，恐怕上岸时要被捕所以跳海。上岸那天，护送舰队离去，我们的船平安进了布勒斯特（Brest）港。

巴黎一九一八年的夏季是阴霾沉沉的。虽然没有实行彻底灯火管制，但路灯也是暗淡无光的。芳斯毕格尔斯（Follies Bergeres）的演员正在使出浑身解数，使人们狂欢。但普通的法国人，因为节约，自然没有什么兴致。人和房子都显得无精打采。大部分妇女都穿着黑色衣裳。

抵法第一次工作是在里昂附近圣芳斯[①]（Saint Fons）的军需厂。那里大约有七百名工人，多半来自山东，我为他们成立了一个类似茶馆的俱乐部。我办了几个补习班，教法文和中文，介绍一些简单游戏，放留声机。替他们写家信，寄钱回家。吃苦耐劳的山东人住在法国非常习惯，好像在家中一样。他们都能说几个法文字，常常出入乡间的小咖啡馆，和工厂及农场的法国工人相处得很融洽。事实上，这里实在没有什么士气不士气的问题，用不到去鼓舞。

十月末的一个夜里，屋子里挤满了工人，突然一声巨响，山摇地动，把留声机上的唱针震出了唱盘，窗框震碎散落到地上。有些人大喊：“德国人来啦!”我虽然感到吃惊，但我却不信德军能够穿过瑞士进入莱茵河

① 现多译为圣冯。

地区。我力持镇静，要大家循序到外面去。我把俱乐部门关好，我认为应该亲自去查明一下真相。刚出门，又是一声巨响。当我到大街时，人潮奔驰，其中有中国人、希腊人、阿拉伯人和法国人。有一名法国警察要我站在他身边，他用不纯熟的中国话高呼，要工人们安静下来，要守秩序。我自己很想尽速逃跑，但我恐怕警察笑我胆小。

当我站在警察身边时，一股浓烟直冲霄汉，接着火焰冲天，风助火势，烈焰腾空，工人们个个惊恐。我站在那里机械式地重复那几个字："不要跑，不要跑。"大约半小时后，群众已经冲过我站的地方。我们看到远处一片火光，并且闻到一股火药味，还听到一阵噼噼啪啪的声音，好像中国过年放爆竹似的。我决定循着群众们跑的路走下去。等我追上他们时，有一名中国工人，他认识我，对大家说："我们跟他走!"虽然我告诉他们跟我走也没用，因为我自己也不知道哪儿好，但他们还是坚持要跟我走。我没有别的法子，只能给他们找隐蔽的地方。最后，我们跑到一座小村落，我看到教堂的顶上有一个红十字，斜对着天空。我直奔教堂。还好，门是开着的，我要大家在长凳上安静地坐下来，等待天明。

次日晨，我才晓得当晚并不是德军进攻，而是军火工厂的弹药库爆炸。一连三天，爆炸不停，法国派了大批警察包围军火厂。后来我发觉，法国其他地方的人，根本不知道发生这件事。

一九一八年十月间，有一天巴黎青年会总部要我去述职。我所乘的火车规定于午后十时到达，但误了几个小时。同车有一位上了年纪的法国人，我们坐在一起虽有几小时，但彼此并未交谈。到了午夜，他突然问我：是否已在巴黎订了旅馆。我告诉他还没有，因为我想在青年会总部过夜，所以认为没有订旅馆的必要。他很和蔼地约我到他家，他说住在他家比较舒服些，次日清晨办事也较方便。我有些不好意思，但最后还是答应了。抵他家时，他的太太身穿黑衫正等着他。她立刻给我们冲热巧克力。我们宵夜时，他太太悠闲地谈到西贡和河内的来信。我推测他家是从事化学工业的。第二天早晨，女主人为我准备一餐丰富的早餐。席间她告诉我：他的兄弟和独生子都在战争中牺牲了。现在她和丈夫除了对人施予温情外，已经没有什么好干的了。早餐后，老者带我去看他的化工厂和办公室。那是一个伟大的事业，与全世界都有关系。

我在巴黎公毕后前往圣芳斯。一九一八年十一月一天中午，我到里昂中央邮局。我很惊讶，整个邮局大厦的人都跑光了。当我在一个窗口买邮票时，一个法国女孩子突然抓住我说："我们来跳舞。"我想她一定是发狂，因为邮局在中午怎么能让人随便跳舞。她非要我和她跳不行，我坚持不肯。她抓住我的膀子，把我推到大街上去。这时我看到有许多旗帜飘扬在窗子上。不到几分钟，很多人麇集在大街上，高呼，狂吻，跳舞。战争停止了。

当天下午我回到圣芳斯，沿途看到很多法国兵都喝得醺醺大醉。有些倒在地上，东倒西歪，嘴里不断嘟哝着："这是平时，这是平时。"据我想象，法国为了争取最后胜利，已经悉索敝赋竭其所能了。

法国人和其他国家的人一样，也渴望战后能早日回家过太平日子。但事与愿违，令他们深感失望。随便发个信号，就能令士兵停火；随便签署一个文件，就可使外交官宣布和平；随便发一个简单宣言，就可使一个政府承认和平；但是真正的和平却没有那么简单，慢而又慢。迨至欧战最后的几个月，法国人都用"这是战时，这是战时"来说明他们的艰苦。停战以后，当我看到他们那失望的样子时，我真不知道，他们又会用什么讽刺的字眼来形容他们的失望。果然，不久他们又都说"这是平时，这是平时"了。

我有一辆美造自行车，是青年会供给的。我常与里昂的工作伙伴徐义宣（His I-Hsuan）先生沿莱茵河乘骑，我们到过莱茵区的许多市镇，并且远及南部的亚威农[①]（Aivgnon）。我们发现法国人相当刻苦耐劳，勤俭自持。这与外国人想象的很有出入。有时我们住在法国小旅馆中过夜，老板和老板娘都拿我们当家人一样看待。吃过饭后，我就和他们坐在一起谈家常。女老板为了表示对我们的关怀，常问我们是否有扣子掉了，她可以代缝。

一九一九年初，青年会派我到勒克列索（Le Creusat）庞大的斯耐达[②]（Schnecder）兵工厂去为中国工人再开一个俱乐部。当地差不多有一千五百名山东工人，住在营房中。当我首次向负责人要房子开俱乐部时，他耸耸肩说，实在没有空房子。在那段日子中，我常带着美国香烟，不过我自己却不吸。当时我递给他一支烟，他很高兴。后来我把一整盒都送给他。他要我过三四天再去看他。我们下次会面时，我干脆送给他一整盒香烟。他说他找到一间房子，这间房子现在正堆东西，如果我认为合用，可以拨给我。徐先生和我看过房子，很满意，认为可以利用它做很多事。有了地方，我们第一个计划是放电影给工人们看，我们从青年会总部领到一部放映机和一些影片。但房子中没有电源，我们又到负责人家，送给他小孩子一些巧克力糖。于是他为我们装了一条专线。下一步就是放映机的操作问题。我们找不到一个会使用放映机的人。徐先生是哈佛经济系的学生，和我一样也是一窍不通。但，我们不断试验，一天下来，终于搞通了。第一次在营区中放映电影，真是一件大事。

在圣芳斯和勒克列索两地，我发现中法两国人很易相处。不服勤务的官长，有时甚至是上中尉，都不时到中国工人的营房来，聊上几个小时。有时法国人会带着他们自己的留声机，到营房放给工人们听。

有一天晚上，我正在俱乐部中工作，一个法国女孩子跑进来，她要和我单独谈谈。于是我把她带到我的小办公室，她问我，她是否可以和一个

---

① 现多译为阿维尼翁。

② 现通译为施耐德。

姓杨（Yang）的工人结婚。我告诉她，我不认识这个人，所以无法提供意见。我问她是否曾经考虑过中国生活习惯有许多地方与法国不同的问题。她说她已经考虑过了。我又问她是否考虑到后果。她说："如果我呆在法国，我可能永远也结不了婚，即使我能幸运地嫁了人，对方也可能是个莫名其妙的家伙，把赚来的钱都喝了酒，醉后发脾气打我骂我。我认识杨某已经一年，他从未喝过酒，我认为他永远也不会打我。我想嫁给他一定很好。"

后来，有一次我到法国北部配属英军的劳工营去，发现英法两国对中国工人的管理方式有许多不同之点。英国军官呆板而严格。除了公务，官长与工人间简直没来往。英国营区较法国清洁，工人照规定领饷领配给。他们可以写信寄钱，甚至接到家信。法国官员和工人们往来多，甚至和工人们开玩笑，给他们讲故事，有时与他们共食，但是营区管理却相当马虎。工人们都抱怨不能和中国家中定时通信，他们不知家人是否收到他们从法国寄回去的安家费和不定期的寄款。

我在法国的时候，只要不耽误公事，尽量旅行。我从青年会领到的香烟和巧克力帮了我很大忙，使我搭车方便。我到过：毕亚里兹①（Biarritz）、卢德②（Laurdes）、坡③（Pau）和马赛（Marseilles）等地。在卢德，我参观山上的大教堂和雕像，这些建筑物都显示耶稣从前受难的情形。大教堂的旁边有个小洞，有一股泉水从洞中流出。人们告诉我这股泉水有一股神秘力量，可以医治百病。小洞上面的岩石上挂着许多拐杖，都是腿患痊愈后的人们留在那里的。有一位曾在云南传过教的法国天主教神父用流利的中国话告诉我那儿曾出现过奇迹。另一个美军上尉也说那里的确有过奇迹。我真奇怪，为什么现代人会如此迷信。若干年后，第二次世

---

① 现多译为比亚里茨。

② 现多译为洛尔德斯。

③ 现多译为波城。

界大战时，好莱坞把卢德的传奇拍成电影，片名是“伯纳特之歌”（The Song of Bernadette）。

在马赛，我住在一家海滨旅社。我想地中海的景色一定特别美。旅社的房间都配以各国地名，如威尼斯、法兰西、雅典、北平等等。房间都空着，任我选择。于是我选了北平。房间有个走廊面对大海，我躺在床上可以看见滔天白浪，从海上一波一波地掠过。我自言自语地说：“这真罗曼蒂克。”但到晚上睡眠时，我听到怒吼的风声，令人感到悲怆、恐怖。我感到非常孤独。自己独处一室，全旅社也只有我一个客人，我好像遗世独立，要羽化登仙了。

和会召开期间，我数度赴巴黎。除了阅报外，我从参加和会的中国朋友处，又得到一些有关会议的报告。会中决议：将德国以往在山东的权利转让给日本，令我感到十分吃惊。我对一向主张全世界人民自决的威尔逊，实在不解，何以他竟违背了他自己的原则。不过，我想威氏此举必有不便公之于世的充分理由，也说不定。处在这种环境，每天和中国代表团的人谈，分担他们的忧虑和失望，我对事实真相因为太明了，因而简直不敢想象，中国代表团反对巴黎和会对山东问题的决定，于拒绝签署和约后，会对中国学运、中国政府危机、新文化运动产生如何的影响。詹姆斯说得对：世界充满了意外事故，全能的神不按五年计划管理人类。

我要离开法国之前，青年会召集所有在军中服务的青年会人员开会。讨论的主题是：法国工作经验与未来中国工人福利问题。讨论结果，产生一个集体教育运动。运动的领导人是晏阳初，他曾就读于耶鲁大学。他在军中教授中文时，突然触发一个灵机，他认为教育家首先应该找出一千个最习用的中国字。我们在国外研究的学生，都认为学中文太浪费时间，除非我们能简化教授方法，文盲是难扫除的。事实上，中国教育的中心问题是国语问题。中国字念起来很困难，写起来更困难。把不同笔画配合在一起，本身就很困难。晏先生认为：经过相当选择，可以找出一千个字，能使工人在三个月之内学会，足供他们日常生活使用。晏先生所倡议的基本中国字汇和集体教授法是此次会议中的主要成就。

晏先生回国试验一年以后，他发现扫除文盲工作，直接从扫除文盲工作本身下手是不够的，因为文盲问题背后，还存在着贫穷和疾病等问题。因之，他所领导的集体教育运动，又牵涉到健康和改良生产等问题。易言之，扫除文盲工作之外，还要对现代科学和技术工作多多努力，才能奏效。

第九章　哥大研究与华盛顿会议

依我想，现在留学的观念应该与我一九一九年夏季进哥大时一样。哥大是我留“西洋”的最后目标。当时在哥大的中国学生约有一百五十名，他们也都是留学生。

当我在哥大研究时，有一天，校长布勒（Nicholas Murray Butler）先生非正式招待哥大中国学生。我想他这次例外地对中国学生表示客气，可能是受师范学院院长孟禄（Monroe）教授的影响。孟禄教授多年来对中国教育有兴趣，而且对哥大中国学生花费过很多心血。他认为：从留美学生中，可以看出一种历史动向，此种动向会形成当时令人无法相信的发展。在招待会中，布勒校长先致简短的欢迎词。接着他又训了四十分钟话，大意是谈历来的美国留学生问题。他指出：在不同的时期，美国的伟大学府和著名学者如何能从外国吸引来大批学生。他说，这些伟大学府帮助我们了解文化的动向。他的口才很好，并对出席的中国学生大加赞许。那次招待会增加了我们对留学和对历史使命的认识。

当我一九一九年夏入哥大时，我有一个很奇怪的想法，认为我应该专攻新闻。我想如果我能成为中国报界大亨，我就能左右中国政治。我曾阅读英美两国许多报纸，也曾阅读许多对美国舆论具有广大影响力的主笔们所写的社论。我梦想在自己国家政坛上，能扮演一个像他们那样的角色。为此，我进了新闻学院。但我在新闻学院读书期间，有一年夏季，突然感到新闻人员对一国政治的了解仅是表面的，无法深入，所以他们只能随波逐流，迎合时代。我认为：为了左右政治，就必须懂得政治，欲想懂得政治，就必须专攻政治科学。因此，乃于一九一九年秋放弃新闻改修政治。但是不久我又觉得，政治也有它的限度。首先，政治科学讲的是抽象理论和计划。我相信伟大的政治家绝不会固守任何固定的原则。因为政治科学中所讲的政治，是理论的而非实际的，那么我要从哪里去获得真正实际的政治知识呢？我的结论是：欲想获得真正的政治知识只有从历史方面下手。我已经由新闻转政治，现在我又从政治转攻历史。在我过去的人生历程中，我曾改行很多次，从教历史到公务员，再到新闻记者，换来换去。直到最后，我还无法确定究竟哪一行能使人对政治有最佳、最正确、最深入的了解。

留学生往往是羡慕有关大学中著名学者的名气才进那所大学的。中国学生进哥大更是如此。我们未入哥大之前，就听到许多哥大教授的大名。如果不是为了上这些被认为有名、杰出的老师的课，我们就不会进哥大。但问题是：一个人欲想闻名全国就需要很长时间，欲想闻名世界需要更长的时间。待一个人驰誉国际时，往往已经过了他人生的巅峰。当外国学生前往受教时，他们已经落伍了。本国学生因为能够跟上时代发展，所以对教授的声望本身不甚注意。另一个理由也可证明教授声望不足以当作选择学校的标准。有时一个人选择一所国外的大学后，他才发现校中有许多伟大学者，他们的名字在国内时从未听到过。我们认为这是可喜而偶然的发现。

我在哥大时，从一九一九年到一九二三年，凡是政治研究所的学生没有不选穆尔（John Bassett Moore）教授“国际公法”课的。他是一位著名学者，也是国务院的官员，的确是驰誉全球的。他对中国留学生很客气，每年至少要到我们俱乐部来演讲一次。他来演讲时日期往往是选在我们的双十节国庆日。他最器重的中国学生是顾维钧。他常对我们讲顾氏在哥大读书时，有一次去找他，请他帮忙在哥大《旁观者》（*Spectator*）上发表文章，他对这位年轻爽直的学生印象甚好。后来顾氏当选《旁观者》编辑。穆尔教授又说，自从顾氏担任编辑后，《旁观者》的可读性就更高了。

他讲课很少有变化。每年开学时他发一份授课大纲，附带一份参考书书目。每次上课他的开场白总是："我们今天讨论的是某卷某页到某页的问题。"他问："是否有人对指定阅读的课程有困难，如果有，是否有人要发问?"十之八九是没有人提出问题的，因为大部分学生对指定的课程都还没有准备过。但是，如果某个聪明的学生能提出一个有兴趣的问题，他就会从各方面加以解释。这种解释可能很广泛，令人很爱听，很感兴趣。有时他会说："嗯，说实在的，你没有准备我指定的课程。但我指定的课程的确很有内容，希望你能用心去读。"于是他把书翻到那一页开始念一下，然后他再讲一段他自己出席国际会议的经历。我必须指出，常年这样坐着听讲实在是很乏味的。但是，许多写国际法论文的学生告诉我说穆尔教授对他们很有帮助。

我也曾从吉丁斯教授（Franklin H. Giddings）研究"社会学"。他授课可以说是一篇经过充分准备的演讲词，从不偷工减料。他除了教课外还担任教会职务。有时我们想找个机会向他发问，或是反对他对历史和文化发展的观点。但他从不给我们机会。

有一次，吉丁斯教授从墨西哥度假归来，第一次上课就告诉我们，他在墨西哥过了一个很好的假期，他的精神已经恢复。接着他又说，这次旅行，他的基本学说之一——文明是从下层开始的——被证实了。他说：当他站在墨西哥大街上时，他看到那里的女人穿着各式各样的衣服。但是，她们的袜子都是相同的，大多数都穿丝袜子。这足证文明是从下层开始的。这是吉丁斯教书生涯中仅有的一次迹近幽默的说辞。

在财政方面，哥大有赫赫有名的塞尔曼（Edwin R. A. Seligman）教授。他的"公共财政"在哥大是最叫座的课程之一。我看得出他是公共财政的权威，是口才便给的演讲人。但他何以致此，我却不知道。上课时他能自始至终控制住听课人的情绪。第二学期他因病不能继续再教，于是校方从其他大学请来一位教授，来继续讲他未完成的课程。于是出席率大减，学生听课的情形也不似过去。

哥大教“政治学原理”的教授邓宁（William A. Dunning）年高德劭。他已完成他的杰作《政治思想史》第三卷。邓宁任教哥大的同时，还有一位年轻的教授，名叫拉斯基（Harold J. Laski）也在哥大教授同一门课程。他在城中新设立的社会研究所授课。我上午去听邓宁的课，下午去上拉斯基的课。他们二人不仅在理论上针锋相对，教法也截然不同。邓宁不独断、不大重视教条，他仅仅提出对问题的看法，他认为：如果学生肯考虑他所提出的看法，加以深思的话，他们一定会了解政治学说的最终问题是政权的性质问题，政治家的最终目的是保护政权。在政权稳定的时候，大学教授们似乎用不着强调稳定政权的困难。但从那时起，我就感到有些国家的人民，连最低限度的稳定都做不到，而稳定政权、建立秩序乃是一国政治的基点。若干年后，我越发认为邓宁教授的见解是高明的。

与邓宁正相反，拉斯基教授以其雄辩滔滔的口才慑服了我们。他具有惊人的记忆力。授课时他会引证柏拉图、亚里士多德、奥斯丁、圣·阿奎那以及法国大革命前各家的著述。授课时，他从不停止。我们常被他的言语带开。我认为有许多次他自己也如脱缰野马，易放难收。在过去的五十年中，无疑的，拉斯基在世界很多地方发生极大的影响，风靡了英国、亚洲，尤其是印度。

在哥大，有两件令我高兴的事，必须在此叙述一下。第一是沙费尔德（William R. Shepherd）教授，他教我们“欧洲发展史”，他的观念使我终身感到不安。他的理论是无法否认的，但我们对欧洲发展的伦理价值却是怀疑的。由于十六、十七、十八世纪欧洲人向外扩展的结果，大家不禁会问：“究竟西班牙人占领南美，英国人统治印度，以及十九世纪末欧洲人瓜分非洲，是对还是错?”欧洲发展的背后没有什么哲学基础，也没有什么计划。欧洲人向外扩展的原动力是利益、政治力量、传教、昔日的英雄主义。在发展过程中，欧洲国家把它们的文明（从政治、经济到宗教），带到新发展的地区去。另一方面，欧洲人也从占领地区学到一些事物，开始更了解欧洲人在欧洲以外土地上接触到新动物、新植物和新社会；这些社会都有他们自己的传统、自己的生活方式，有些虽然不如欧洲，有些的确很好。因此欧洲人在知识方面能够有机会和欧洲以外地区比较，并能对整个人类生活和物质实体及现象有所了解。如果说欧洲人不向外发展，科学的新生几乎是不可能的。甚至法国的革命哲学，如果不是因为欧洲人进入其他社会（有些是原始的、有些是古老的)，也不会发生。

就我记忆所及，沙费尔德教授从未用过“帝国主义”一词，对于欧洲人的扩展，他的伦理观念如何？我不得而知。但他却不停地讨论此一问题。他对世界性、持续性的发展本身就极有兴趣。

因为沙费尔德教授从来没有讨论过帝国主义问题，所以他的课自然而然引起我对此一问题的好奇心。因为中国是欧洲帝国主义者的牺牲品，所以，在不问欧洲对外发展究竟对欧洲以外地区是福是祸之前，我是不能听他的课和读他所介绍的书籍的，我也不能不问是否能有较好的方法来解决此一问题。当然，有一件事是确定的，自十五世纪葡萄牙人开始活动起，至十九世纪末瓜分非洲为止，从未有人提出像国际联盟所具有的“代管制度”（Mandate System）和像联合国宪章中所包括的“托管制度”（Trusteeship System）的想法。欧洲拓殖只是一种临时现象，或是一种管训工作的想法。

当时霍布森（John A. Hobson）有一本书名叫《帝国主义研究》（*Imperialism: A Study*），深获我心，使我对帝国主义得以明了。后来我又发现：这本书对印度的尼赫鲁也产生重大影响。“帝国主义”一词过去没有人给它下个定义，也无法下个定义，它是一个和人性一样难以界定的伟大名词。自然，我们所谈的是实质绝非字面。现在我们先不谈帝国主义，让我们先回头讨论一个比较古老的名词——“殖民地化”。殖民地化是怎样的形式呢？所谓殖民地化是一种力量的发挥，此种力量无以名之，你可以称其为“组织力量”。说得更清楚些，它是居住在一个地区的人们向住在另一个地区的人们发挥这种力量。如果两个地区，殖民地区与被殖民地区之间的力量相同，就不会发生所谓殖民地化的问题。在不同的力量间予以调和能解决殖民问题吗？彻底消除殖民对人类能产生绝对好处吗？当然，我们认为：欧洲过去的殖民方法可以更好一些。但这不过是事后聪明。在过去欧洲人认为：他们的殖民方法已经很好、很实际。

作为一个中国人，我对殖民或帝国主义并不深恨，因为我感到中国如果愿意，同样有资格能产生与欧洲相同的组织力、相同的政治、相同的经济水准以及资源。改良中国生活方式，根除无效率、涣散的习性，就能建立有效率的生活方式。我不敢肯定地说，目前所行的拓殖是有害而无利的。欧洲人在殖民到各洲时做了很多事，有些他们有意做好，有些他们有意做坏。那些日以继夜终年高喊打倒帝国主义，而不能提高自己生活水准的人，我认为他们是自戕，是怯懦。易言之，帝国主义或拓殖主义下的牺牲者，他们可以改善他们自己的处境，至少，可以用平等或互惠的关系来代替一方统治另一方的关系。

当我离美返国时，我仔细回想沙费尔德教授的授课内容。当时，中国反帝国主义和不平等条约甚嚣尘上，但我一直不能像其他的国人那样仇恨帝国主义。

另一个重大发现是海斯（Carlton J. H. Hayes）教授，他事实上是我博士论文的指导教授。海斯教授使我明了工业革命发生使社会本身起了巨大的变化。工业革命前的社会和工业革命后的社会是截然不同的。工业革命前的放任主义在工业革命后已经全不适用，国家必须干涉。他清楚指出：德国俾斯麦和后来英国的劳合·乔治有关社会的立法，是顺应时代潮流而且是非常高明的。我敢说：海斯在哥大授课的当时，他的立场是“左”倾的，尽管当时“左”倾一词还未被使用。我很奇怪，人们也没有说他是社会主义者。事实上，他也不是社会主义者，不过他对社会立法极有兴趣而已。若干年后，当我再赴美国时，许多对社会安全措施的批评，令我大感吃惊。如果说，罗斯福总统不能或不应该从事俾斯麦于一八八〇年在德国，以及劳合·乔治于二十世纪初期十年在英国所从事的社会工作，那是十分荒谬的。

根据海斯和沙费尔德两位所授课程的启示，我决定了我的博士论文，题目是《劳工与帝国》。内容是讨论英国工党的国内外政策。我发现英国工党，在高度工业化和纯帝国主义的国家中，能鼓吹一种新方法以建立国际组织，令我深感愉快。英国工党以为：“新时代的英国，如果放弃统治的观念而代之以合作的观念，必能保持其原有之伟大和光荣。我并不是说，英国工党创出一种新帝国主义哲学，事实上亦不可能如此。因为在工党提出上述主张之前，自由党和保守党早已提出过类似主张。帝国和英国其他事物一样，有其传统性，该传统是持续不断的，很多人都对它有过贡献。英国对所有参与建立大英帝国的人，包括我们中国人在内，都用不着抱歉，因为帝国主义的种种是混杂的，但总说起来，都是有价值、仁慈的。

在谈到国际问题以前，海斯教授出版一本论述民族主义的短论——《族国主义论丛》。就我记忆所及，该书最先并非与授课内容或笔记内容一样。不过，它的确令作者花了很大的心血，作者似乎将他所有的见解都注入书中。我一直没有放过那本书，一读再读。它令我感到困惑、茫然，但也感到够刺激。我决心一俟回到中国，尽速将那本书译成中文。

无疑的，我们当代的中国人都是民族主义者。抛开精神方面问题不谈，中国已因乡土观念和氏族观念而积弱。如果实行高度的民族主义，对中国人一定是有好处的。以当前政治而论，民族主义几乎成了教育界的宗教。海斯教授所主张的我不能全部接受。我认为：他书中有些地方离题太远，不适于我国。中国是一个半专制半民主的国家，自然，它下一步是应该建立一个民主国家。目前精神基础已经建立了，只是组织架构尚待完成而已。另一方面，我认为海斯对民族主义的论文，如果能在中国开出第一朵民族主义的花朵，则可使中国民主组织架构顺利而自然地趋于完成，否则，就建立不起来。就中国人说，他们没有理由认为中国是神圣的，也没有理由认为只有他们才是爱国的，靠他们自己就可以救中国。由于中国人认为他们自己的爱国主义是公正的，于是他们就忽略了别人的爱国，忽略了别人也有理由去爱国，这是不对的。

当中国人热衷于救国主义和中国文化时，他们往往犯错误，往往从褊狭的角度去接触问题。中国人的过去，正如多年来所努力的一样，的确有许多伟大的成就，但同时也有许多缺点。是否中国后代人应该继续维持中国的传统呢？即使是如此，他们也可因研究其他民族的精神遗产而得到极大的好处。他们越是对其他民族的历史有了解，越能尊崇我们自己的历史。我们越对西方哲学有了解，我们就越能推崇、了解中国自己的哲学。同样的，如果我们能用比较的方法来研究中国文学，我们就越能重视中国文学。总之，欲想建立新中国，中国人就必须吸收全世界的资源，精神方面的和物质方面的。

在这方面，世界的注意力应该集中于中国的物质建设，是项建设计划，已于一次大战期中由“国父”提出。“国父”是一位民族主义者，但他在计划发展中国经济时，却提出中国要尽量利用外国资本及技术的主张。他称他发展中国的计划是“国际开发中国”。此一工作的名称曾经引起批评。我认为这是“国父”思想太新的缘故，他不仅比中国人、甚至比许多世界上其他人也新了几十年。

因为我有了以上的意念，因此我想把海斯教授的书译成中文。出我意料的，该书译本相当畅销。

一九二一年，我担任美国东部各大学中国学生夏令会主席。我们的会址设在康内克提州派克维尔豪克斯（Hotchkirs）学校可爱的校园里。有两百多名学生聚会在一起。碰巧在聚会开始时，华盛顿美国政府宣布召开裁军及有关远东问题的会议。这样的大事，我们学生岂能轻易放过。一年间，所有留美学生都为华盛顿会议而激动。

当我们在派克维尔聚会时，我看到前期毕业同学，他们有些已经在中国自封为学生领袖，也有些人埋首于特殊研究工作，他们前来聚会是为了多认识几个人、休息一下以及和他们的同行专家们交换意见。此外，还有一些出生在美国，在美国长大的年轻人，他们也愿意参加那个团体，参加团体中的爱国活动。

我们所遭遇的第一个问题是语言问题。来自国内的学生坚持聚会时要用国语，禁止用英语。此一严格规定，无异将至少百分之三十的人关在门外。我认为这样很糟糕，损失很大。在美国出生长大的中国人，他们没有机会精通中国语言，至少，无法精通到可以公开表达的程度。对此问题，大家争论得很厉害，使我感到吃惊。我对此问题没有作成决议，我提议：每人都可以说他自己认为最能表达意思的语言，主席可以翻译他的发言大略。尽管我的提议双方都不满意，但他们还是接受了。

华盛顿会议原意在裁减海军，这和中国几乎是没有关系的，中国事实上等于没有海军，列强之间对海军的限制对中国是没有影响的。但会议中也要讨论一些有关中国的问题，譬如：中国境内的租借地问题、关税自主问题、领事裁判权问题以及山东权利，包括以前德国在山东的铁路和在青岛的权益问题。有关上述各项问题，中国人的看法是一致的，我们都希望中国能和其他国家一样享有自主权。我们希望，关税能够完全自主，我们希望收回租界地，每方寸土地都由中国人治理。我们希望废除领事裁判权，所有居住于中国土地上的居民，无论是哪一国的，都要服从同一种法律，隶属同一法院。站在中国立场，我们自然认为德国以前在中国所享的特权，于战后自然而然地应该交回中国，绝不应该转移给日本。在这方面，大家没有什么歧见。大家所争论的是废除不平等条约的方式问题，有人主张采取渐进的办法，有人主张即刻废除。

引起派克维尔夏令会与会人员们注意的是出席华盛顿会议的代表，他们是北京政府任命的。“国父”已经在广东成立一个与北京对立的新政府，他宣称：他的政府才是中国唯一的合法政府。他和他在美国的代表，要求美国撤回对北京政府的承认，改而承认广东的政府。我们学生们认为他的主张不切实际。我们指出：如果美国果真撤销它对北京政府的承认，其结果，在华盛顿会议中就没有中国的代表了。果尔，我们认为中国一定会受到损失。尤有进者，我们认为：北京政府所任命的代表也同样是爱国的，代表中有：驻美公使施肇基博士、驻英公使顾维钧博士，他们均是夙有机智的爱国者，堪称一时之选，必可称职。如果南方政府派代表，其才华及爱国程度也不会超过他们。我们在派克维尔聚会的学生清楚指出：我们要恢复中国的权利，至于谁应该在华盛顿会议中代表中国，乃是次要的问题。

尽管我们设法很礼貌地表明了我们的观点，但到最后我们还是不能两全其美，我们对此很感困扰。我们对北方军阀是没有用处的，我们也不愿在当时与拥护“国父”的人为敌。

“国父”在美国的首席代表当时是一位名叫马素（Ma Soo）的绅士，有时他设法表现他极有才学，他能引用许多拉丁古典字，简直能把我吓倒。但和他谈到政治却无法深入，他是一个盲信者。我们之间如果不谈政治问题，他就恢复了人性，变得幽默、有理性、有节制。渐渐的，我认为他是在演戏。以他在美国代表“国父”的身份，除了攻击施肇基所率的代表团外，可以说什么工作也没有做。因此，我们学生认为设法使双方达成协议是没有用的，因为正式协议是不可能的。

夏令会结束时，我们成立一个学生委员会，我也是委员之一，委员会的主要任务是监视华盛顿会议进行情形。当我从派克维尔返纽约时，听说马某已经煽动中国城的人民用暴力反对我们学生。罗家伦（Lo Chia-lun）——我在派克维尔的一位密友，他认为我们最好立即赶往中国城，面对群众。我们到中国城最大的中国报馆编辑室，和那里的人辩论。争论了几个小时，报馆编辑要我们写一篇声明，表明我们的立场。罗先生用毛笔写好声明，并且为报馆制版。声明发表了，我虽不敢说声明说服了马某的群众，但却使他们冷静下来。从那时起，我们与中国城的同胞即不再有芥蒂，在学生们中间也没有困难了。因为罗是位有名的书法家，声明是用毛笔写的，所以那份声明后来也成了著名的墨宝了。

华盛顿会议开始时，中国官方代表团都出席，另外，还有两位民间代表。事实上，我们早已开风气之先，开始所谓民间外交活动。民间代表之一是北大教务长蒋梦麟，另一位是青年会总干事余日章。他们的才华和爱国热忱，为国人所深知。他们出席会议似乎保证中国人在华盛顿必定爱国。事实上，蒋博士和余先生以及官方的代表，他们都是爱国之士。

会议进行期间，我们学生委员会的委员也到了华盛顿，我临时兼任余先生的秘书，因而有机会看到会议进行的情形。我敢说，中国代表在华盛顿会议中所表现的非常杰出。在恢复主权方面，也略有进展。例如：在关税方面，中国虽未能恢复关税自主权，但列强却同意中国可以适度地调整税率。华盛顿会议同意中国于改善法院和司法行政后，列强考虑废除领事裁判权。还有，山东由日本交还中国。因此，于评估会议最后结果时，我们可以说：偏颇的威尔逊总统在巴黎对中国的承诺，在华盛顿会议中根本未予兑现。尽管中国在关税、租界、治外法权等方面收获不大，但在恢复主权方面，华盛顿会议却是重要的一步。

因为我们中国学生在开会前后，都曾游行示威，所以知名度相当高。当代表们出席大会重要会议时，我们利用口号和标语，使各国出席代表清楚知道，中国要在国际家庭中完全平等。

有一点，我们认为相当滑稽。有一次召开一个讨论中国关税问题的预备会，美方出席会议的代表是亚拉巴马参议员恩伍德（Underwood），他是个民主党分子，我们当时感到很奇怪，华盛顿共和党的政府居然派一个民主党分子出席会议，讨论外国关税问题。有关美国关税问题，是共和党说了算，但是中国关税问题，却是恩伍德说了算。

在这段时期中，我没有上课，但是却开始写论文。为了尽量参与华盛顿会议事务，以致论文停止了一学期没有动笔。我以研究生的身份出席会议，主要目的是要学习一些东西。我学到许多外交礼节。当时聚在华盛顿的人很多，他们都被认为是专家。其中有福开森博士（Dr. John Farguson），他是著名的中国艺术权威，当时他担任中国总统徐世昌的顾问，他替徐世昌监视会议有关事务。此外尚有霍普金斯大学政治学教授韦罗璧（W. W. Willoughby），他为中国代表团做了许多文书准备工作。还有芮恩施（Paul S. Reinsch），他在威尔逊执政之初曾任美国驻中国公使，华盛顿会议时，他已退休。他以前是威斯康辛大学政治系主任。芮恩施是美国总统从教授群中擢升为外交官最早的一个，我对“国父”发展中国经济的主张发生兴趣，就是受他的影响。他曾尽量使西方政府对“国父”计划发生兴趣。当世人对“国父”的民生主义不感兴趣时，他深感失望，这是我永难忘记的。

此外还有辛普森（Berlram L. Simpson），他曾写过许多有关远东的新闻报道。我在宴会、茶会等各种场合见到他们及一些其他的人们，我听他们谈到他们的经历。华盛顿会议使我这个研究生获益匪浅。

第十章　革命仍须努力

一九一一年（辛亥）秋天革命发生时，我曾根据教科书中有关法国和美国革命的记载，估计中国革命所需的时间大约要十年。如果我留学十年，回国后正好参加革命后的重建工作。但当我拿到护照和船票准备放洋时，我发现事实与我估计的颇有距离。革命已经过去了，南北和议已成，袁世凯继孙中山先生之后出任总统，似乎天下大定了。但我已经箭在弦上不能不赴美国，否则，岂非半途而废，前功尽弃了。

不久，我发现我的估计并没有错，事实上，我的估计还相当保守。中国革命持续的时间比美国革命的时间还长。迨我一九二三年春返国时，我甚至担心中国革命的时间比法国还要长。即使离国十一年（美国十年，法国一年），中国分崩离析如旧。而我也只能在这种情形下工作。

回国后，上海予我的印象并不太好。上海给我的印象是太乱与不调和。街上有现代化的汽车、摩托车、电车，也有落伍的黄包车、牛车和手推车。我们可以看到妇女穿着巴黎、纽约人都嫉羡的服装遛街漫步，也可以看到妇女穿着最不合时尚的大口袋裤子。

我在上海未作长期逗留，我感到当时留在上海对我实在没有好处。这种五花八门的现象以及这种现象所予我的感受实在无法形容。

正好在离美返国前我接到一份聘书，聘我到天津南开大学教西洋史。与我同时接到聘书的还有一位孙伦（Sun Lun）先生，他也刚在美国完成研究工作，准备到南开去教商业经济，我们从上海搭车赴天津。

南开大学是由南开中学发展来的，南开中学系由张伯苓博士创办。南开就是张伯苓，张伯苓就是南开。张氏曾任北洋政府海军军官。一八九四年张氏脱离海军，不久即在天津一位逊清官吏家中任家教。这位官吏不是别人，他就是逊清学部侍郎严修（范荪）。因为海军军官有相当教育水准，不仅对中国传统的学识，甚至对新知识如数学、物理、化学、生物学等也有相当根基，于是张氏就成为严家的全科教师。后来学生人数日增，严家的私塾就从严家搬出来，迁到他家一所独立的房子里，渐渐变成了张伯苓学校而不再是严修私塾了。

南开，就我一九二三年所知，有一所男中，学生约有一千人。大学部设在一所旧中学中，有两百名学生，十九位先生。后来，南开又设立一所女中。

南大的房子原是一所中学。但在我到南大以前，张博士即决定迁校。他在天津郊区找到一大片空地，其中部分是沼泽，部分是农田。他和总务人员想出一套高明的办法，在那片筚路蓝缕的荒地上开辟了一个校区。他们挖了一条水沟，用挖出来的土填平了坑坑洼洼的地，再在平地上建起房子。每一栋大楼旁边都有一个水池，因为是用水池的土填补了楼基的关系。为求美化起见，池中再种上荷花。此一设计非但解决了建筑上的困难，而且也极方便，可以免掉许多土方工程。随着时间的推移，天津郊区竟出现了一所广阔的校区。此举相当了不起。了不起尽管了不起，但却一直无法除掉沼泽地区的霉味和附近猪、驴的骚臭气味。张博士对此情形毫不在意。事实上，在新旧交替的中国，南开当时的情形正是一个典型。

欲想道出南开的精神实在是很困难的。首先，张校长认为教育的主要目的是树立学生们的品格。他自己言行一致，向此目标迈进。无可怀疑的，南开学生的品格是负责、值得信任的。

其次，南开教育是求实的。在我返国时，大多数学校都发不出薪水。

国家税收都用于十年内战了。因为学校不能按时照规定发薪，于是老师也就无心授课。大多数老师都尽量兼课，因为薪水是按钟点计算的。某些老师成了兼课专家。一位精于此道的教员他可以算出合法缺课的时数，并且上课时又可迟到若干分钟。结果，每周竟有人兼课四十小时的。易言之，教育完全成了破坏道德的东西。这种情形在南开是没有的。张校长很严格，他按规定付酬，也要老师全力授课。南开老师大部分都守规矩，学校名气虽不算大，但学生和老师的出席率却是极高的。

第三，张博士在办南开时，他又回到了中国的旧伦理，以中国旧道德来办学校。张博士终身致力于教育，人们对他这一点无不推崇，很多人都捐款给该校兴学。

第四，张氏是一位杰出的实干教育家。他虽身为大学校长，但我认为他对学生智力方面似乎不太注重。他所采用的教育原理和方法，虽然以现代眼光看是不够的，但当时却是可以为中国社会接受的。

他所采取的实际做法很简单，遇有问题他就向同事及新从美国回国的博士们请教。例如：我记得某次经济学家何廉（淬廉）博士出席教授会议，会中极力强调统计数字的功用，张氏问他："你用这些数字干什么？你想发现什么？"何回答说："我的统计研究可以帮助我们用科学方法复兴中国。"张氏说："你的方法常使像我这样的人用显微镜找象。如果你要想知道我们能在中国做什么，我觉得所有的事我们都可以做，而无需去精研这些数字。例如：我们欲想从城里修一条公路到校区，难道也需要统计调查吗？"

有一天，张氏问另一位学者李济（济之）博士，李在美国是个杰出的人类学研究生，他一直想对全国人做头部测量。张问他："告诉我，人类学的好处是什么？"李感到不快，断然回答说："人类学什么好处都没有。"次年，李氏离开南开。

张氏的真正目的是予青年人以他所理想的教育。他要年青人成为一个负责的人，要社会把他当个大学毕业生看待。根据此种想法，张设法替他所有的毕业生找工作。的确，如果他的学生毕业后找不到工作，他会感到极大痛苦。

另一件重要事是张氏本人生活朴实，即使依照中国的标准，也是很了不起的。他和太太住在一栋旧式中国房子里。他私下从不饮酒，公开场合也只是象征性的。他出门乘黄包车，从不坐汽车。他的朴实生活得到了很大的报偿。中国人和印度人都希望他们的领导人是一个圣者，必须过一种类似贫民的生活。任何人生活奢侈，就代表他的道德水准不高。但中国的苦行不似印度那样彻底。张是中国人，因此，他的俭朴也和印度甘地不同。

我在南开教了六年，对张的种种已经深知。由于明了他的为人，所以就更崇敬他。他的伟大并非因为他是校长或是圣人，而是因为他很有人情味。他身材高大，超过六尺。很喜欢北方饮食，爱吃大蒜。他是一个吃家，但不喝酒。我们常谈政治和内战的罪恶。某次他问我："你知道在中国选择领导人的方法吗？如果知道就可以免掉内战了。"我回答："是的，我能想出一种方法，但糟糕的是不论我提出什么方法，总是能够接受的人很少。我的方法不过是纸上谈兵。校长先生，你一定想出一些可行的方法了。"他说："不错，我对此问题曾经熟思至再，我认为解决领导人问题最简单的方法是选个个子最高的人担任总统。"我告诉他我一定支持，但恐怕其他的人赞成的很少。

虽然人们争权夺利，但张的为人仍为各派人士所敬仰。他是超党派的。他从不支持任何不正当的活动。同时，他也绝不无故去侵犯人，因为他认为任何冒犯人的行为都是会影响到学校，都会影响外界对学校的经济支援。一旦需要，他就设法去找有钱的大亨或是天津、上海的大商人捐钱，他们都能慷慨解囊。歹人特别尊敬正直人，这真是既滑稽又重要的事。

我是一个新从美国回来的年轻博士，每一想到哥大教授们教给我的伟大理论和当时南开的情形我就不耐，有好几次要发火。我认为张本人和南开太土、太保守。其他一些年轻人也和我有相同的看法。经过深思，特别是若干年后，我对张氏反倒越来越崇敬了。事实很简单，因为中国没有高度的知识水准。我想即使张伯苓改换了他的生活方式也不会给中国带来任何好处。张认为如果他从事政治，他可能做了很大的官。但官位是不稳的东西，他要花很多时间和精力去保持，于是就没有太多的时间从事建设事业。他如果从海军转到陆军也可能成为中国攫夺大权的军人之一，但是他同样要花很多时间和精力去保持官位。因此，他才集中毕生精力，致力于办学。他终生不倦，信守他的原则。他为教育才去交接各方面的朋友，并非因为他自己的光荣和事业。

中国有些伟大事，即使是在那个贫穷、落伍、分裂的年代也是伟大的。在贫穷、残酷斗争的中国社会中，中国人还很讲面子，对正人君子大公无私的人还很尊重，对于慈善事业愿意伸出援手。这是中国历来的遗风，它使中国能在所有的灾难中屹立不摇。

中国政治，从一九二〇年开始，发展得很快。先是国民党革命军打倒了北方军阀。接着是对日战争。再接着是国共之间的冲突。在此纷争时期，张氏的学校一直受到各方面的支持。共产党占据大陆北方时曾函请张氏继续办他的南开，保证绝对不会干扰他。即使是共产党对他都很尊敬。在这段动乱期间，换过好多军事领袖。有些是胸无点墨的，有些是出身草莽的，但是不论他们的教育背景如何，政治哲学如何，几乎都是崇拜张伯苓的。对他是一种尊敬，对中国文化是一种贡献。

当我返国时，我已离开祖国有十一年了。显然的，我有义务去探望我的家人。我本该直接从上海到湖南探视我的祖母、双亲、叔婶、兄弟姊妹和一些亲戚的，但我要赶上南开的第二学期上课，所以未能如愿。后来，我想回家过旧历年比较好。因此，一直延到一九二三年十二月才回到我一别十一年的老家。

我由天津搭车到北平，再从北平到汉口，从汉口乘船到长沙。在长沙我探望了我昔日的教会学校老师林格尔夫人和我的弟弟，彼时他正辅佐林格尔夫人从事教会工作。他较我先两年回国，留美时他在芝加哥大学研究教育。我抵长沙时，彼时大家谈的都是拆除城墙的事。城墙拆后修了很新很宽的大马路，拆下来的废砖修了许多学校教室，大批学生到省城去求学。煤油灯代替了旧时的桐油灯，人们的衣着也改穿机织布。然而就我记忆所及，长沙在一九二三年十二月大部分还是很古老的都市。没有一家现代化的旅社。街上不见一辆汽车，到处都是轿子、黄包车和手推车。街上的女人比过去多了，学校中的女孩子年纪都很小。

我从长沙乘车到湘潭，从湘潭我要坐轿子。湖南当时正值荒歉过后，万国红十字会发起用以工代赈的方式修筑公路。我坐在轿中，可以看到新公路正在修筑中。我急于要在旧年前赶回老家，于是我多雇一名轿夫赶路。我答应他们如果四天内走完八十公里送我到家每人另加赏钱。为了帮轿夫们的忙，我每天尽早出发。上午十一时左右我就下轿步行最后的几公里。尽管如此，我到家时已经是旧年的大年三十中午了。

轿子大部分是沿旧官道走，旧官道像条蛇似的伴着公路蜿蜒前进。公路很直，而旧官道是按照乡村情况修筑的。旧官道上每隔三四里就有一个市集，每个市集都有小客栈和商店。因为公路在市集旁经过，我可以看出房地产价值降落了。商业已经远离旧官道，那些靠小客栈维生的人不久将失业。时代进步为某些人带来了灾难，这是促使进步的人们始料所不及的，同时也没有预谋补救之道。

路上走了四天，途经八十公里，三个轿夫轮流抬轿子，我坐在上面，一个轿夫背行李，此行我花了约三十元银元，约合美金八元。若干年后，我又回一次家，改乘汽车，路途远近相同，又有我的堂兄夫妇两个搭便车，再加上我们三个人的行李。午后二时从长沙动身，傍晚五时就到家了，所费不过八块多钱（美金两元多）。现代化的交通工具不仅节省了时间，也节省了金钱，总之用人力是最浪费的。

在我抵家前，我听说族人要出廓三里来欢迎我，有乐队还有旗帜。他们的意思是表示族人中出了一个留美博士，不论从哪方面说这都和古时庆贺进士、翰林荣归一样。他们要以迎接翰林的仪式来接待他们的族人。我赶紧带信给伯父，他正在家主持此一迎接大典，告诉他我不希望这样铺张。事实上，我也估不准抵达的时间，他们这样费心实在没有用处。于是欢迎大典算是取消了。但其他的传统习惯还是不能免的。

旧年，族人要在家祠中为我举行一个宴会，我婉拒无效。我带兄弟前往，请他权充我的“礼宾司长”。因为谁老谁少，谁是我的什么人我都搞不清楚。在家祠中对每位族人我要怎样表示才能恰如其分？我敢说，我进家祠实在有些恐惧，简直比我在哥大得博士学位还紧张。宴会一开始是大家叙礼。这个项目对我说没有多大困难。接着族中长辈们宣布盛宴齐备，让我就座。按规定我要坐在第一桌的首席。我举目整个家祠，觉得我实在不能坐在那个座位上，否则就违反了中国长幼有序的传统，于是我辞不就座。但长辈们说：“这个宴会是请你的，如果你不就那个位置，别人都不能坐。”我告诉他们：“我不能坐在那里，因为，举例说吧，我的伯父在这里，他和家父同辈。还有叔祖某某，他们都是我祖父同辈。在家祠中我怎么可以坐在这些人的上面？”他们似乎认为我说的有理。最后，我说：“我提一个建议，我坐在第二桌的首席，大家可以请一位在座的真正族长坐在第一桌首席。”我走到第二桌，把第一桌首席位置空出来，我站在那里看看究竟谁会坐那个位置。大家都拒坐那个位置。最后还是我的伯父就了第一桌第二个位置，把首席空起来。解决礼俗问题这倒不失为一种聪明办法。宴会终了，族人为了学时髦要我来一段演讲。在旧时代，并非每个人都能在家祠中演说的。但当时他们坚持如此。于是我站起来，谈了一些留美的情形，以及中国需要教育等等。如此这般，我完成了那次中国乡间的宴会大典。

这次回老家又惹出了一些其他的麻烦。我哥哥的内弟赵先生旧年来家拜年，我们招待他食宿，借机我又约了一些族人作陪。饭后，赵先生开讲了。他讲的要点是：蒋、赵两家门当户对，且为多年世交，他姐姐明媒正娶嫁给蒋家，但是始终没有圆房。她姐姐没有别的希望，只求能圆房生个孩子。此外别无奢望。如果我哥哥要娶小老婆也无所谓，但是圆房是必要的。所以，赵先生请我帮忙，促成他们愿望。这件事事先我就料到了，但当我仔细想一下，我实在拿不出什么解决的办法。家兄的婚姻是他的事。尤有进者，按照我国习俗我是弟弟，我不能命令他圆房。再者，我实在不知对家兄从何说起。他曾反对这个婚姻，但是族人硬迫着他完婚，他只是表面服从，一直没有把对方当作太太。他早就告诉过我的父母，在婚姻问题未解决前他绝不回家。我哥哥倒有一个聪明的解决方法：他希望我继母能收对方做女儿，她可以以女儿身份住在我家，或是以修女身份住在我家。我既已知道家兄的想法如此，所以无法肯定答复赵先生，更不用说答应他的请求了。我只能告诉他此事无能为力，实在无法帮他姐姐的忙。费了许多唇舌，我只能把当天晚上的情形报告给家兄。至于他对此事的反应如何我不得而知，因为我认为实在不该强其所难。我必须再补充一句，我的家人——继母、祖母、伯母——都认为赵家的女孩子是对的，我哥哥理屈。但我不能干预其事。问题只有拖下去。若干年后，那个悲剧性的女孩子死了，悲剧才算落幕。因为当时我们是生在新旧交替的社会中，所以似上述的事情——解除婚姻——实在不是一件小事。人们往往依父母之命媒妁之言订婚甚至结婚，而自己却不赞成这种婚姻。

当然，在旧年中，我还要给长辈拜年，同时也要接受晚辈给我拜年。我要弟弟列一张名单，上面写上要给我拜年晚辈的名字。名单的次序是按年龄和关系排列的，以便事先我能准备一点小礼送给他们。中国习俗晚辈第一次拜见长辈，长辈应该给一份礼物，一般的都给一个红包。于是我把红包准备好，上面标上名字。如果有晚辈来，我弟弟就把应送的红包交给我。照这样我想一定没错。

那年祖母已经八十岁，出人意料的她仍精神健旺，身体健康，只是不及我一九一一年赴美时的情形而已。

乡间大部分和过去一样。我虽然可以看出某些变化，但并不太大。一九一一年我离家时，乡下人没有抽香烟的。一九二三年我返乡时，我自己是吸烟的，乡间也有好多人吸香烟了。我弟弟当家，他甚至能从附近买到香烟。点煤油灯的人家已经有一半，衣着全是洋布缝制的。许多人都购买新纺织机，旧织布机虽有，但已为数不多。各种铁器大部分都是机器制造的，铁丝则完全是机器制造的，但是种田的方法却如十年前一样不曾更改。

我家和过去一样，没有什么变动。但我伯祖父那一股却变动很大，他们的田地变卖了很多，所余已经不足维生。结果，年轻力壮者都去当兵。我亲眼看到经济贫困下的政治措施。内战是贫穷的原因，也是贫穷的结果。人民越穷，越得向军中去找职业——当兵。兵越多，国家越穷。我叔祖的儿子，在乡下无以维生，于是当了兵。有些一去不回，有些音信皆无。若干年后，有的回来了，说他们升了官，升了个什么中尉、上尉的。

家父于一九二三年夏去世。我哥哥和弟弟亲自负责殡殓，但我却面临一个问题：我们应否请和尚念经。当时我刚离开哥大半年，我认为请和尚念经完全是迷信。但从另一个角度看，如果不念经，我的亲戚故旧会以为我舍不得钱。于是我对哥哥和弟弟说，依我的意见，我原不想省钱，但可以用这笔钱来修缮我家附近的一座庙宇，利用庙宇来办一所学校。他俩接受了我的建议。是年冬，我回家给父亲上坟时，邻里和亲友没有人认为我的决定是不当的。因此，我认为我是在乡间做了一个进步榜样。

若干年后，大约是五六年以后，我姐姐到北平去看我，我们谈到家务。她突然问我：“弟弟，你还记得叶奶奶吗？”我说：“我记得很清楚。”

“哦!”她说:“你该晓得,她在我家住了许多年,你小的时候,她照顾过你的。”“是的,”我说,“不错,她近来如何?”“啊,她死了,但大约在她死的一年前,她有时自言自语,有时对别人说。”我问:“她说些什么?”“啊,她说的很奇怪,她的口气好像我们的父亲。她说:‘峋山(我哥哥的名字),你错啦。不管怎么说你是老大,你应该请和尚给我念经,你居然没有在意,现在弄得我的鬼魂飘荡无依,无法转世。’另一次她说:‘泉清(我的乳名),你也错了,因为你也反对念经。不过,我倒高兴你这样做。因为我还没有离开这个世界,我可以照顾你们,替你们消灾解难。’弟弟,你说这是什么意思?为什么她在去世的一年前说这些话?”根据我的分析,而且我认为我的分析是正确的,这是因为乡下人在礼貌上不愿公开批评我们不给父亲念经的事,但另一方面心里却感到不舒服,认为我们违背了传统。他们无法反对、改变我们,但这件事又无法令他们心平气和。他们认为我的违反传统的举措是野蛮的,无论如何都不该那样做。于是我即刻寄钱回家给父亲念经。从此我就没有再听说父亲回来对我们说什么了。

学校并未正式供奉我的父亲,只是大家了解那所学校的创办是纪念一位故世的人。事实上,我们也没有设置供桌和任何可供祭祀的东西,我们只是把那所破庙稍事修葺而已。我们聘老师并告诉左邻右舍,从那时起,就有一位老师住在庙里,所有年轻人都可以免费上学。那是一所日校,类此情形过去不是没有过,只不过不是节下念经的钱兴学而已。

一九一二年元月当我离国时,我连中学都没毕业,我的国学基础很差。去国十几年,令我更感荒疏。显然的,我的第一步工作是应该先充实自己。我开始温习从六岁时在乡间所读的书,重读四书五经。我并不想死记这些经文,但反复高声朗诵的结果,大部分过去所学又重入我的记忆。我继续研究文章和诗词以及其他适合我研读的书籍。我首先阅读宋人司马光的《资治通鉴》。

在中文方面,我回国后发现有一个变化。很多定期刊物已经改用白话，也就是一般人所用的口语，而不再用中国古书上的古典文字。换句话说，中文第一次成为活泼的语言，而不再是过去若干世纪的呆板文字。此一变化，首先使国文教学简单容易。就基本阅读和写作说，无疑的，白话也比文言容易，只是形式和表现方式问题尚待努力而已，可是学起来却方便多了。

在美研究时，我对中国外交极感兴趣。那时有关中国外交的标准书籍是莫斯（H. B. Morse）的三卷《中国国际关系》（*International Relations of the Chinese Empire*）。该书是依据英国蓝皮书和美国对外关系丛书写成的。就英、美两方资料说，莫斯的书是无懈可击的。但，事实上，仅凭两国资料是写不出杰出的外交著作的。因此，莫斯的著作观点是片面的。他对参加鸦片战争及英法联军和谈的中国人士的描述是模糊不清的。这些人当时对问题的看法究竟如何？他们提出过意见吗？十九世纪中国的外交观点如何？这些问题当我在南开开课时都令我感到困扰。我想根据中国书面资料，来研究中国外交史。

搜集中国资料是无止境的。出我意料之外，资料非常丰富。在努力搜集时，会发生连锁作用，由甲引出乙，由公开资料引出非公开资料。由官方资料，如给皇上的奏折，会引出非官方的资料，如朋友间的信函，甚至家信。虽然我在哥大研究时曾立志尽量搜集编纂此类历史资料，但我最终的目的还是研究中国史。如今面对这一连串的有趣问题和丰富的资料，使我不得不决定先开始整编资料。

当外界获悉我对清代历史文献有兴趣时，各方鉴定家和收藏家都来和我接头。透过一位朋友介绍，某君带来大批资料。这批资料原标题为《筹办夷务始末》，实则可称之为《中国外交文献史》。就我所见，这份资料几乎包括了清朝皇帝所发的每项命令，大臣们所有的奏折以及各地大臣向皇帝奏请有关中国外交事务的资料。我发现这简直是一座宝库，因而急于要为南开图书馆弄到这份资料。但物主开价三千银元，南开实在买不起。在结束这段掌故之前，我要插进一段后话。缘于我从南开转到清华时，我可以自由支配经费购买书籍和资料。我立志要完成我的愿望，首先要买上述那份资料。但，事实竟有出人意料者。我到北平清华任教不久，常赴故宫博物院，有一天，和某保管人闲谈，他拿出一份上述资料故宫本给我看。经我鉴定，证明故宫本才是原本，而前述的私人本乃是抄本。我立刻建议故宫博物院当局将它影印。后来博物院采纳了我的建议，发行影印本，每套一百银元。那份抄本，经此一来，竟敌不上影印本的价值。

若干周后，美国某大学图书馆采购人打电话给我，征求我对那份私人抄本的意见。我感到很为难。因为抄本是我朋友的，我既不想买他的，就不该挡他的财路。但另一方面我是一个大学教授，实在不应该建议美国大学图书馆出那么高的代价去买一套抄本。于是我回答对方：我与此事有利害关系，不便建议，请原谅。对方对我的答复反应如何不得而知，但据我所知，他们大约花了四千美金买下那套抄本，至今还保存在某大学的大厅中。这不过是搜求珍本书籍和资料的许多趣谈中的一件而已。

天津和北平知道此类趣事的人很多，如果你喜欢听，他们都能津津乐道。举个例子说吧！有关李鸿章的资料在他代表清廷参加一八九六年沙皇尼古拉二世加冕典礼以前是齐全的，但自此以后有五年资料，也就是说从一八九六年到一九〇〇年是没有的。我对这件事很感兴趣。所幸，在平津当年李氏的旧部很多，有的做过他的助手，有的做过他的秘书。一有机会和他们晤谈，我就把话题引到这件事上去。他们对此有很多解释。兹将当时认为最可靠最富戏剧性的一种叙述于后：

负责编纂李氏资料的是著名学者吴汝纶，吴是保定莲池书院山长。当年李氏手稿都送到保定莲池书院去，由木工镌刻字版，以备印刷。后来，有些驻京的俄国使团人员到保定去，买通字版保管人，把一八九六年至一九〇〇年的字版全部毁掉。我们可以说那是一种早期的间谍行为。因为李氏晚年与俄国驻京使团工作密切。一八九八年他与帝俄签订过《中俄密约》。一八九八年后与帝俄谈判过租借旅大以及同意帝俄在东北建筑铁路事。俄方文献，如联共革命后所公布的，载有一八九八年俄国财长维特(Count Witte) 为了完成上述交涉曾予李鸿章五十万卢布贿赂事。沙皇政府雅不欲此一不名誉事公之于世，这是可以想见的，所以才设法把中国这部分资料毁掉。我希望有一天我们能够再发现这五年资料，或是原稿或是木版。这样，有关李鸿章的资料就齐全了。

研究外交文献六年使我成了这方面的专家。

当时有两件事，均须于最短期内完成。其一是中文的学习；其二是研究十九世纪中国国际关系。此外还有一些其他事情也似乎非常重要。其中之一是要了解中国社会及经济的实质。这些都不是书本上找得到的。是否我应该将中国的社会和经济与中世纪的欧洲社会和经济相比较呢？若然，则我是以不了解的东西与不了解的东西相比。此举将毫无所得。于是我决定与学生们对学校附近的一个乡村进行调查研究。我们研究的方法很简单，甚至可以说是很天真。这是何廉博士和其经济系同僚开始中国统计调查工作之前的事。我要学生们下乡去接触当地人，调查他们一天赚多少钱，用什么方法，如何生活，住什么房子，吃什么东西，穿什么衣服。学生们回来都说无法进行。乡下人不和他们谈，他们彼此无法沟通。我感到很奇怪。我决定带几个学生自己去。有些学生比我还天真，他们到乡村，手里拿着纸笔。虽然他们没有把问题一一记下，但他们却满脑子都是问题，希望乡下人回答。他们想写下答案，撰写一篇适于大学教室用的报告。当然，这引起村民的怀疑。乡下人怀疑这些年轻家伙来干什么？他们是搜集征税资料的还是间谍？我要学生们不要带纸笔，只是到乡下随便走走，遇有卖茶的地方就停下来。坐下来泡一杯，大家彼此谈谈。一旦有黄包车夫或是农人来了，我们就设法和他们谈起来。经过长时间的接触，渐渐就能深入乡村隐秘。我虽不相信对经济和乡村社会有什么深入的了解，但我们却清楚地观察出某些事物的真相。我们可以看到乡下人的生活和大学生完全不同。乡下人全神贯注于一件事，说穿了，就是赚钱吃饭。他们谋生的手段，都是沿袭了他们的先人，很少改变。人人都有礼貌，每人都懂得一点点晚辈尊敬长辈和未受教育的人尊敬受过教育的人的道理。到乡下，我们能迅即感到乡人的礼貌、尊敬。他们体恤最穷的人和最被忽视的人。也可以清楚看出乡人的努力、勤俭，以及家人间彼此的热诚。

在学校里，我们自然常谈到乡村、城市和国家。事实上我们对此都有很多迷惑。经过像一九一一年那样的革命，我们采用了一部现代宪法，其中有国会，有总统选举，我们认为中国从此一步登天了。但是，革命已经过去十年，较之一九一一年的情形毫无进步。国会，谁还记得国会？谁对国会议员有一点点敬意？宪法，我们能对有枪杆子的人说“你这样做是违法的”吗？他对你说的根本不了解。另一方面，我们又遇到许多其他令人困扰的问题。例如：那个昏聩无知的山东省长，拥有三十个姨太太还嫌不够，他居然也出钱印行一套精美的孔夫子经典，他为什么要如此？江苏省长遗嘱将他遗产大部捐给南开大学，借用当时一般人的口吻说：“张伯苓是怎么使他着迷的？”吴佩孚将军要他的弟兄崇拜武圣关公，又是为了什么？以上种种都令我们大惑不解。

另一个令人迷惑的人物是“基督将军”冯玉祥，他是道地的基督徒，深得中国教会方面及青年会干事们的赞誉。他治军纪律严明，秋毫无犯。但，冯将军有许多怪癖。在中国西部有些纪念碑，是唐代竖立纪念杨贵妃的，陕西有个华清池，据说杨贵妃常去沐浴，池边有一个长凳子据说她也坐过，骊山、宝塔、楼台、殿阁据说也是她游息之处。冯将军憎恶罗曼斯[1]，特别是杨贵妃的罗曼斯。于是他把华清池的长凳子、宝塔都刻上孔夫子的道德格言，要人们远离酒色。这真是既庄严又可笑。虽然中国伦理观念看不起杨贵妃，但将道德格言刻在杨贵妃坐过的凳子上，就中国的审

---

① 英文 romance 的音译，浪漫史之意。

美观念言，也是不伦不类的。下面再叙述一段冯将军的怪行。有时他会充当理发师替士兵们理发。其次，《大公报》发行人胡政之告诉我一段冯在开封的趣事。冯曾任河南省督军，开封是河南的省会。胡拜访冯，冯延胡入内室。倾谈时冯出示一帧他正给士兵剃头的照片。胡对我说："为了表示关切士兵生活而替他们剃头，我认为倒不必；如果他一定要给士兵剃头，也绝无拍照的必要；如果一定要拍照，也用不着出示给采访的记者。"这又是一件不伦不类的事，令人大惑不解。

在天津，我有一位朋友，他最了解军人。他就是名地质学家丁文江(在君)。我常问他："这些人搞政治会产生什么好结果?"他责备我说："廷黻，你不懂军人。你没有资格责备他们，我了解他们，他们很多是我的朋友。我可以告诉你，如果他们中任何一个有你那样的教育程度，他们一定可以，而且绝对可以比你对国家有贡献。"他说这些军人的天赋都很高，糟糕的是他们没受多少教育。有一次，我问他："那个自封为大总统的曹锟怎么样？他凭什么能当大总统?"文江说："让我告诉你一件事，若干年前，曹锟检阅他驻在保定的军队，在他走过士兵行列时，发现有一名士兵在咽泣。曹停下来问他：'你怎么了？为什么哭?'士兵说他刚接到家信，说他爸爸死了。他远在军队，无法回家奔丧。曹说：'不要哭，不要哭。给你五十块大洋，回家葬你父亲去好啦，尽完孝道再回来当兵。'"他又继续说："如果阁下是那名士兵，遇到这种类型的长官，你是不是也和他对曹锟的感受一样？你能不忠于他吗？能不感恩图报于他吗？你能不觉得他是个可依靠的人吗？军队，我们可以说它是第二个家。"

另一个新闻人物是孙传芳将军。他一度控制了长江下游五省。他是一个典型但相当开明的军人。他委丁文江博士任淞沪商埠督办公署全权总办，负责执行大上海计划。孙是东南大学的赞助人。在孙氏赞助下，几年工夫，该校成为中国最好大学之一。

我急于了解我自己的国家，回国之初，为此我曾到中国各地旅行。我也注意有关国家问题的各种出版物，我急于献身国家，但我深知离国那么久，尤其我离国的时候才十六岁，实在提不出有价值的意见。因此，我在南开时大部时间都用于研究。但到我离开南开之前，已经不能自持，终于写了一篇文章。这是我在南开任教授时第一篇，也是仅有的一篇文章。该文由《现代评论》发表。《现代评论》的编辑人和撰稿人大部均系平津的大学教授。文中所讨论的是关于中国统一问题。我提出两个基本而重要的观念。首先，我认为统一是中国富强的第一个步聚。不统一，一切都谈不到。不统一，一切资源都浪费于内战。第二，我认为中国的统一，和其他国家一样，可以透过政治力量和军事力量的合作而达成。任何国家和人民均不能单靠武力而完成国家统一。同时，如果没有武力作后盾，任何国家也不能建立一个为世界各国所尊重的政府。我想，我所说的都是普通道理，但我的同事大部分都认为我过分强调了军人在中国统一中的地位，实非始料之所及。我的朋友们急于透过宪政会议和裁军会议途径寻求一种和平统一办法。所以只有少数人同意我的见解。但我坚信：国人必须懂得一面采用适当政策一面运用适当有效的军事力量，双管齐下，国家才能富强。

我在南开任教时，适逢国民革命军北伐，北伐途中，国民革命军的部队在山东与日本军队发生冲突。日本志在破坏中国统一，军事冲突发生于一九二八年夏季，地点在济南。冲突结果，全国各大城市发起抵制日货运动。

在天津，南开大学的学生起来领导抵制日货运动。声言不买日货是最有效的报复手段，要求国人都不要买。并且通知售卖日货的商店关门。此一运动是有利国家的爱国行动。但是，售卖日货的商人原本做的是合法生意，因此，我认为要商人关门干受意外的损失是不公平的。我建议学运领导人：应该改采比较公平的办法。我建议学生到售卖日货的商店，详细清点它的存货，作个正确的登记。然后，可以征收“日货所有人爱国捐”。缴过捐后，可以出售日货，再把出售日货的价款转购国货。学生们认为我的建议很合实际，面面俱到。一星期左右，天津所有的学生都动员调查日货。调查过后，学生团体送给每家商店一份清单，载明应缴爱国捐数目，指示商人到指定银行缴款。一旦商人缴了款，就可以出卖剩余日货。此种方法全国各地很快采行，各地学生纷起效尤。天津一地所收的爱国捐就有五十万元。

收到的爱国捐做什么用呢？这倒是个问题。我建议成立一个工业研究机构，训练出一批人员去教导手艺人改善他们的产品。我认为大部分手艺人都不懂化学，都不会使用简单机械，假如我们在城里设立一个工业研究机构，物色一批人担任指导，就可以将所有的制作人送去受训。例如：天津盛产酱油，酱油的主要成分是大豆，依照旧法，大豆发酵的过程需要半年。因此，投资人就要负担六个月的利息。我请南开及其他地方的化工人员研究一套加速发酵方法，以减轻投资人利息的负担。当时在天津有一个做辣酱油的人，每个月他要负担约等于他资本额百分之十的借贷利息。用某种化学方法，可以促成发酵过程加快，省掉一半时间。同样的，木材、竹子打成纸浆的过程也需要很长时间。我想：难道我们就不能想出一套用化学方法缩短生产过程的方法吗？经过和各方人士接谈，说明知识分子可以循此途径为中国生产方面做出贡献。于是我们建议用爱国捐创办一个工业研究所。至于负责人，正好，何廉博士堪当斯任。许多朋友劝他辞去南开大学及其他学校的教职，出任所长。当这个研究机构成立时，许多其他人士的看法不同，他们认为应该用这批钱在天津办个毛纺厂，其实平津一带已经有很多毛纺厂，再增加一个也起不了什么作用。我们认为：将来如果不抵制日货，在公平竞争的情况下，国货无法和日货竞争，只有用现代科学技术和生产方法才能提高国货的品质。一旦我们的产品水准提高，就无须再抵制日货了。这两种看法是彼此冲突的。反对我们的人有政治力量作后盾，而我们没有。尽管我们努力，但终于失败。我们的研究机构被迫关闭。至于毛纺厂，我听说他们利用爱国捐买了外国一个旧工厂的破机器，一直都没有开工。结果，天津北平方面一点好处都没有得到。此次经验令我们感到很不愉快。

第十一章　国内游历

（一九二三—一九二九）

北　平

我在南开教了六年半书，在此期间，我经常到北平去。北平当时予我的印象很难捉摸。因为印象很混杂。

北平，当我第一眼看到时，就不禁对自己惊呼："北平真能代表中国伟大的过去。北平证明中国过去是伟大的，看到北平使我感到生为中国人实在值得骄傲。"北平的壮观是不待言的：城门、城墙、宫殿，笔直的大街，样样都说明它的伟大。从街道和外貌看，北平是和谐、平衡、相称和正直。就砖、石、木材所能具体表现的文明而言，北平可以说是具体地表现了所有的中国文明。

在经过前门时，我的同室朋友，也是我第一次赴平时招待我的居停主人李先生，敲敲我的腿说："每个初到北平的人都应该在前门楼子前叩头。"诚如他所说的，我不仅愿意在前门楼子前叩头，几乎在北平每座有纪念性的建筑物前我都愿意叩头。样样东西都令我感到新奇满足。

但，过了两三天，另外一种感觉突然发生了。北平拉长了统治者和被统治者间的距离。不错，北平是伟大庄严的，但这是天子特有的伟大庄严。北平是皇帝所在地，言外之意，国家就是皇帝的私产。北平的天坛就说明天子君父的特性。在人类发展的特殊过程中天坛代表奉祀，天坛发挥了多方面作用——技术的、政治的和宗教的。但是今天每个中国人都不禁要问：北平所代表的文明是否能够保存？是否应该保存？

西方文学家描写中国、谈论中国，就好像埃及学家描写、谈论埃及一样。西方陈列馆展览从龙门、云冈各地弄来的佛像和佛像头颅。全世界似乎都认为中国的过去是过去，现在的中国文明是一种陈列馆和图书馆的文明。我们中国人是否应该把北平城当作一个大陈列馆、大展览室以供中外旅行者参观？或是当作学者研究的安静处所？中国在建筑方面的发展路线是否应该按照北平的形式继续发展下去？或是改采新的科学方式？建筑北平协和医学院、燕京大学以及国立北平图书馆的一批人认为他们可以按照原来的发展路线发展下去，只需略加更改即可。所以协和、燕大和国立北平图书馆的建筑是中国宫殿式的。另一方面，建筑北大、北京大饭店、六国大饭店的一批人无视于北平的历史，他们认为应该采用西方的直线型。因此北大、北京大饭店、六国大饭店的房子就和他们在天津、上海所建筑的一样是直线型的。我首次抵平所引起的问题没有人能够给我回答。历史，只有历史能够解答这个问题。

由于皇帝地位崇高而庄严，人民地位就要低下而谦卑。人到北平，上述两种情形都可以见到。北平的土著，具有任何地方人所没有的谦恭态度。他们处事谦恭、客气。无论是拉黄包车的、卖面的、卖馒头的、卖烧饼的……无不如此。由于宫廷对于艺术和手艺或真或假的了解，谦恭的北平人不仅繁荣了他们的小生意，而且，在各方面，也提供了一般的生活艺术。对那些认为生活就是享受的人说，北平实在是个好地方。但对那些认为生活就是要建设工厂，改善国家，救全世界的人说，北平实在不是个理想城市，至少一九二〇年我所见到的北平是如此的。

在北平，前代帝王贵胄的财富，依稀还可从其所留下的纪念建筑中看到，在其他方面则甚少能够看出了。有闲阶级不仅藏起他们的财富，甚至他们的嗜好，特殊技能和知识也不愿为人所知。你要从高耸的院墙偷看进去，才能见到院内可爱的景色，你要和对方聊上几个小时，才会发现他是某一方面的行家。

某次，一位学者和地方人士请我吃晚饭，早到的人坐下来吃茶、嗑瓜子，谈论各种题材，包括天气、满洲溜冰方法及元代的北京城。我根据西方观念衡量，真不晓得为什么他们一直不开饭。后来，一个年纪相当大貌似小商人的人走进来，他头不梳，穿一件黑色缎马褂，上面沾满尘土和油垢，黑色棉袄外面罩一件蓝色大衫，下摆拖到地下足有一寸多长。我很不屑他的外貌和举止。他抵达不久，开饭了。我因为饿，尽量吃东西不暇他顾。几道菜过后，我突然发觉那个“小商人”正讲古罗马城的纪念门。他指出希腊的纪念门和罗马的有什么不同。接着，他又突然把话题转到明陵上，然后又谈到西安。后来，谈话内容转到音乐，“小商人”认为最好的歌剧院是米兰的斯卡拉（La Scala）歌剧院。后来，他又告诉我们孔庙的乐器如何演奏，何以中国音乐单调而忧伤。无疑的他是一位古迹、名胜、音乐、戏剧……的名家。事后我问主人他是谁，主人告诉我他就是清代名臣曾国藩的孙子。

十年以后，我和几个学生在英国北部度假，遇到葛累（Grey）大夫，义和团举事时期他正在中国，在北平担任英国公使馆医生。我将那天吃饭的情形告诉他，他讲给我另一段有趣的故事。有一天，他正骑驴到哈德门街，一辆黄包车从巷子里冲出来，惊了他的驴子，几乎没有把他摔下来。他很生气，挥拳就打那个拉黄包车的。这时，乘客举手拦阻说：“你不能这样。”对方说一口流利的牛津腔英语，使他大吃一惊。葛累抬眼端详一下对方。另一件使他吃惊的是对方衣衫褴褛，貌似落魄之徒。经过询问，他才知道那位乘客是曾国藩的后人，正是我在朋友家晚餐席上遇到的那位“小商人”。他们很快成了朋友。经过葛累的介绍，曾居然成为英国驻华公使朱尔典（Sir John Jordan）爵士的莫逆，朱尔典靠他才能把北平历史、艺术和光荣的过去解释给赴平的英国人。

对我个人说，北平还有一个吸引我的地方：故宫博物院有数以吨计的历史文献，大部分都是清代资料，也有明代的。北平城中许多老家庭的后人，满人和汉人，常把他们先人的各种手稿廉价出售。每次到故宫博物院都会有新的发现。如果你对近三百年中国史有兴趣，欲想知道一些以前学者所不知道的事，并不困难。在这方面，正如在其他方面一样，很容易使人成名。

西　安

当年在中国国内旅行是很困难的，不仅因为交通工具慢、不方便、太贵，而且萑苻不靖，盗匪横行。

当时刘镇华将军任陕西省长，在西安创办西北大学，刘之所以如此，一方面是他本人对高等教育有极大兴趣，一方面是他欲借办学校博取开明进步之名。一九二五年春，他派代表至平津，聘请著名学者暑期到该校演讲。此举极为聪明，对一所新成立的学校极有用处。我想到西安及其附近各地游历，因为西安是历史名城，汉唐两代建都于此。与我同行的尚有其他十六名学者，在省长卫兵护卫下，从北平搭车至郑州。从郑州转车到陕州（河南陕县），陕州当时是陇海路西部的终点。在陕州我们改搭两条帆船溯黄河而上，黄河伟大的景色朗然入目，令我感到兴奋。我希望亲眼看看这条所谓“中国之患”的大河的自然风貌。我们逆风逆流而上。每条船上有几名船夫。他们都是脚踩河底，因为当时水深不及三尺。尽管他们努力拖拉，头一天我们仅走了五里多路。到一个县府所在地，省长侍卫请当地县长每船再增派八名船夫。河流湍急，事实上，那是一条小的急流，水从大岩石和小石子上流过。有些地方，泥很深，几乎可以说是一片泥浆。沿岸的村落和居民贫穷得几乎无法形容。我实在想不到中国会有那么穷的人，他们竟然赤身露体穿不上裤子。河南岸，属于河南省的地界，是一片不毛之地。北岸属于山西，常常可以看到绿树。我们希望船夫把船停在北岸，如此，我们可以看看山西。但，船夫告诉我们山西省长阎锡山，不准非山西的船只接近他的势力范围。一九二五年，中国显然又回到了战国的割据时代。

从陕州到潼关是六十里，要走四天五夜。潼关是一个战略上的要路咽喉。在古代，据说一夫当关万夫莫入。实际上，潼关东部为高山所阻，在黄河沿岸只有一个小口子，往来的人都要从小口子经过，所以非常险要。过了潼关，我们进入古中国的中心地带。从潼关到西安有公路，潼关守备司令为我们准备一辆汽车。公路坎坷难行，车不时停下来。

途中，远远地可以看见一座巨坟，那可能是秦始皇的陵墓。据记载，秦始皇死后曾经建筑了许多陵寝，以免后代人发现他的真坟。但，人们都相信，他所有的坟都被盗墓人掘过了。

在途中另一个地方，我们看到高耸的华山山峰和低洼的山谷，有人告诉我们：古时有个巨人想在华山开个口子，他右手抓住山的一面，脚跟抵住山的另一面，一发劲，就将华山分为两半，中间成了山谷。

华山是中国的西岳，代表了中国西北过去的美丽和伟大。华山以外，我们所能看到的就只有秃山、干河、带病的农夫、土房、白骨、野狗。我看见有许多圆石子散布田间。据说，那是农人们为了通风才散布的。又有人说，肥料贵，人口稀，交通困难，农人们多数废耕，有些田地每三年才种一次。一个人在北平会想到恢复中国过去的伟大，在陕西，会相信那是中国历史上伟大时代的所在地。

后来我到北非时，曾感到奇怪：为什么地中海南岸的阿拉伯国家，过去文明那样进步，如今却远落于地中海北岸的国家之后。我对中国的西北也常兴起类似的感觉。

二次大战期间，我在政府机构任职，由于职务上方便，对于志愿献身为陕西省修理境内秦汉时代遗留下来灌溉系统的工程人员尽量施以援手。尽管当时军事第一，一切与抗战无关的预算均被剔除，但我们仍将修补灌溉体系的费用设法编进预算，终整个抗战时期从未中辍。

西安城，如果近看，的确可以显出过去的伟大。城墙和钟鼓楼都可以看出帝王之都的气象。市内大街既宽且直，实在具有都市气派。市外两里半处是大小雁塔，那是玄奘一千年前译经的所在。塔中记载玄奘住在雁塔，雁塔当时属西京管辖。想象中，西安在唐代一定是很伟大的城市。

省教育厅的院中，墙上有五匹雕刻的石马，是从唐太宗的陵上移来的。太宗是唐代的第二个皇帝也是中国历史上最伟大的皇帝。他有六匹心爱的名驹，号称六骏，在他死前，曾命名家将骏马雕刻下来，遗嘱死后将雕刻的马列于他的陵外。一千多年来，那六匹石马都站在山边。一九二五年前不久，美国博物馆的一个大胆搜集家，偷偷将雕刻的六骏藏在草中，装上汽车，想运往美国。偷马的车队尘土飞扬，引起当地居民的注意，车队在潼关被截住五辆，仍有一辆漏网，因而有一匹马的雕像被运往费城本雪维尼亚大学①博物馆。我是少数看过六匹马形的人之一。我在其他地方见过的中国动物雕刻家，多将骏马的图形雕在窗子上，完全是模仿之作，没有特色。这六匹马是一位懂马爱马的名匠或是艺术大家雕刻的，不仅外形美，其飞奔姿态尤其令人难以描述。它们使我窥见了中国健壮活泼的一面。

每个到西安游历的人，都要参观碑林。所谓碑林乃是历代重要石碑集中之地。中国整个西北的石碑都集中在那儿，的确可以称为碑林。如果按年代排列，可以从汉代一直排到近代。石碑代表各方面人物，其中有皇帝、武士、政治家、诗人、外国教士、和尚、道士。我们在碑林又见到了中国文明。事实上，如果这些碑不集中到一起，大部分都会遗失。

---

① 现通译为宾夕法尼亚大学。

在西安我遇到马里兰州巴提摩[①]的瓦格涅（Wagonet）夫妇，瓦格涅曾担任青年会工作。瓦格涅夫人对年轻孩子们很好，抽出时间担任很多西安社团的顾问。她具有美国人那股干劲，从美国带一架钢琴经过千山万水到西安。冬天，他们围炉取暖，他们从距西安六十里的煤矿买煤，用人背到西安，假如我记忆不错的话，一九二五年西安的煤每吨为美金三十元。陇海路从陕州延到西安后，煤价每吨跌至美金四元。

在西北大学夏令营演讲是很辛苦的。那儿的学生比平津的年纪大，像人面狮身像似的坐在教室里，他们太没有礼貌，不是喧闹就是打盹。我简直弄不清楚，他们是否还知道有我这个人在。

演讲人中有鲁迅（周树人），他后来成为名小说家，支持中国共产党。一九二五年我们还闻不出他有什么共产味道。他曾出版过一本《中国小说史略》，书中铺陈的全是旧说，很少有新义，据我所知，他在西安所讲的仍为他那本书中的旧套。他有点儿瘸，走起路来慢吞吞的。他和我们相处不仅很客气，甚至可以说有点胆怯。有一天我看到他和一群孩子们在一起玩一门青铜造的玩具炮。他告诉我，如果把一个小石子放在适当的位置上，可以弹出二十码远，像弹弓一样。他说那门玩具炮可能是唐代设计的，但他买时价钱很低，所以他不相信那是唐代的东西。我问他为什么不相信，他说："如果我一定说是唐代的古物，别人就一定说它不是。如果我一开始说它可能不是，就不会引起争论了。"在鉴定古物方面，他倒是个不与人争的人。人们绝不会料到他居然是一个文学与政治纷争中的重要人物。

刘省长在我们要离西安时安排我们去逛华山。华山地区有土匪，他派了三十名卫队。当地的县长为了进一步保障我们的安全，又加派了三十名警察，爬山时，前一段坐轿子，下轿后只有靠步行，有时甚至用到我们的

---

① 现通译为巴尔的摩。

双手。在“猴儿摆”（Monkey Swing）我们要从一座山峰沿着一条铁链爬到另一座山峰。还有一个地方，为了到一个高僧住过的岩洞，我们要从岩石边上爬行，抓住嵌在岩石中的铁链子，通过一条人工凿出的小径。山本身有五座峰，像人的五指。每座峰顶都有一座庙宇。我们在一个庙中进早餐。饭后，又爬另一座山峰，在第二峰的庙中吃中饭。略事休息，我们又爬，当晚住在另一座山峰的庙中。如果说风景和大自然真能帮助我们净化心胸、超尘绝俗、淡泊名利，使我们趋于完美的话，那么，华山应该是最佳的所在了。

上海、 杭州、 南京

一九二七年春，国民党在长江下游获得胜利，在南京成立一个新政府。暑期到来我和何廉博士决定到中国的中部去游历。

我们发现中国的老百姓对革命的反应非常不同。在杭州西湖有个船夫告诉我说，他对革命很失望。他说：曾经有人告诉过他，革命一旦到来，米价会跌。“现在此地的革命军比两个月以前多，”他说，“可是米价却比过去贵。”在上海和南京，国共的冲突很激烈。但老百姓搞不清楚谁是共产党谁不是共产党，就是搞政治的和军人也弄不清楚。到处充满了怀疑和猜测。在国民党之内也很不和谐，人与人，派系与派系之间，纷争不已。很少有人急于执行“国父”的主张。革命分子大多数想营求地位争取工作岗位。朋友们能够详细告诉我某人属于某派。这对我说实在是太复杂，令我无法了解和记忆。

我们第一次到新国都南京，我还记得，首先入目的是病马拖着破车，农人们就在城中种菜种稻子，水塘、沼泽、半塌的庙宇、光秃的小山、高低不平尘土飞扬的大街、破烂的店铺。南京城好像很萧条。围绕这些破败景象的是高耸的城墙，它好似嘲笑人们的愚蠢和不幸。南京的朋友们所谈的也是共产和反共产的问题。外国人则打趣中国的军队，说他们的将军说话太多，士兵无纪律，营养不良，枪械不统一，有来复枪，有手榴弹，有手枪，有机关枪，还有雨伞。

上海和南京到处是宣传品，报纸上充满了口号和三民主义的长文。学生，从小学到大学，倒蛮有劲头。他们游行、示威、演说，参加革命。在政府或党中获得位置的朋友们带我去看他们的老板。我希望他们和我谈些土地改革、工业发展、银行国有、“国父”理想，以及中国的其他各方面问题。这些题目只有在报纸上讨论，革命的大人物先生们却不讨论这些，他们都忙于其他的事去了。我当时对新政府的外交政策很有兴趣。有人告诉我说：主持接收胶济铁路谈判的王正廷可能出任外交部长。当时我们那一代受过高等教育的青年人都把他当作新领袖。我见过他好几次。在上海，我希望能从他那里获得新政府对外关系的真正意向。我记得很清楚，我赴法租界他家去拜访他。我和何廉博士于上午十时到他家会客室，屋中座无虚席。我们在候见时，又有许多新客人到来。直到十一点半王博士才露面。他满手都是名片，显然的，他事先已排好了接见的次序。他念一下名字，看看那个人，站着和他谈几句话。不久他已接见过所有的访客。他们几乎都是求差使的。王博士要某人再去找另外的人想办法，要某人再等几天，告诉某人他的工作已经安排好了。到接见我们时，其他人都走光了。我想他一定很疲倦，讨厌接见我们。为使他轻松起见，我开门见山先告诉他：我们不是来找工作的。他大笑，坐下来和我们谈。我说：我们听说他将出任外交部长，我们愿意听听他的外交政策。“外交政策，”他说：“很简单，我们要废除不平等条约，打倒帝国主义。”换句话说，他答复我们的就是当时的流行口号。我告诉他：可能他不愿意把外交政策告诉一些和他不熟的人，如果他的真意如此，我们是可以谅解的，不会勉强他。但，如果不是这样，我们希望他能说得具体一点。当然，所有不平等条约均应废除。我想：废除不平等条约并不是中国外交部长最困难的工作。当时中国最大的外交问题，我认为是“东北问题”。他所面对的问题是：一面废除不平等条约；一面要维持某些国际友善关系，以解决东北问题。王博士细心听我发表意见，但对我的意见未加可否。

革命工作，在打倒北洋军阀及废除清朝皇帝方面，到一九二七年夏季已经大部完成。至于统一，建立新政府，实现“国父”理想则尚未开始。

东　北

所有上过国际关系课的学生都知道我国东三省是远东的风暴中心。南开中学和南开大学有许多学生是来自东北各省的。何廉博士和朱契（Chu Hsiao）都对山东河北农民移居东北以及东北地区的国际贸易问题感到极大兴趣。地质学家曾经估计过东北地区的煤铁资源，指出：中国如果要成为工业化国家，一定要依靠东北的矿藏。因此，南开校长张伯苓于一九二八年夏发起一次东北研究旅行。皇姑屯事件（大元帅张作霖被日本地雷炸死）后不久，我们到沈阳。因此，政治情况很紧张。事实上，东北正陷于极深的危机中，其严重情形远超过我们当时的想象。张作霖控制东北约二十年，他没有读过书，但所有见过他的人都称赞他精力充沛，聪明过人。不管怎么说，事实上，他左右的人都很能干，均有行政天才。当时中国任何地方的经济情况，都不如张作霖统治下的东北。

在沈阳，张作霖的儿子张学良，一般人都称他为“少帅”，在接待我们时表示非常悲痛，他当时打吗啡，身体瘦弱，面色苍白，精神紧张。从沈阳我们乘火车到吉林，吉林位于松花江畔。吉林人的笑貌、温柔和美丽令我们想起了江浙。在日本压迫下，从吉林至朝鲜东北角正修筑一条铁路。我们和一群测量工程人员到东部六十里以外的一个地方。在那里我第一次看到中国广袤的土地，茂密的森林。有人小声告诉我日本的阴谋计划。那里有恐吓，也有仇恨。

我们从吉林再到长春，住在山本（Yamato）旅社。日本已经控制了那里。翌晨我们赴哈尔滨。哈尔滨是中国东部铁路干线上的大都市。那里有宽阔的广场、圆环、笔直的大马路，一看就知道这是受了俄国的影响。哈尔滨的工商业均甚发达，另一方面也有政治阴谋和卖淫。那儿有中俄合璧的奢侈；有俄国歌剧，美国爵士乐和中国的胡琴。

布尔塞维克在俄国革命后，中国收回一半中东铁路。其他如沿途的地方政府机构，沿途的电信机构，路边的狭长地区等沙皇从清政府手中窃夺的权益也已经收回。为了控制并管理最近收回的权益，中国政府成立了所谓哈尔滨特区。一九二八年的行政长官是张焕相将军。他是东北地区中国最重要领袖之一。张有一个野心，要将哈尔滨变成一个纯中国都市。也利用中东铁路的利润创办了好多所中小学，校舍都是中国宫殿式的，他计划将分散的哈尔滨工科、商科、法科等学院合并成一所最具规模的大学。他建立一座孔庙，其外观之壮丽要超过俄国的教堂。在张氏治理下，哈尔滨特区已经向所有的外国居民收税，甚至包括了日本人。当初日本人根据治外法权拒绝缴纳。张氏定期公布税单，说明何人缴税何人不缴。此举，引起各国人对日本人的不满。最后，日本人也只好让步，缴纳税款了。

说到缴税事，我曾和美国驻哈尔滨领事汉生先生（我想应该是叫汉生）谈过。我问他要美国居民向中国政府纳税有无困难，他说，因为哈尔滨的美国居民要有更好的街道，更好的电讯设施，更好的卫生环境以及更多的安全防护，因此，没有理由不缴税。事实上，总领事汉生已使美国侨民在哈尔滨起了示范作用。

沈鸿烈将军当时成立一个船队，在松花江上行驶。他有一个造船厂，能够造船和修船，由一位留美工程师主其事。

在哈尔滨，我们透过一位南开校友的介绍，见到当地的商业领袖。他们都是暴发户。商会会长是一个身材魁梧的山东人，他当年由山东到东北做苦力，现在他已有八千万元的财产。我们去参观修筑铁路工程，铁路起于松花江北岸，正对着哈尔滨，向北方修筑。负责修筑的人是谁，如今已不复记忆，但他那股热诚干劲我还记得很清楚。当我们问他铁路的经费来源时，他说：“这条路是靠它自己建筑的。”他解释说，当初他只得到很少的一笔款子，利用这笔钱他先修了二十里，开始营运后，载运大豆，业绩非常好。农人们大批移居北方，开垦了更多的土地，也生产了更多的大豆。事实上，这些人都相当的明了，铁路什么时候要延长了，要延长到什么地方，于是他们就将大豆储存在那儿，待铁路延长到那里，就交给铁路局托运。铁路延长的速度是相当惊人的。

从哈尔滨我们到黑龙江省会齐齐哈尔。黑省教育厅长是南开毕业生，经过他的介绍，我们会见了许多政府官员。和在哈尔滨一样，一般所谈的都是经济发展，特别是修筑铁路的伟大计划。

归途，我们换了一条新铁路，该路横贯黑龙江省西部。我们看到一望无垠的大地，几乎是没有人烟。到了一个地方，我仔细请教一位省府秘书：“谁保护我们？土地是谁的？”他说：“这些地都是万福麟将军的。”他用手指一下火车两旁的土地。过了半小时我又问他同一个问题，他的答案也是相同的。那天晚上，我们住在铁路旁的一个小镇上。我看到镇上有电灯，这当然令我吃惊不止。店主告诉我电灯厂是万将军建立的。“好啊!”我说，“如果像你们这样的小镇万将军都设法供电，他一定是个大大的好人。”“是的，是的，但是他不论我们需要不需要，每家都收电费，而且收费的标准也是他自己定的。”店主回答说。这实在是一种发展经济的新方法。

东北研究旅行中，我发现很多地方都用上述的方法筹办地方事业。大豆出口是由政府银行统筹办理的，事实上，政府银行起先就是张作霖的私人企业，后来成为张少帅的私人企业。酒厂、典当业以及面粉厂等都是如此的。表面上是公开的，私底下张大帅和他的部下是将东北的财富进了他们的私囊。不过，东北人民的生活却较中国其他各地的老百姓好得多，这不仅是地方政府比别处好，也是因为东北是一个新开发的富庶地区。

我们听说老帅的得力助手是杨宇霆。据说他负责东北的开发和东北的外交事务。因此，我希望有机会和杨谈谈。出乎意料的，居然没有人愿意居中介绍。有一天，有人示意我，如果我真想见杨，只要直接打电话到杨的家中即可。我很怀疑，因为我想象他那样地位的人物不会那样容易就见到。但当我离开沈阳的前一日，因为还有余暇，我想打一次电话也无害处。早餐过后，我立即打电话。杨的秘书告诉我杨即刻就可以接见我，时间是七点多钟。这么早就接见客人，他确是个不凡的人。

我出示名片后，杨立刻接见我。我们谈了一个小时，他问我都参观过什么地方。我把参观的大致情形告诉他，他说明当时正在发展中的许多企业其背后的真正目的。他对东北有一个伟大的计划，主要是在交通方面。他想建立两条铁路干线，都是以葫芦岛为终点。其一，建于东北的东北部，在沈阳穿过南满铁路，经过吉林省会永吉，延伸至吉林省的东北角。另一条是从葫芦岛一直向北，沿蒙古边境及整个黑龙江省。此一计划，据杨解释，不仅可以开发北满，而且可以鼓励日本，步中国之后尘，进入俄国的势力范围。困难是在南满。因为新路线中有一条是与南满路平行的，而另一条路要在沈阳穿过南满路。杨进一步指出："在筑路初期，这些铁路表面上看是南满的支线。过些时，我们就日以继夜地建立某些连接路线，把许多支线连接到一起，成为一条独立的干线。"

我告诉他，据我了解日本人对铁路管理很有效率，我担心中国铁路不能和他们竞争。他一点都不担心。他说他可能降低运费，并可用增加地税的方法来弥补亏损。东北铁路所运的货物主要的是大豆，如果对农民的运费降低，再征收较高的地税是相当公平的。再说，他可以以出口大豆的收入来弥补，因为大豆出口是政府统筹办理的。

杨的结论极为精明，令我解除对日本的顾虑。早晚他们之间是要摊牌的。东北不能独自对抗日本，中央政府对他们的帮助既不能确定也不会充足。我向杨表示我的关切。他认为我的所见很对，他又继续说，东北的既定政策是避免和日本公开冲突。他的策略是不阻止日本扩大他的经济利益。他说，事实上，他让日本从他所创办的企业中去获得好处。他的目的是要比日本进步快，日本迈一步，他一定要迈两步。中国内地移民到东北的人数每年约一百万，时间对中国是有利的。东北应否是民国的一部分他认为不足重视。事实上，中央政府对东北的统治权也只是有名无实。杨不愿表示忠于南京政府，因恐此举触怒日本。在我们长谈结束时，杨说："我知道你们关内人都以为你们自己是爱国的，而我们关外人是不爱国的。其实这是大错特错的。我们和你们一样地爱国。东北是我们的，中国人一天天的多起来。日本最低限度不能反对我们在东北办教育，创立中国学校。日本最低限度不能反对我们发展农业。日本将高兴我们增加农业生产。在许多方面中日双方的利益是并行不悖的。不错，在某些方面，我们彼此间是有冲突的，你们关内的同胞只会摇旗呐喊，放言高论。我要提醒你们，这种举动是危险的。如要你们使东北与日本公开对抗，恐怕不待关内一兵一卒来解救我们，日本已经予我们致命的一击了。你们没有力量予我们军事援助，也不必促使我们和日本公开冲突。"杨的一篇大道理虽然令人感到不快，但却很令人感动。

当我们在东北时，沈阳谣传杨与少帅之间不睦。因为此事牵涉到两位最高领导人间的内在关系，我不愿讨论此事。杨了解我对此事的关切，他自己却先谈及此事。"我知道，"他说，"大家都怀疑我在大帅去世后，要做东北首屈一指的领导人。我是亲自看汉卿长大的。我是忠于张家的，我要效法周公辅佐成王的先例。我要和周公一样将来交出权力。"汉卿是少帅的号。尽管杨表示了他的忠心，但在我们晤谈后三周他被少帅给枪毙了。

杨引用周公和成王的故事来说明他与少帅间的关系，似乎是很不妥的。三千年前，有一个国王驾崩，他年少的儿子继承了王位。新王的叔叔周公摄政。据中国历史传说，周公尽忠职守。待新王成年后，周公还政于新王。这是中国熟知的一段故事。但是我想杨用此一故事来作比喻是不适当的，因为少帅张汉卿虽然被称为少帅，彼时已年满三十。他不能用周公对他侄子的方式来对待少帅那样年纪的人。此种比喻，我想，不免暴露了杨的傲慢态度。至于他对东北的中日关系的分析，我倒感到是对的、是高明的。

一九二八年夏，东北形势渐渐转变得对中国有利。这是毫无疑问的。山东河北的农民有很多移居到东北各省。俄国已经停止前进，尽量设法固守沙皇时代给它留下的特惠和权利。当地政府尽速建筑铁路。有些地方由日本在经费和技术方面给予支持，有些地方日本秘密或公开予以反对。葫芦岛筑港工程已经开始。东北大豆正大量出口。在国际贸易方面，东北是中国仅有的出超地区。东北当时是一片好景，人人乐观。

张作霖原系东北一名土匪。他在与北方军阀周旋过程中表现了他的绝顶聪明。他能对人用而不疑，因之，他的部下也能善尽厥责尽忠于他。但是，他的出身和他的封建政治意识使他与知识分子间产生距离。我就不大喜欢他，但我在旅途中听到一段传闻，这段传闻使我又减低了对他的反感。传闻是这样的：有一次张作霖到旅顺大连向日本作官式访问。日本人乘机向张氏夸示日本在旅大两港的成就。"看过我们日本人在旅大的成就后，"日本人说，"你们一定不想收回旅大了。""正好相反，"张大帅回答说，"我今天看过后，就更想收回来。"从这件事看，老帅也是爱国的。

东北其他政界领袖也是爱国的。我对他们的爱国热忱绝不怀疑。中国其他各地的领袖亦复如此。中国在一九二八年有足够的爱国分子。问题是：单凭爱国热忱是无法阻遏一流强权侵略的。二十世纪是民族爱国主义盛行的时代。人人都是爱国的。所不同的是各国间工业、教育、卫生和福利事业发展的程度不同而已。

如以上述各项衡量，东北的政治措施，乃至全中国的政治措施都是不够的。军政两界的爱国分子都认为兵工厂、铁路、出超的贸易是强国的条件。但是，他们忽略了健康、受过教育、能做事的人民才是强国的基本条件。一九二八年的东北，即使是本身财政困难，又受到日本的干扰，地方政府在教育和保健方面还是做了很多事。扩大政府垄断的范围，增加了对工商界的一般法令规定。因此，东北人民尽管较其他地区的人生活优裕，但也感到不满。所以，东北虽云富庶，居然也出现了盗匪，甚至打进很多县城。我们走到任何地方，都要小心土匪。当我们参观吉林东部铁路修建工程时，他们告诉我们在任何地方都不要停留十分钟以上，否则就可能被土匪绑票。在哈尔滨他们不要我们出城。在四平街我们住在一个粮商家，房顶上、大门前都有荷枪实弹的哨兵。东北，正如一九二八年中国其他地方一样，具有繁荣社会的农业工业资源，但地方当局未能充分加以利用。

参观中国各地，我们不仅用我们的耳朵和眼睛，而且要用我们追极究底的好奇心。不论到什么地方都要问："这地方五百年前是怎样的？一千年前，两千年前，甚至更早的时期是怎么样的？这一省、这一县是如何设立的？过去曾经重要而美丽，今日是否应该如此荒凉，甚至成为废墟？这一省在一千年前为什么是伟大的？在中国各省发展方面，何以某些省份进步快，某些省份落后？何以有的省份在某一时期很进步后来又远落他省之后？"如果中国太平，交通便利，我要旅行全国，率领一群历史家、地理学家，以便在旅途中讨论中国各省历代发展情形。

无疑的，中国正致力于保存其固有的历史文化。在民族文化方面，目前的中国是古代中国的延续。在这方面，中国与希腊、罗马、埃及、巴比伦以及大部分阿拉伯国家截然不同。

原始的中国，也就是说大约三千年以前的中国，局促于黄河中部地区。中国向四方扩展的经过是一部伟大的历史故事。各地区是如何纳入中国版图的，有些已经渺不可知。就以我们湖南为例：它是什么时候成为中国一部分的？它是否因为战争才纳入中国版图的？不是的。是根据条约吗？也不是的。它是渐渐的，经过几千年的时间才成为中国的一部分，其确定的时间已不可考。事实上，它是由中国其他地区的农民移往湖南溪谷地区，渐渐使溪谷地区人口稠密起来，把土著挤到山上去，才渐次形成的。湖南以外，中国还有很多其他土著地区，早已具有规模。长江两岸是旧时的楚国的地方，很早就建立了国家，国号是楚，与中国北方各国争雄。长江口一带，即今之江苏省，也早就建立国家，国号是吴。江苏以南，即今之浙江和福建，为过去之越地，也早已建立国家，与群雄争霸。

我们不防检查一下中国的方言，就可知道。上海以北和以西的地区说的是普通话，也就是所谓的国语，广东以北和以西的地区，也说普通话。何以中国的方言只流行于东南沿海各省？据我推测：当中原人口进入沿海地区时，当地的土著人一定就已经相当开化了，无论在人数上和文明方面均占优势，于是中原古代的语言和当地土著的语言混合的结果就成为当地的方言。

在中国发展过程中，有一个因素对中国是有利的。此一因素即居民中的种族差异不甚显著。可以说在众多的世界人口中，中国的种族意识是最薄弱的。因为在发展过程中，若干世纪以来，我们都是自己的种族和自己的种族混合。因此，中国人的种族意识淡，文化意识浓。

第十二章　清华时期

（一九二九—一九三四）

一九〇七年，老罗斯福（Theodore Roosevelt）总统退回部分庚子赔款，中美双方协议，决定将该款部分用于中国在美留学生，部分在中国创办一所学校，造就学生异日留美。于是，创办了清华。它是一所留美学生的预备学校（隶属外交部）。随着时间的演进，清华后来改成一所正式大学。一九二八年，又改为国立，自此，只派少数毕业生赴美深造。

一九二九年五月，清华大学校长罗家伦约我担任该校历史系主任。五年中（从一九二九年夏到一九三四年夏），我一直在清华认真授课。抵清华后一年半，我成为评议会中一员。这段期间，对清华和我自己的生命都很重要，同时那段时间也是内战与伟大抗日战争中间的一段空档。这是自一九一一年革命以来中国仅有的一段比较和平与团结的时期。内政大部恢复了，中央、各省都恢复了。工商业正在复苏，铁路逐渐修复，公路修筑得很多。这段短暂的时间充分说明了中国人在平时进步的能力。

清华校园在北平城郊，外观很美。清华的土地，在帝制时期是一位清朝皇族的。原来的建筑是古老而庄严的，大约建于十八九世纪。在这块古老土地上建立一所新式的学校，对于建筑物的一致性很少有人去考虑，至少在最初几年是如此的。有些学校早期建筑物是临时性的，只能用来作学生宿舍。其他的是留美学建筑的回国学生们设计的，他们抄袭了欧美的形式，合而为一。大学后面，是圆明园（帝王的夏宫）的遗址，该园毁于一八六〇年英法联军额尔金（Lord Elgin）和格洛[1]（Baron Gros）的手里。园子占地几百亩，有假山和人工湖。其中景物系由意大利建筑师设计，意国建筑师于十八世纪前五十年应乾隆皇帝之聘到中国来。当我在圆明园废墟上漫步时，仍可看到大理石柱子、残破的雕像、亭台楼阁、水池、人工湖的遗迹。漫步其间，令人不禁兴起许多感想。我一方面认为十七、十八以及十九世纪早期的帝王实在是太奢侈太浪费了；另一方面认为英法联军将该园毁为废墟也未免太野蛮，太残忍了。现在清华大学在这座故园废址上创立了，我衷心祈祷，祈求中国历史中的新时代来临，希望清华能促成这个新时代的早日降临。

清华改成国立，预算编在教育部预算中。和其他大学一样，每年经费由国库拨给。除了政府所拨的经费外，清华另一个经费来源是退回的庚款，在当时每年可有四十万元。美方按年继续拨付，于是经费越积越多。就经费说，清华的确是中国大学中的天之骄子，它利用这些钱建筑了图书馆、化验室、大礼堂、宿舍、教职员住宅，选派优秀学生出国深造，并从国外聘请著名学者来校任教。在短短的几年时间，清华已经发展为全国数一数二的学府。

清华的经费也有滥用的地方。一批年轻的清华教职员，他们满脑袋装的都是美国的伟大学府，他们要使清华成为美国大学的翻版。我是清华的评议委员，对许多校务均有参预最后决定的机会，因此，我常反对新建计划。有时，我反对增加建筑，有时我提议两三个系共用一座楼。我常提醒我的清华同事：我们是在创办一所大学，不是建造一座宫殿。很幸运，由于学生日增，总算使我们超建的建筑物也派上了用场。

清华有两项重要措施是值得称道的。清华是一所国立大学，教职员待遇与其他同级大学是一样的，因此，它无法聘到杰出的学者任教。为此，

[1] 现通译为葛罗。

评议会想出一个办法。就待遇的标准说，清华是按照教育部规定的，但清华另外规定有休假，并可供给休假旅费；上课钟点少，较其他大学进修的时间多；图书馆、化验室的经费也比其他学校充足。如果一个人为了拿薪水，就不必到清华。但是如果为了研究、写作、进修，他就会到清华来。此外根据清华评议会所拟的规定，清华可以资助学者进修深造。以上规定，使清华建立一种看不见，但却极有效力的延揽人才的制度。在那段时日中，我们能够从其他大学中挖来著名学者，他们来清华不是因为待遇优厚，而是为了做学问。

另一项措施也是非常重要的。欲想在中国创办一所大学，某些地方可以学外国，但有些地方必须要自己想办法。在自然科学方面，中国虽然没有什么成就，但世界各国在物理、数学、生物、化学等方面的成就，中国都可以抄袭使用。可是在人文学和社会科学方面，我们所遭遇的问题就和其他国家不一样了。即以政府组织为例，中国留美学生往往熟读政治思想、比较政府和地方政府等书籍。他们学成回国后可以在大学开课，像美国学者在大学中一样教授英国、法国、德国或意大利政府。但是却没有一位中国学者能够教授中国政府，因为美国大学中没有这门课。再以市政为例：当时在清华有一位教授，教伦敦、巴黎、芝加哥和纽约市政，但他对天津、北平、上海等市的施政情形却一无所知。再让我们看看政治思想方面。有一段时间，清华有三位教授都能教政治思想，他们能从最早的柏拉图讲到当代的拉斯基，但却没有一个能讲授中国政治思想演进情形的。换句话说，就以上情形论，清华所教育的学生是要他们成为美国的领导人物，而不是要他们成为中国的栋梁之材。

有些清华教授认为这种情形是滑稽的。这个情形虽然我们个人没有责任，但我们一直认为这是个问题。最后，我们提议设法解决这个问题。我们提议任何担任社会科学的教授，如果他想要放弃原有西方国家的课程改授中国方面的课程，都可以减少他授课的时数，增加研究及实地考察等方面的补助。如此一来，经过三两年时间，他就可以教授中国政治思想、中国政府或中国经济史等课程了。

历史系也遭遇到类似的问题。留美学生没有从美国学到中国历史，即使他们想学也无从学起。在大多数西方国家中，大部分历史已经经过科学的彻底的研究过若干个世纪了，因此，他们可以有一套能为大家共同接受的历史知识。但在中国却不然。我们有丰富的资料，但除了日期和姓名之外却没有一种大家都认为正确的综合历史资料。在过去，人们无法了解整个中国历史。他只能成为某一特殊时代或某一本书的专家。每个人都或多或少要重复前人的研究工作，而不是继续前人的研究工作。因此，时间被浪费了。

我在清华，一开始，想找一位能教汉代历史的学者，当我提出此一拟议时大家都认为杨先生（按，即杨树达）是最适当的人选，因为他是最伟大的汉史权威。他晓得各种版本的《汉书》和《后汉书》。他对各种版本真伪的鉴定，以及章句解释可以说无出其右者。他是这两本古书的最高权威。但他教了一年以后，如果有人问他："杨教授，你能给学生和我正确扼要地讲一讲汉代四百年间都发生过什么事，汉代重要政治、社会和经济变化如何吗?"他会说："我从未想过这些。书中没有讨论过这类问题。"本来，版本鉴定的目的是要找到一本权威书籍，某一本书其所以能有价值是因为它能使我们获悉某一时期、某一阶段我们国家的实际情形。但是这个目的反而被人渐渐给忘记了。人们变成为研究版本而研究版本、为研究古籍而研究古籍了。此种研究历史的方法在现在已经落伍，不能再继续下去。我们不能再把时间继续浪费在这方面。

渐渐的，我认为我应该放弃这批旧学者。我要把他们当作我个人的老师。我希望他们能在我身边，以便请教，另一方面我希望能有一批新人来教历史。在教书时，他们能够告诉我们中国从什么地方发源，又向何处发展，最后定居在什么地方。我不声不响地引进一批年轻教授代替原来的老教授。一点麻烦都没有。我予新人充分的时间。我说："现在，努力吧，准备开一门课，那么，就是清史吧，你有兴趣吗？你知道清代的大问题吗？努力吧，我会供给你参考书、助理人员和时间。同时，为了生活，你也必须教一点其他课程。你愿意教什么都可以，但你必须在两三年时间内准备开一门新课。"我引导这批年轻教授开始使用一套新方法，一点也没有引起麻烦和反对。如果不是因为战争爆发，我们能循此途径继续努力下去的话，我坚信：在十年或二十年之内清华的历史系一定是一个名符其实的、全国唯一无二的历史系。

对这些政治及社会科学的观念，同寅们常常交换意见。很幸运，校长和评议会都同意我们的做法。因此，清华拟定一套适合中国学生的课程。如果有人有兴趣比较一下清华一九二九年与一九三七年的异同，他一定会发现在课程方面有很大的改变。此举，我认为是对中国教育的一个大贡献。我一直为此感到快乐，因为我在这方面曾略尽绵薄。

为了行政和教学的需要，清华设四个院：文、理、法、工。法学院内有经济、政治、社会、法律等系。在战前，我就已经看出，理工逐渐抬头，而文法渐趋没落。甚至我们在文法学院教书的人也都认为这种倾向是对的，因为我们深知中国需要自然科学和工程学。我们绝不想去与自然科学争长短，更不想阻止其发展。然而，在校内却存有冲突，这种冲突不是在课业研究方面而是在专门程度方面。自然科学家和工程学家们希望高度专门化。他们希望学生在入校第一年中就开始接受专门课程。我们教文学和社会科学的同寅却希望晚一点开始专门课程，要多授一些普通课程。结果，经过一番折衷妥协，才算解决。但是结果双方都认为不满意。无可讳言的，清华在战前比一般美国大学在专门化方面要认真得多。

虽然清华不想受政治干扰，但政客们则不愿清华置身事外。当时一般人似乎有一种想法，认为欲想控制政治就必须先控制教育。有些人甚至认为老师和统治者应该是一个人才对。也有人认为控制一所大学就意味着控制了许多任命权。传统的中国观念，认为教书与做官两者之间是不易清楚划分的。中国过去教书的人转任官吏可能比美国律师转任官吏还要方便得多。因此，战前的清华是有遭到政治干预的危险的。

校长罗家伦是国民党忠实党员，同时他也是教育界优秀的学者。虽然他忠于国民党，把国民党的三民主义定为课程，但他毕竟是个好人，是个好学者，所以他不想把清华变成任何一党的附属品。一九三〇年春，当北方军阀阎锡山和冯玉祥反对中央时（按，即中原大战），有一个时期，看起来好像他们就要成功了。此一成功远景使某些阎氏左右的学者煽动一次学潮反对罗校长。清华教授中有些是不满罗的，因为他是个国民党员。他们认为罗的办学政治色彩太浓，不适合他们的胃口。再者罗校长过去和清华没有历史渊源，因此也使他遭到不利。此外，他是一个在各方面都喜欢展露才华的人，此种个性使他得罪了很多教授。所以当反罗运动一开始，多数教授都袖手旁观，不支持他。一九三〇年的清华学运，使罗校长离开清华。

罗离清华后，反对派提名一位名叫乔万选的人担任校长。这个选择就政治观点说是相当聪明的，因为乔先生是阎锡山的同乡，大家认为他一定能获得这位北方新领袖的赏识。此外，乔又是清华毕业生，大家以为他必定能改弦易辙，不走罗的老路。但事实上大出意料，学生和教授都对乔某不满。战争终止，阎冯失败，这位短命的清华校长也就不见了。阎冯倒戈失败，中央获胜，中央认为应该物色一个比较接近党而愿意宣传党的政策的人来主持清华。在选择时，中央方面对清华情况以及中国教育界的心理估计错误。清华教授和学生很有礼貌地向中央表示，对其所提人选（按，即吴南轩）无法接受。拘于面子，中央政府收回成命，最后发表梅贻琦为清华校长。梅自一九一五年起即在清华任教，一九二八年任清华在美学生监督，深得清华各方人士尊敬。清华在他领导下不再是个政治皮球，步上了正轨。

前面已经说过，因为工业研究所的事我曾和天津国民党党部之间存有芥蒂。现在，我又和国民党中央闹得不睦。因为错误报道说我是反对清华校长党提名人选的主谋。我虽然反对国民党的提名人选，但事实上我并非主谋，因为事实上无此必要。清华同寅并不想反对国民党，但也不希望清华成为政党的附属品。

梅贻琦长清华后，我们都能安心工作。对我个人说，清华五年是我一生中最快乐的岁月。我乘便可以接触故宫博物院的档案。有一段时间，我们有好些人在故宫博物院抄录档案，把未公布的重要文件抄录下来。故宫中收藏的最重要档案是清代军机处的。自十八世纪三十年代起到清代终止为止，军机处是大清皇帝的真正秘书处。该处人员管理档案非常制度化，每天来文均由收发登记，这些来文主要的是中央各部及地方首长的奏折。此外，对皇帝批覆的奏折也有专人登记。每件档案都详细登录日期及摘要。这种简单小心处理档案的制度，对清政府说实在是一种光荣。

由于革命和武装政变在北平接二连三的发生，有些老衙门的档案均被弃置，无人管理。有些档案在北平当废纸卖。我为清华成吨购买，清华图书馆所存的资料大部分都是清朝军机处和海军方面的资料。

研究清代以前中国历史，学者可以有很多书目提要作参考，但研究清代历史则不然。当然，我们可以阅读一些有关的书刊，可是有许多文学作品，私人和小出版商印的五花八门的记录，却不能指给我们方向。起初，我常去琉璃厂旧书店找我所需要的资料。渐渐的，书店老板把我当作好顾客，开始到清华来找我。在这段时期，我按计划购买书籍。每届周三，从上午九时到十二时，我接待琉璃厂的书商。他们到图书馆中我的书房来，每人先给我一张作者及书名的目录，我可以从目录中找出我有兴趣的书籍。如果某一本书可能对我有价值，我把它送到图书馆当局审查、估价。书商在走廊上排成一排每人都带着他们要卖的书，这样成了一个惯例。有时他们知道我所需要的书而他们自己又没有，他们就写信通知全国有往来的同行，代我去搜求。

任何一位学者，一旦到了北平，就会染上搜集旧书的癖好。这种癖好很有传染性。有一次，国立北平图书馆馆长袁同礼先生要我陪他去一位私人收藏家那里。我们在一起有一小时。他监视我，我监视他。我们找资料时，他问我对哪一方面特别有兴趣。我找到两本小册子，第一本是《文祥年谱》。文系清代外交界的巨擘。第二本是有关鸦片买卖的书籍。袁先生对这两本书似乎都不太有兴趣，我私下很高兴。我们分手后，他回北平图书馆，我回俱乐部，当他远离我后，我又转回去买那两本书，但当我半小时后回到那里向书主购买时，书主告诉我袁先生已经捷足先登把那两本书买走了。

中国第一位驻英公使郭嵩焘，是十九世纪最有名气的人物之一。大家只知他在外交界的职务，很少有人知道他做过僧格林沁的秘书。僧格林沁于一八五九年曾在大沽抵御英法联军的进犯。远在英法联军进犯的当时，郭就建议他的上司僧格林沁，不要仇视外国人，应该谈判通商条约。后来，他代理广东巡抚时（一八六三——一八六六）就不准潮州人拒绝与外人往来。他的政策是要中国在国际上寻求和平、繁荣……而不要闭关自守。与他同时代比较进步的人士，已经有少数人准备接受外国武器、轮船，甚至铁路，但郭某较他们更进步，他进而主张采用某些西方的政治、经济措施。惜乎中外双方人士均未重视他的识见。他的论文集帮助我们了解他的思想和他所处的时代。我获悉他有很多未公开的日记。因为郭是湖南人，所以我在写家信时，就常提到这件事，希望弄到他的日记。有一天，家兄写信告诉我他遇到一个湘潭杂货商，他是郭的孙子。我立即写信要他去查问，看看他家是否还存有他祖父的日记。我哥哥回信说日记就在那个杂货商的手里，而且他愿以一千元代价出售。这简直是天大好消息。我立即打电报给家兄，要他尽快把它买下。不幸，好多郭家的人都要分沾利益，有些反对出卖这份遗产，结果，买卖不成，日记仍存郭家，后来结果如何，我就不得而知了。

曾国藩的文集，中间很明显的有残缺之处，我一直想把它补全。只要是我认为与曾家稍有关联的人不论路途如何遥远我都去拜会他。多少次我均徒劳无功。直至一九三八年，南京政府撤退后，我在汉口有一天获悉有三百封曾氏亲笔函在坊间出售，索价每封三元。我立即表示如果对方愿将三百封全都出售给我，我愿每封出价五元，但是，此一消息迅即在汉口湖南名人圈中传布出去，他们都想保存一些伟大同乡的墨宝，以致我功败垂成。抗日战争中期，汉口将陷落时，湖南人上演一幕争夺曾氏书函的趣剧。后来，大家同意，将书函分开。我分到一些曾国藩致他弟弟曾国荃的信函，其内容为对太平天国战役中包围并收复南京者。我很幸运，我分到的一份很有内容，因为分信的人都只注重书法的好坏，不太重视信中的内容。我约定将内容有关包围南京的部分都分给我，我希望只将未公布过的信分给我。同乡们答应我的要求，我很高兴告诉大家，分给我的信都是精选的，这些信使我们对曾国藩及其弟弟的性格有新的了解。不幸，当我离开大陆时，一件突发的变故，以致未能将上述信函带出，被遗在上海，它们的命运如何？我就不得而知了。

清华五年实在是够刺激的，可以说我是发现一个新大陆——中国近代史。我努力工作，有时因为得到伟大的发现而高兴，有时因为遇到想不到的困难而失望。我继续研究中国外交史，同时又出版两卷编纂资料（《中国近代外交史资料辑要》）。我的兴趣越来越广泛，我又对近百年来社会及经济变化发生兴趣。大多数人把这方面的研究工作看成一块没有肉的干骨头，认为食之无味，而我却认为弃之可惜，在此我不准备多说，只想叙述一些回忆。

研究历史的结果修正了固有的观念。清末一百年间处理中国事务的领导人，不论满汉，并非像过去出版物所渲染的全是坏得不可救药的。当我在杂志上发表我的见解时，各方反应不一。有人认为我太偏向清王朝，有人说我无礼，居然冒险去批评传统上已经被承认的英雄人物。在民族主义革命高潮时期，欲想唤醒国人注意当时事实和情况，指出错误并非全在外国人一方，这真是不可想象的。但我相信中国与列强之间早期的谈判大部分都是错误的闹剧。也就是说我们根本不了解情况。

因为我是个教授，所以我的文章在政界也引起过不少小风波。后来，当我到政府任公职时，我想欲撰写一些历史题目的文章，或发表专题演讲。这种情形又引起相当的麻烦。举个例子：一九四二年系南京条约一百周年。我发表一次演讲，讲词用中英文在重庆发表。立法院长孙科博士在党中央会议中引用了我的讲词，并且表示同意我的看法，一个与孙感情不睦的人攻击我是英国帝国主义者的辩护人。该案竟至呈请蒋委员长核夺，蒋认为学者的演讲和写作应该自由，党方不必过问我的文章。

有的反应是从大洋对岸来的。有一次，詹森（Nelson Johnson）公使（后来升任大使）托亚那波里斯[①]（Annapolis）海军学院阿伦（Allen）教授向我征询意见，问我鸦片战争时舰队司令克尔奈（Kearny）的行动如何。有人告诉我说阿伦教授是受命于克家要他写一篇克尔奈传记。问题在克氏是否首倡中国门户开放。正巧中国当时有一部分资料（那时尚未发表）对克尔奈于鸦片战争时在中国沿海的活动情形透露一线曙光，我的结论是：他并非是门户开放政策的首倡者。我将备忘录发表于《中国社会政治科学评论》上，当时我是该刊编辑，此事对我说，到此已经完结了。后来，哥伦比亚大学裴克（Cyrus H. Peake）博士告诉我一件很有趣的下文。有一天，哥大图书管理员出示给裴克一本上面登着我文章的《中国社会政治科学评论》，要他注意上面别人加的旁注，以及被剪走的部分。馆员认为一定是中国学生剪的，要他调查一下究竟是谁干的。不久裴克博士获悉纽约市立图书馆已经抓到那个破坏书刊的人。此人不是别人，正是克尔奈的后人。

我在清华时期，并不鼓励学生读历史。因为我深虑历史系的学生没有

---

① 现通译为安纳波利斯。

出路。历史系毕业生虽然可以到中学去教书，但是待遇低，图书设备差，不利进修。学习历史以备从政之用，此一见解倒是深获我心。在过去，不分中外，许多历史学家均能身居政府要津即其适例。一旦有学生申请入历史系，我都给他们浇冷水，我提醒他们读历史一定会受穷很久。我也要他们晓得研究历史除非发现真伪，不会成名。另一方面，虽然清华历史系一直没有很多学生，但，我很高兴，少数优秀青年我都鼓励他们进了研究院，研究中国学者一向忽略的问题。就我所知，一九三〇年我们中国尚没有日本、苏俄、蒙古、泰国及越南等历史专家。一旦我发现一个青年，认为他可以研究上述某一国历史的话，我就说服他在研究院学习相关的语文。如果他在研究院成绩好，我就设法推荐他到国外去深造。

例如：我鼓励王信忠（Wang Hsia-Chung）去学日本史。因为他在清华利用中、日以及英、美资料写过一八九四年中日战争外交关系的论文。他到东京帝大研究，日本方面起初认为中国大学不会有学生到日本去研究日本史，但王信忠申请并通过了特别考试。他在东京研究两年，回到清华任讲师。

另一个例子是朱谦云（Chu Ching-yun），他研究苏联历史。他从中英庚款委员会得到一份奖学金，到伦敦斯拉夫语学校（School of Slavonic Studies）去研究。后来他又入达帕脱（Dorpct）大学。为了能在苏联多住几年，他担任中央社驻莫斯科记者。

后来又有邵循正（Shiao cheng-chung），清华毕业后为了准备将来研究蒙古史而赴巴黎研究波斯和阿拉伯语。

宋迪夏（Sung Ti-Hsia）的例子也很特殊。他在政治系毕业后，又申请入历史系。我对他在学校的情形曾留心过，而且对他多少有些成见。从我对他劝阻的言谈中，他知道我反对他再入历史系。他单刀直入地说：“我知道我已浪费很多时间，但我是确实可以读得很好的。我一定要好好读，请让我试试。”我勉强答应了他。为使他及早回头起见，我指定他个难题，要他研究领事裁判权以前中国境内涉外的民刑案件。在宋君以前曾经有人就法律观点和历史观点研究过这个问题。但是，从来没有人想逐案去搜集有关的中国资料，找出中国官员在国内如何处理外人案件或涉外案件。宋兴冲冲地研究此一专题。当他研究完成时，无疑的，成了中国治外法权方面的权威。但就他所搜集的资料而论，我发现他的论文中还遗漏了一件重要的案子。我要他设法把它补进去。我告诉他：此种增补工作是很有价值的，如果能做得好，我可以同时用英文和中文将他的论文发表。他对我的意见感到非常高兴。但，不久战争开始，宋就开始他的流亡生活了。若干年后，他到我行政院政务处长办公室来看我，见面后，我立刻问他是否完成我所建议的增补工作。他即时承认在他流亡的途中已经把原稿遗失了。我斥退他，要他以后永远不要再来见我。不久以后，我辗转听说他开始酗酒，终致客死在四川的一个小镇上。

清华予我足够的资料和时间从事研究工作。那里也有许多益友和同事。在我教过的学生中，每年我都发现有些人他们的生活与我息息相关，他们的生活也成为我自己生活的一部分。除了上述情形外，清华坐落北平西山脚下，是个消闲静养的好地方。我们打网球、游泳、滑冰、骑马、打猎，尤其有兴趣的是旅行野餐。从校园骑驴很快就可以到颐和园、玉泉山、香山八大处。九、十月间，每天都是风和日丽，我每天下午都带孩子到上述各处去游玩。我最大的孩子大宝颇具长姊风范，为人爽快，有相当的外交手腕。二宝多情善感。三宝喜欢嬉戏，自由奔放，对父母的管教不甚注意。因为他身体健壮，所以整天在外面跑。四宝在家中是最受宠爱的。他一定要牵着我的手，他要人抱的时候，就一定要抱他。我欣赏宝塔、松树、玉泉山的清流、圆明园的漫步、庙内温和及凶恶的神像和成群的小孩子。

一九二九年我到清华任教时，校中约有五百名学生，五年后，人数增加了一倍。每年录取的学生约占报考的十分之一。一般水准和入校比率自然都很高。学生们大多数都是一本正经的；他们深深了解对国家的责任，知道挤进清华大门之不易。只有极少数是例外，我敢肯定地说，不会超过百分之二三。

在知识分子占多数的国家中，学者普遍受到社会尊重，学生在政治运动中自然也会扮演重要角色。在中国，自汉代以来即是如此的。新的民主理论只是强调了学生在中国的政治地位而已。在过去的五十年，教育和革命是分不开的。每个政治领袖都要靠学生起家，每个政党都要争取学生。由于中国对现代政治组织和宣传鼓动方法不大熟悉，不能妥善运用，因此，在政治方面所表现者也和其他方面一样，西方的民主政治的弊端首先传进中国。显而易见的，政治领袖、煽动家，幕后的政治团体的做法都为学生政治家所左右。

中国大学教授欲想对学生们提出政治性建议是很困难的。我们是否应该建议那些热衷政治的青年，要他们牺牲一切，去醉心政治，去推翻某个政府或打倒某派？又是否应该告诉他们救国不是一蹴而即的，需要很长时间，要他们安心读书，以应未来的需要？在混乱的中国，这些问题都不是一个单纯的答案所能解答的。事实上，当政治风潮刚开始时，具有说服力的劝告还有效果，一旦风潮发展到某个阶段，教授们的话就没有用了。每逢风潮，学生们的心中也是矛盾的。他们一面喜欢风潮的刺激，一面也想要读书。中国大学受外界影响沦为政治剧场，其程度如何，要看相关影响力量的消长而定。如果说学校办得好，能够启发学生的求知欲，就会产生一种力量，使学生少受外界干扰，安心求学。反之，他们就会卷入政潮，荒废学业。因此，中国大学在政治中所扮演的角色如何，也代表了学生的好坏。基于此种理由，中国最坏的大学就是我们所谓的“野鸡大学”。它们很少注意教育问题，专门去搞煽动、演说、运动，去拥护某一方面或去反对某一方面。所以，一旦报上登出中国学生在某地闹风潮了，我们就会认为参加的人一定是“野鸡大学”的学生。

第十三章 『九一八事变』与《独立评论》

沈阳事变（日本称“九一八事变”为“沈阳事变”）于一九三一年九月十八日，发生于沈阳城外，是远东有史以来最大的事变。驻在我国东北的部分日本军队，即所谓关东军，秘密计划于一九三一年九月十八日夜开始行动，占领东北。当时沈阳城内外驻守的中国军队毫无准备，悉被解除武装。东北行政中心——沈阳——兵不血刃为日军占领。日军占领沈阳后，进而又占领了整个东北三省。从东北又向中国内地扩展。数年以后，又从中国把战争扩大到东南亚，包括印尼、菲律宾、越南、寮国、星马、缅甸和泰国，直到澳洲边缘。向东扩展，到了珍珠港。

“事变”之发展所以如此深远，实因集合许多条件而促成。

第一，是中国国力和民族意识觉醒的程度不能相称。像中国这样落后的国家虽然不能在短期内跻身于现代强国之林，但在短期内唤起民族意识，认清国家主权，争取国际大家庭中平等地位和尊重还是可以办到的。我们坚决要求国际地位平等，但是我们没有支持此种要求的国力。假如这种情形反过来，也就是说我们在国力发展方面还较民族意识的发展快，则九一八事变也许就不会发生了，即使发生，日本方面也不会那样为所欲为。

第二，是日本领土扩展论抬头的结果。九一八事变时，日本也正如大多数其他国家一样，陷于经济不景气中。工厂关闭了，国际市场没有了，失业的人很多。经济情况予好战分子和极端分子以采取激烈行动的借口。面对整个世界经济不景气，所有国家都设法控制国内市场，排斥日货。日本主战论者利用世界资源分配不公及“有”资源国家加紧排斥日货的事实为借口。另一方面，“有”资源的国家自第一次世界大战后，即锐意保持和平，共同努力控制世界市场和原料。日本有见及此，自然要筹谋对策。他们认为：日本如果不能从西方列强控制下的落后地区分一杯羹，就只有牺牲中国，在亚洲北部去建立他们的帝国。

日本人认为占领我们东北是很公道的。他们认为他们并非从中国人手中攫夺东北，而是从苏俄手中拿到东北的。他们认为：一九〇四年至一九〇五年间的日俄战争如果日本战败的话，东北势将成为沙皇帝国的一部分。结果日本战胜了，东北自然应该归他们。他们进一步认为：日俄战后东北重归中国版图那实在是因为国际间的嫉忌和中国的外交阴谋有以致之，事后中国非但不与日本合作，反而阻止日本发展，而且更重申中国的主权。

东三省的重要性是中日双方都承认的。我们都知道东北的农工业在中国均居最重要地位。同时，我们对日本人的态度一向也是看不起的。日本人一直未曾受到中国人的尊重。在过去若干世纪，我们一直把日本人当作“侏儒”，认为日本人少、地小、文化低，一八九五年日本战败中国，对中国人说实在是个大震荡。中国人把那次失败当作从未有过的奇耻大辱。三十年后，日本在东北非法筑路、驻兵、控制重要港口，实际上就是控制了东北的经济命脉，中国人认为：日本在中国所作所为对中国都是侮辱和侵略。这就是中国人对中日两国在东北冲突的看法。

当时中日双方均缺乏政治手腕，以致无法筹划出有利双方的经济发展计划，解除日本侵略中国的经济因素。中日两国主战的报纸，一致渲染：如果中国富了，日本一定会穷；反之，如果日本富了，中国也一定会穷。双方没有合作的余地。

九一八事变之前，中国舆论着重在反对不平等条约上。经过研究和实地观察，我当时认为东北问题不易解决，因此我以为应该格外注意才对，我认为除非中日双方小心、聪明，否则，就会发生巨变。关于此点，我很谨慎，当时不愿表示先见之明，所以也不愿预测“事变”的性质、时间和地点。迨九一八事变发生，我也和其他的人一样感到震惊。我应该再补充一句，当时我对调整中日冲突关系还没有详细的腹案，我仍在摸索，想要找出一个双方均能获益的办法。

我一向不怕日本，我认为：就中日两国而言，中国弱、日本强不过是暂时现象。我晓得日本有装备精良的陆海空军，有训练有素的士兵和有效率的官员。军队的后面，他们有最爱国、最勤奋、最俭朴、最守纪律的国民。尽管日本有上述的优点，我却不认为它对我国会构成永久的威胁。我相信时间是对中国有利的。没有强国的基本根据地，任何人都不能建立、保持一个伟大帝国。因此，我对九一八事变的主要想法是争取时间。

上述想法，可能是一厢情愿的。但我对北大、燕大、清华学生们演讲时，却一直以这种想法作为基本理论，我一直认为九一八事变是地方性的。

一九三一年冬，外交部长顾维钧博士提议将东北南部的锦州附近地区划为中立区，隔开中日双方的军队。我赞成他的建议，此举可使冲突紧张形势不致蔓延。当燕大校务长司徒雷登约我到燕大演讲时，我极力支持顾氏主张。讲完后，燕大名教授陆志韦（Lu Chih-Wei）起立代表教职员及学生联合会发言。经过简短的说明，他提议燕大师生通电全国，反对设立中立区。政治系主任徐淑希（Hsu Shu-hsi）也赞成他的提议。司徒雷登校务长将提案付诸表决。我从台上看到一片手海，心中不免沮丧。我当时觉得我是在对战争的狂热者从事一场艰苦的作战。

全国学生一致要求抗战。他们到南京向中央政府请愿，铁路为之受阻。主战情绪发展的逻辑是很简单的。日本占领中国领土，中国必须要抵抗，即使是战败、战死都在所不惜。失地是可耻的，不战而失地更是永远洗刷不掉的耻辱。

当时日本主政的是民政党。我和华盛顿史汀生（Stimson）国务卿一样，都把信心寄望于民政党。一九二七年夏，当我在东京研究时，我曾见过日本外相币原（Baron Shidehara），我与他在华盛顿会议中也见过面。他曾表示：他和他的政府决定与中国保持和平，不干涉中国内部的统一。一九三一年冬，有一位朋友告诉我，币原于那年夏天就曾要求当时中国驻日公使汪荣宝，回南京向政府报告。“报告你们政府，”币原说，“一个大事变就要发生了。除非中日双方政府谨慎处理，双方均将被毁。尽速和我来解决。但，我一定要占一些便宜。如果你的政府不肯让步，我的政府必然会垮台，而后任将较我更甚，会要求无厌。”事实上，整个七、八两个月，币原一直都急于寻求谈判的机会，而南京和东北方面都尽量设法避免。明了对方所使用的策略后，我不禁感到我们的政府措置失当。而且也越发使我相信日本民政党的政府是急欲将九一八事变地方化的。

所有反对中央政府的政客和军人，毫无例外的，一致要求立即对日作战。此种现象不禁令我深思。我认为爱国并不是反对中央政府者的专利。显然的，反对派这样做法有两个前提。其一，在中国政争中反对派已经无可挽救地败给蒋委员长了。其二，日本军队可能抄了蒋的后路。爱国口号在最不爱国的动机下喊出来。虽然学生和老百姓大部分是真正爱国的，但我深知有些是受政客幕后操纵的。活动费送到北平，大部分用在少数学生身上。此种情形更使我要去努力阻止全面战争。

中国人对中立地区的拟议不是冷漠就是坚决反对，因此，蓄意占领东北的日本关东军，乃无视于日皇对中立地区的指示，大批日军迅即渗入平津地区。日本的侵略立即影响到平津两市的大学学生。我们晓得：欲想获得和平，保持和平，必须要中日双方努力才能有效，但现在日本方面要侵略，因此，我们也只有渐渐转而主张备战了。

清华教授集中住在三处。我住在北院。北院七号是叶企荪和陈岱荪，他俩那里成了非正式的俱乐部。有很多朋友住在那里，其中包括哲学系的金岳霖，政治系的张奚若和钱端升，物理系的萨本栋和周培元。我和其他许多人常于饭后到七号去聊天。我们争论和战问题，无尽无休。每个人都晓得战争的困难，但只有我一个人是公开而诚意地主张维持和平的。不过我也不敢相信和平可以廉价取得。我和他们都主张从速准备，以应付可能发生的战争。为了使学生准备作战，许多教授也改变了他们的授课内容。

在那段时间里，我每周到北大去授课一次。因为编《中国社会政治科学评论》，我常到城内总社去。透过这些关系，我一直和城内一些朋友们有接触。现在我已不记得是哪一位发起的，在清华俱乐部举行一次晚餐，当日出席的有胡適、丁文江、傅斯年、翁文灝、陶孟和、任鸿隽、任夫人陈衡哲、张奚若和吴宪。席间曾讨论到知识分子在国难时期所能尽的责任问题。我提议办个周刊，讨论并提出中国所面对的问题。陶孟和第一个就给我浇冷水。陶曾编过若干年《时代评论》，深知出版周刊的各种困难。他警告在座诸君，不可掉以轻心，不加思索地冒险尝试。胡適也反对我的想法，只是没有陶那样激烈而已。他曾编过一个叫作《播种者》（*The Endeavor*）的期刊，在五四运动时期曾发行了若干年。他说：他的经验使他不敢轻易创办一个新刊物。他的话令我很泄气；因为当时在座的人一致都认为不办刊物则已，设使要办，则编务方面非胡莫属。因为我对办周刊毫无经验，我想我应该接受这些有经验的人的意见。

过了一周，任家约我和另一些人到他们家中去吃饭。我又提出办刊物的想法，他们又和过去一样表示反对。但出我意料的，丁文江倡议：为了测量一下我们的热诚，不妨先来筹募办刊物的经费。“办刊物很容易，”他说，“但能继续维持下去是困难的，除非我们能够共同负责。否则，整个重担就会落到编辑一个人的肩上。”他提议我们每人每月捐助收入的百分之五。如果没有足够的财政上的支持，我们可以放弃这个计划，把捐钱发还，如果有人来支持，我们就可以详细计划出版问题。假如我记忆不错的话，丁当时决定经费总数最低不得少于八百银元。丁的建议对我说似乎是太严苛了，但我还是同意了，在座的其他人也未反对。

从那时起，我们每周聚会一次。起初是讨论发行日期问题，接着是准备出刊。丁又提议我们应该约请一位银行家来加入我们的阵营。所有捐款、保管及财务上的事务都请他偏劳。丁介绍竹尧生（Chu yao-sen）先生，大家欣然同意。几周过去了，捐款也都交进来，大家提出好几个刊物的名称，最后选用了胡適先生所提的《独立评论》。我们成立一个编辑委员会，委员三人，由胡適总其事，我和丁文江协助编务。

当我写这本回忆录时，手边已经连一本《独立评论》都没有了。《独立评论》创刊于一九三二年春，第一期印了两千本。初期的《独立评论》是相当简陋的，但比我们所预期的要好得多。第二期我们发行了三千本。半年后，已经无须继续捐助，可以自力更生了。一年之内，发行数字升到八千本，两年之内，达到一万五千本。我们不仅不收津贴，也不接受大幅广告。终《独立评论》时期，社中只用一个小职员，负责发行事务，月薪六十元。

在舆论方面，《独立评论》成了当时著名的刊物。《独立评论》不对某项专题作有系统的讨论，也不刊登知名之士请托的稿件。大家每周聚餐一次，讨论时事，但不作结论。我们不仅对外界是独立的，即是同寅彼此间也互不干扰。我们讨论时都了解彼此不同之点，有时大家的观点也会自然趋于一致。有时，外边作者会发现《独立评论》是真正独立而尊重别人意见的。《独立评论》实在是一个公开的园地，每个人都可以用它发表自己的意见。

《独立评论》的读者，大部分都是大学生，其次是公务员，再次是开明的商人。令我感到意外的是有些青年军官也一直看《独立评论》。其后几年，我发现有许多人是从《独立评论》认识我的，而非从我花费多年心血所写成的历史著作中认识我的。

《独立评论》同寅中，最值得一提的是傅斯年。他也和其他人一样，为《独立评论》花了许多时间撰稿。他有丰富的历史知识，一旦他撰写一篇稿子，就好像是集合了四千年的历史经验似的。他把文章重要内容摘出来登在前面，此举成为出版界的创举。令许多朋友吃惊的是他的文章不仅能引起读者知识上的共鸣，而且也能引起他们心灵上的共鸣。能够引发最深的情感，也能使某些人感到莫大的嫌恶。

在未办《独立评论》前，我对丁文江没有深切的认识。但经过《独立评论》在一起共事后，我开始尊敬他、爱戴他。他是一位职业的地质学家，并曾创办过地质调查所，成为中国最负盛名的科学研究机构，当孙传芳控制长江下游各省时，对他曾界以建设大上海的重任。多年来他一直研究中国的陆军种种问题。孙传芳失败后，丁任北平附近一所煤矿的经理。在《独立评论》同寅中，他对国际形势知道得最透彻。他不仅多才多艺，而且实事求是。

办一个刊物需要花费很多人的力量，《独立评论》的成功，无疑的，胡適贡献最大。他的朋友和熟人一致认为他是个最能吸引人的人，幽默、细心、聪明。谈话时，态度和蔼，富理性。他反对教条主义，对一些莫名其妙的人却特别有耐性。如果根据以上两点认为他处事没有原则的话，那可能是大错特错了。他对自己的信念，坚定不移，在他漫长而多彩的人生中，曾有若干时期受到最高的推崇，也有若干次被人认为落伍和肤浅。有时他表现了无比的勇气，有时他也会因为某事或某人而与人论战。但是，终其一生，他都是主张自由、民主和实用的。

我不想对胡適多加赞扬。我想谈一谈我与他的不同之处，有些我已经在《独立评论》上发表过，其他是不言而喻的。我认为他对自由议会政府的想法太天真。他似乎对许多民主国家幕后的贪污、腐化、浪费、愚蠢、冷漠不欲深入了解，对批评十九世纪自由主义的浪潮也不重视。就在北平，好多国会议员就曾把选票卖给无知、枉法的曹锟，选他做中国的大总统。湖南，在赵恒惕任主席时，就曾颁布过省宪。省议会开会时，议员都把时间浪费在争权夺利上，致使人民感到厌恶，认为有它反而不如没有它。这类事实胡适认为无所谓。他认为民主的弊端能用更民主的方法去防止。

马克思的经济史观无疑的是不切实际的，但胡适几乎是忽略了经济问题。对我来说，中国人的贫困是个迫不及待需要解决的问题，因此，我认为应该在经济方面即刻采取行动，而无须等待中国政治的民主。我认为经济应该先于政治。在经济方面我认为有两件工作要做：其一，利用现代科学和技术从事生产运输。其二，社会化或公平地分配财富。我认为宪法和议会之有无是次要问题。创造更多的财富，平均分配对我才是最重要的。我从未认为胡适反对向繁荣方向发展经济，同时，我也希望他从未怀疑我反对政治民主。我俩的不同点不是原则问题，乃是轻重缓急问题。

《独立评论》上曾经刊载过许多关于中国统一问题的文章。在这方面，我认为我与胡适也有不同之处。他似乎认为中国可以、而且应该用全国人民代表大会方式来统一。我认为除非已经有了最低限度的统一基础，否则这种会议不会有太大的成就。武力对国家发展的重要性如何？也是我俩意见相左的所在。我认为必须武力和政策配合才能使国家统一，但他似乎认为，如果我了解不错的话，用武力统一是无用的，也是不必要的。

因为《独立评论》创办于九一八事变后，自然其中会有许多讨论到和战以及国联是否可以信赖的文章。《独立评论》同寅中没有人主张立即对日作战的。在这一点上，大家的主张是一致的。当时天津《益世报》编辑罗隆基，发表了一篇轰传一时的文章，题目是《枪口朝外，不可对内》。文中大意是主张停止内战，一致抗日。我在《独立评论》上为文答复罗氏，略谓：仓促对日作战将遭失败，现代化的战争需要长期准备，然后全国总动员。社中同寅对我的主张均未表示异议。

但，丁文江略有不同。他进一步认为中国需要来个普拉斯特立托维斯克[①]（Brest-Litovsk）式的条约（一九一七年三月十一日，俄国革命推翻沙皇后，为谋保持布尔塞维克[②]新政权，苏俄政府于是年十二月派加拉罕等人前往普拉斯特立托维斯克与德国举行和谈。一九一八年三月与德国签订投降式和约。——译者）。此一倡议自然是主张中国抄袭列宁于革命成功后为争取对德和平所使用的策略，使中国付出相当代价，文江的结论是为了和平不惜任何代价。他相信中国在军事、政治和经济各方面准备得都不够，不足以应付对日战争。在军事方面，他一直认为中国没有训练有素的军官。他常说，在中国所有工作中，他最有兴趣的是军校校长，一旦做了校长他可以训练出一批新军官。当然，他更了解，中国在造兵器方面也相当落伍，除了来福枪和轻机枪外，尚不能生产新式重武器。在政治和经济方面，他深悉中国地方割据的情形，他认为中央政府不能利用全国资源。他特别指出中国经济的不足。在太平年间，生产正常，粮食仅能自给。一旦气候失调或境内爆发大规模内战，中国就须从国外购进大批粮食。丁坚信欲想赢得战争，必须要军事与经济并重。他时常要我们注意东北的事实。在东北已经有一支中国最大、装备最精良的地方部队，但是日本并未遭到强劲抵抗，轻而易举地就占领了东北。东北情形如此，中国其他地方又将如何呢？这是他常常谈到的问题。

中国当时的情况是这样的：人民在理智方面都晓得国家没有作战准备，但在情感方面，大多数均主张早日抗战。战争气氛弥漫全国。关于这种情形，胡適博士一再地说："和比战难。"在当时，也就是说在一九三一年至一九三三年间，中国人谁能使中国对日本议和？胡適的论点对丁文江不惜任何代价争取和平的主张可谓是有力的答复。回顾一下《独立评论》整个过去历史，我敢说丁文江当时那篇文章证明了最大的勇气和最大的知

① 现多译为布列斯特-立托夫斯克。

② 现通译为布尔什维克。

识分子的真诚。我也敢说胡適博士对和平之困难表现了一个真正政治家的了解。

和这些人在一起，常常和他们讨论时事，我可以感到文江胸中的激愤，也可感到胡適心中的忧伤。胡的朋友们似乎都觉得很奇怪，他没有像文江那样公开主张和平；因为胡適认为文江不免有些“乌托邦”。问题是：当时除了这种“乌托邦”的意见外还能有什么其他的意见呢？

显然的，主战者一天天增加，我也清楚看出中日双方都迈向灾难。日子一天天过去，自由人士在日本越来越失势，迷信武力的主战者越来越抬头。在中国，反政府分子利用纯洁的人民爱国热狂，呼吁作战，而政府拿不出办法以缓和人民的情绪。我认为一项伟大的改革和建设计划或可代替人民主战的情绪，但是政府无力及此。我想《独立评论》的同事们的看法都是如此的，只是有时他们表示出来，有时不表示而已。

虽然我们都支持国联，但在一九三二年间我们却没有人真正寄望国联能采取什么有效措施。厉行和平的意愿，如果说曾经有过的话，也于一九三二年日内瓦会议中消失了。胡適除了尊重国联赖以存在的高尚理想外，还希望我们不要随便讨论国联处理东北争端的事。傅斯年对李顿调查团的姑息做法极为愤慨，因为那种姑息很明显的除了牺牲原则以外将毫无所获。至于我，我认为已经有很多国家正千方百计想要搞垮国联，如果说李顿调查团想要再挨日本一记耳光的话，中国又何必去阻止他呢。

《独立评论》的同寅从未有人梦想中国可以从外国得到援助以对抗日本的侵略。我们晓得在某些国家中可能有某些人某些团体是同情中国的，但我们也知道仅是同情是不济事的。中国有些人认为苏联可能和中国结成联盟。为了要与苏联结盟，他们要求中国恢复对苏外交关系。《独立评论》赞成他们的主张，但并不幻想苏军会对日本作战。我们只是认为中苏保持正常外交关系是应该的事。很奇怪，在中国，特别是在《独立评论》同寅中，从来没有人想到英美两国会武装干涉的。我们似乎认为美国已决心不再作战。英国也同美国一样，希望和平。此外，有些保守党党员认为年轻的民族主义的中国应该受点折磨。

一九三一年，英美的保守分子，不惜任何代价醉心于昔日“左”倾的和平理论，就好像资本主义也有意要充分证明一下资本主义者能支持世界和平似的。相反的，所有国家中的“左”派分子却彻底改变了他们自己。远在一九一八年以及一九一八年以后的几年中，“左”倾分子揭发了战争的真面目，使他们自己成为全世界最爱和平的人。到了一九三〇年，“左”倾分子一改昔日主张，反而要求战争。越“左”倾越好战。这种转变，无疑地说明了我们在防止战争与维护和平方面努力得不够。因为《独立评论》必须要讨论某些有关人的问题，所以迄未对和战问题予以论列。我们深知，在人类的历史过程中，每一个阶段，每一个阶级都与战争和建国有关，对我们说，战争似乎是一种病。届至目前为止，我们还没有发明一种可以医治它的特效药。

虽然《独立评论》同寅间都了解彼此见解不同，但外界却把我们看成是一体的，有些人甚至认为我们正在成立一个新政党。这种看法当然是毫无根据的。但外界人士却认为我们的立场是一致的。

我们之间，除了经常为《独立评论》撰稿者外，很多人不时为天津《大公报》撰稿。我们与《大公报》间从来没有默契，更谈不上正式的合作，但事实上是共守相同原则的。

我在《独立评论》和《大公报》上所发表的文章引起很多人的注意，其中包括蒋委员长。一九三三年夏季，他约我到长江中部避暑胜地牯岭去谈话。促成此事的是《大公报》的发行人吴鼎昌和蒋的亲信干部钱昌照，吴是《大公报》的创办人，也是蒋的密友，对蒋极有影响力。钱一再表示他对发展中国天然资源极有兴趣，当时正与翁文灏计划中国工业化问题。钱当时是蒋亲信中比较年轻的一个。因为他们两人都未说明是谁安排我和蒋见面的，所以我认为是他们二人共同安排的。

届至一九三三年，我已回国整整十年，在这段期间，我从未进过衙门，对任何身居要津的朋友也从未请他们帮过忙。我对政治的态度是很正常的。我认为政治并不是专为金钱和荣耀。对我说，政治只是一种工作，我认为它和教书一样的清高。凑巧我很喜欢清华的工作，而且想写一本近百年中国史。我希望它能在中国学术界奠定我的永久地位。当蒋约我时我欣然接受，这倒不是我要弃学从政，实在是因为我希望会见一位伟人。在他那方面，我想他只不过是表示一下对学者的敬意，了解一下政府以外人士对其政策的看法而已。事实上，他是正在全国设法发掘才智之士。一旦时期成熟，他就安排与这些人见面。

因为何廉博士也是被约见者之一，于是我俩同上牯岭。我们在那里停留了一周，曾与蒋会晤好几次。第一次见面只是礼貌上的。他很客气地说，湖南是出大人物的地方，因为他知道我与何廉都是湖南人。当然，在谈话时他已深悉曾国藩、左宗棠、胡林翼等人的大名。为了回答他的恭维，我说：虽然湖南过去出了一些伟人，但是现在的中国伟人却多出自浙江。

蒋的朴实生活令我深受感动。他在牯岭住的是一栋朴素无华的房子，门牌正好是十三号。尽管他的许多外国朋友劝他换个号码，但他一直都不相信那种洋迷信。他的态度极为得体，使我既不感到拘束也不致完全放纵。很明显的，我对财富和虚名都不看在眼中。我们也可以清楚地看出他有坚强的意志，对于重要工作，能够全力以赴。

在我们第二次见面时，他的秘书拿着纸笔，显然的他是准备记录我们谈话的内容。我们被延入就座，奉茶后，他提出一个问题：“你们对当前国家大事有何意见？”我认为他问此一问题的目的是要我发表意见。我谈了约二十分钟中国统一问题。首先，我提出正确结合政策和武力的理论。然后，我又说明，中国地区辽阔，风俗各异，统一工作不妨分成若干阶级进行。第一先建立一个真正核心地区，其行政要优于其他不直接属于中央政府控制的地区。我又进一步说明，因为日本已经表示对华政策趋于积极，所以中日之间迟早难免一战，中国必须早作准备。我们应该争取时间，但有些事往往无法控制。中国政治家们必须认清对日战争会使中国自然而然地达到统一。在对外战争中，爱国心和中央政府的统治力量一定会增加。他全神贯注地听我讲，一直没有打断我的话头；也没有用微笑或是皱眉来表示好恶。当我要离开时，他表示希望我再多留几天，以便再谈一次。

过了一天，他约我去吃午饭。那次午饭除了蒋的秘书外只有吴鼎昌一人在座。席间，吴先生提议最好谈一些外界对政府的批评。委员长要我坦白地讲，不要有顾忌。我说有些人对中央政府感到失望。他们希望中央政府的行政能够更有效率，希望中央政府控制的地区生活情况更能改善。但是改善生活不是一蹴而就的。有些人把中央政府控制省份和非中央控制省份的生活情况拿来比较，认为中央政府控制地区不太好。他立即问我人们认为哪一个非中央控制的省份比中央控制的省份更有行政效率。我告诉他，因为我没有到过那些省份，我不能根据人们看法来下判断。我所说的只是根据传闻。就以山东来说，在韩复榘那样头脑简单的人统治下，据说也比浙江的秩序好，比浙江更繁荣。他虽然怀疑传闻的正确性，但仍认为我所说的都很重要，认为中央政府控制下的各省应该改善。

一九三三年秋，中国驻苏大使颜惠庆博士回国。当时流行一个传说，大意是说如果中国抵抗日本，苏联愿予中国武器援助。因此，大家都推测颜对政府述职的内容如何如何。行政院长兼外交部长汪精卫约我到南京一谈。在南京我与交通部长顾孟馀，外交部次长唐有壬，交通部次长、汪的机要秘书曾仲鸣共进晚餐。在此之前我曾见过汪两次。一次是在南开时他去演讲。那次演讲非常成功，口才好，内容精彩。第二次是在国难会议时期，会议是汪召集的，于一九三三年春在洛阳当年吴佩孚练兵的营房中举行。

以人而论，汪是很有吸引力的。但他主持洛阳国难会议，讲了好多次话，我仍不能获悉他的真意所在。我晓得他是反对抗日的。然而，在他任行政院长之前，他的手下也曾发动过学生要求对日作战，以增加政府的困难。政客们为了争权会做出许多奇怪的事，但是用和战问题当作手段，我认为是绝对不可饶恕的。我们《独立评论》的同寅于获悉汪氏出长行政院时曾在一次晚餐席上坦率指出此一任命对中国的不利。我自己曾致力于阻止提前对日作战。汪为了他个人理由也不愿对日作战。但是他在野时拼命煽动战争，一旦掌权时又要大家维持和平，似乎是缺乏爱国心和对国家的真诚。

饭后我问汪，颜对苏联有何意见。汪立时回答我说就是为了此事所以才找我来商量。他告诉我，颜向他建议：政府可以用公民投票的方式让人民去决定和战问题。汪问我是否同意颜的意见。我回答说如果政府已经准备作战，想要制造一个海内外人民要求作战的印象，不妨举行一次公民投票，否则，我认为此举不免幼稚。汪表示赞同我的看法。我问他颜是否带回苏方承诺，一旦中日开战，苏联予我援助。汪告诉我颜并未带回此种承诺。

我认为汪可能是曲解了颜惠庆大使的报告，因为颜是我国最有经验的外交官，我认为他不致提此幼稚建议。为了国家利益，我希望能保持他的声望。我回到清华，迅即求救于我的同事颜的好友钱端升先生，问他汪所说的是否正确，如果不错，我问他可否到天津劝阻颜不要再提这种建议。钱和我一样，也认为颜所提的建议不妥。他前往天津。归来后，他告诉我他已顺利完成任务。颜的确提过那个建议，而且答应以后不再提起。

一九三四年初，蒋委员长从南昌行营电约我前往，见面后我感到很难过，因为蒋问我的问题和汪一样。我从报纸上获悉颜已经晋谒过委员长。显然的，他已乘机又向蒋提出同一建议。自然，我同答复汪一样回答了蒋。晚饭时，黄郛和蒋鼎文也在座，蒋问我对当时全国热烈讨论的宪法草案有何意见。宪法草案的重点是中国应该采行美国的总统制，而不采行法国的内阁制。我很清楚，一旦新宪法草案实行，总统一职非蒋莫属。问题是：蒋公于获得最高行政权后再担任军队最高统帅是否合适？我个人认为是不合适的，因此，我也就照实表示了我的看法。我又说：宪法不能完全依据理论，须要根据经验。因为我们在中国不能确知何种制度适合中国环境，所以采行一种新宪法徒然增加政治紧张而已。当时所行的临时约法与我们所可能草拟出来的新宪法就好坏论不会有出入。我认为最好是不要修改它。同席的黄郛先生，是一位老政治家。他的经验当然要比我丰富。我说完后，深感自己鲁莽，居然没有让他先发表意见。但出人意料的，他却热烈支持我的看法。当我告别蒋时，他问我将来有何打算。我说我准备休假时到欧洲去，特别是到英、德两国去考察。我准备到伦敦英国外交部及普鲁士和德国档案处去找一些资料，以便开始著述。他要我行前再去看他。

蒋在南昌的行营，可以说是当时中国真正的首都。军事行动之外，行营更致力于政治、财经措施。为了上述工作，创立了农民银行。中央公开表示：剿共工作是七分政治、三分军事。从报纸上我们获悉行营秘书长杨永泰和江西省主席熊式辉正协助蒋计划政治和经济。因为仅仅要我在某些特殊问题方面表示意见，兼以我对政治不感兴趣，于是我尽速离开南昌。

第十四章　赴俄考察与欧洲之旅

（一九三四—一九三五）

第一次世界大战结束后，德国公开一些关于战争起源的秘密外交文件。凡尔赛条约把整个挑起战祸的责任委之于德国。然而，德国伟大的出版物《大政治报》（*Die Grosse Politik*）由许多学养深厚的学者撰稿，除了剖白德皇政府对战争所应负的责任外，还对一九一四年以前的世界外交情形有所说明。德国这种公开秘密文件的举措，使英、法和苏联也起而效尤。透过此种举措，世界历史家在战后十五年内能够写出自普法之战以迄第一次世界大战以来正确的世界政治史。在公布资料时，各国政府不仅帮了历史科学很大的忙，而且也启发了世界专家们的意见。

我对这些公开资料极感兴趣，特别是有关远东部分的。在这方面，德国、苏联和法国的资料中有极丰富的材料，英国资料是令人失望的，因为其中没有日俄战争到第一次世界大战期间有关远东的资料。

除了苏联政府公布的文件外，俄国学者们还发行一本名叫《红色档案》（*Red Archive*）的刊物，其中有许多关于沙皇政府在远东的外交文件。我曾将它们译成英文在《中国社会政治科学评论》上发表。这些文件虽然替我解决了许多问题，同样的，也引起了许多新问题，而且我对这方面资料的需要越来越殷切。有人告诉我说，在莫斯科苏俄政府成立了中央档案室，把档案公开给世界学者。我找苏俄大使馆接洽，要求赴苏，到中央档案室去研究。苏联大使鲍格莫洛夫（Bogomalov）很兴奋地答复我他绝对尽量替我设法，争取使用资料的许可。他要我详细指明我所需要的资料。我提出一张明细表，其中包括：（1）关于一八五〇年缪拉维耶夫（Muraviev）在阿穆尔河（黑龙江）一带的活动资料；（2）关于义纳铁耶夫（Ignatiev）一八六〇年在北京的资料；（3）一八七〇年至一八八五年有关中亚的各项资料；（4）有关一八八五年至一八九四年朝鲜的资料；（5）一九〇〇年至一九〇一年间有关我国东北的资料。关于我准备赴苏旅行的事，除了鲍格莫洛夫大使外，我还拜晤了好几位他的部下，他们也都对我很有礼貌。暑期来临，我不仅拿到护照，而且也获得对方的许可，我可以接触所有我所需要的资料。

除了苏联的文件外，使我特别感到兴趣的是英国档案处（British Public Record Office）的资料。虽然英国政府对外交函件及使领馆的报告的公布一向是相当自由的，我认为还是有很多的遗漏。最重要的一项遗漏是一八八五年至一八九四年英国在朝鲜的外交工作情形。从我所搜集的李鸿章的资料中，我获悉英国在那段期间内曾经支持过李在朝鲜的前进政策。除非我从英国方面得到反证，我认为在朝鲜纷争中大英帝国是和中国携手的。英国政策的目标是阻止苏俄渗入朝鲜。当一八九四年九月中日之战爆发时，英国宣告中立，没有参加对日作战。英国这种摇摆不定的政策，我认为似乎充分说明了李鸿章在他逝世前六年所表现的对沙皇政府盲目而坚定的信任。我想我可以利用英国档案处的资料，花费部分假期时间，彻底研究一下中日之战前十年英国在远东的政策。

一般的说，研究中国近百年的外交关系，在一八八四年以前只需仔细研究中国文书资料就够了。但在一八八四年以后，则需中外资料并重。早期的作者写到一八八五年以前的时代，都是按照西方的方法和西方的资料而不涉猎中国的资料。这就是一八八五年以前的时代需要重新研究重新撰写的原因。一八八五年以后的情况稍有不同。在更近的期间中，西方和中国有些新文件出现，有助于历史的编写。

一九三四年六月中旬，学校放假，我急于前往欧洲。但是，我想起了蒋委员长年初在南昌时对我说的话，在我离国前应该先去看他。我不知道他在说话时认真的程度如何，我不想制造一种印象，争取好感，或是为了将来的政治前途与他建立一些关系。我先订了横越西伯利亚的火车票，预计七月中旬动身。大约离平的前五天，我接到蒋委员长的电报，要我再到牯岭去见他。我把车票往后延了一个星期。

当我在牯岭见到蒋委员长时，他想知道我的计划，他要我尽可能把时间用在苏联。他希望我能测探中苏两国合作的可能性。此外，他要我研究苏联的情况。他所用的字眼很笼统，实在说起来，似乎有些不明确。我想他不作明确指示是有理由的。他希望我从事初步了解。如果我进行得顺利，他会采取适当的行动。在当时，如果请他作更明确的指示，我认为是不适当的。但是，由于这件事是很机密的，我认为他似乎应该选一位经验比我更丰富，比我更能获得他信任的人去担任。我告诉他如此重要工作由我来担任一定不会得到实际效果，因为这不是学术研究工作。他立即了解我的困难，他告诉我他会和苏联大使鲍格莫洛夫联络，此举可令苏联政府获悉他对我的信任。

为了在满洲里车站搭西伯利亚特快车，我要经过日本控制的东北。透过一位朋友的介绍，我告诉日本大使馆我要经过东北去苏联。我没有请求任何优待，沿途日本机关也没有找任何麻烦。

在火车上我遇到威尔·洛泽斯（Will Rogers）及他的太太和两个孩子。我们迅即成为朋友，谈论了各方面问题。洛夫人对苏联人极感兴趣。当她看到穷孩子们在车站时，她就对她先生说：“威尔，把这匣子巧克力打开，给这些孩子们一些。”威尔依言而行。沿途我们看到很多强壮的苏联妇女工作。在较大的车站，火车要彻底洗刷，这些工作完全由妇女担任。洛夫人不明白为什么苏联要他们的女同胞来担任这种吃力的工作。威尔先生突然得到灵感。他随时将他在西伯利亚途中捕捉到的灵感撰成新闻稿发往

《纽约时报》。有一天，他的儿子给我看一页他写的稿子，上面写着："一个中国人了不起。两个中国人平庸。三个中国人没有用。问题是他们不知道如何合作。我在车上遇到一个中国人，他很了不起，我要向罗斯福总统推荐他作顾问。"

抵莫斯科的第二天，代理大使吴南如参事告诉我美国大使蒲立德（Willam C. Bullitt）急于要和我谈谈。因为，鲍格莫洛夫已经告诉蒲立德我要在莫斯科停留一段时间。我晓得蒲立德是最先主张美苏建立正常关系的人。早在一九一九年巴黎和会时期，他就深获威尔逊总统及劳合·乔治（David Lloya George）的信任，派他到苏联。从那时起他即不断要求美国承认苏联政府。基于他的背景和地位，我想他一定能告诉我很多有关苏联的事物。于是我欣然接受他的约请。

我们首次见面时，蒲立德省却一切客套，立即开门见山说明约我的目的。他对促成中苏进一步友好关系，特别是交通电讯方面的极感兴趣，他主张苏联的中亚细亚、中国的新疆和四川间应该修一条铁路。我对他的伟大构想感到吃惊。我不知道他何以有此想法，我不晓得从苏联修一条铁路通到中国的大后方，其重要性何在。我的确从无此种想法，我认为在当时（一九三四年秋）其他的人也不会有此想法。我对这一地区的地理环境不太了解，但我告诉他，我认为他构想的路线山峦太多，筑路非常困难。他令他的随员拿一份地图来，查看一下实际情况。我们发现的确是山地太多。他感到很失望。接着，他又提议开辟另一个交通线，经过蒙古。他提议以库伦为中间站开辟一条空运航线。我告诉他中国与蒙古之间关系非常不融洽，一旦有战争，中国恐怕无法控制。由于蒲立德所提的两项建议我认为似乎均欠实际，因此我认为他是个不着边际的人。

我们会面时，我对蒲立德说我对中苏进一步建立友好关系也非常感兴趣，我急于要先了解情况，为达此一目的，我需要获得苏方的认可。他很高兴，立即要安排在他的大使馆中邀宴苏联外长李维诺夫（ Maxim

Litvinov）或次长史托莫尼亚可夫（Stomoniakov）。他的话令我很出意料，简直不知所措。我想以他对外交的经验以及对苏联的知识，他一定知道什么是最好的方式，另一方面，我晓得苏联愿意和中国直接谈判。中国最令苏联不满的是做美国的保护国或卫星国。我应该坦白向他说明我的看法。因此，我对他的做法很不以为然。

中饭前我与蒲立德先生见面。我越想越担心。吃完饭我即刻去看吴南如，请他去看苏联外交部长。在当时，即使是吴先生，我都不能告诉他我所担任的工作性质。我请他安排我和李维诺夫或是史托莫尼亚可夫直接见面，要他不必过问我和苏联政府所谈的内容。我急需他能抢在蒲立德之前为我安排见面，因为我确认如果直接和苏联当局谈判，不使第三者介入，尤其是美国人介入，可能更顺利。吴先生很好，完全依照我的意思办理。

他安排与我会面的是次长史托莫尼亚可夫。我先问对方，苏联是否希望进一步和中国建立友好关系。史说他的政府早已表示此一愿望，现在的问题是：中国需不需要与苏联进一步建立友好关系的问题。当时我解释说，国民党与苏联之间密切合作了一个短时期后，双方关系破裂。我不想详述这段历史，更不想讨论双方的谁是谁非。我只想知道一件事：苏联是否因为过去的种种而不愿意建立未来的进一步友好关系。史立即回答说：苏联方面认为过去的已经过去。他对过去的一切不愿表示意见，不过他向我保证，苏联的政策是绝对重视现在和未来的。我说，由于我们中国人认为苏联绝不会放弃其既定计划，所以我们也希望苏联政府能同意中国按照其自己的方式发展其政治经济组织。史认为我的话非常坦率。他提醒我说：苏联和法国、土耳其等资本主义国家在外交方面非常友善。“我们苏联，”他说，“从未梦想法国或土耳其会成为共产国家，我们也希望法国和土耳其的朋友不要仅仅为了我们希望和他们建立友好关系就希望我们放弃共产主义。凯末尔有时在土耳其杀共产党人的头。尽管我们对此不以为然，但是你可以看出来，我们和土耳其仍然保持很好的关系。”他继续表示：一旦苏联政府要与中国建立进一步关系的话，那个中国一定是蒋介石统治的中国。会晤结束时他说："我们是现实主义者，我们希望中国强大、统一，而且必须是蒋介石所统治的中国。"

会面后，我认为初步试探的阶段已经过去。我向蒋委员长提出详细报告，并且建议仔细计划开创将来的局面。蒋委员长复电甚表嘉许。同时我把蒲立德的建议会晤也取消了。当他要安排我们见面时，我告诉他事已过去。对我说，我的政治任务已经完成。我认为我已自由，可以去研究历史和观光了。

我对莫斯科的印象很好。当我看到苏联人民生活很困苦时，我就感到充满了希望和进取的气氛。我看歌剧，欣赏苏联的戏院。我住在萨伏依（Savoy）旅社，那里的生活虽不豪华，但还算过得去，苏联人对我似乎很友善。但其他外国人对苏联的情况反映却是各式各样的。有一天，我在旅馆电梯中遇见国立北平图书馆馆长袁同礼。他曾在美、英、德等国家研究图书管理。他发现苏联没有一件事是对的。吃的东西、他室内的沙发、床、旅馆的沐浴设施他都不满意。至于图书管理，他认为苏联图书管理制度简直是笑话。他发现莫斯科的中央图书馆的工作人员比华盛顿国会图书馆的多一倍，但是工作却只有国会图书馆的一半。我是从西部进苏联的，我发现苏联情况和我想象的差不多。关于苏联印象的好坏，我认为要看一个人从哪个方向进入苏联而定。

在莫斯科我住了三个月，我个人没有受到任何限制，我可以参观许多机构，随便和很多苏联人谈话。很明显的，苏联最高当局正以伟大方法从事许多伟大工作。实际上，工作是参差不齐的。有一次，我去参观一个训练机构，训练人民将来到工厂中去做工。负责人告诉我说苏联大多数的村民从未使用过机械，因此，在他们到工厂前需要给予初步训练。此一想法予我极大兴趣，因为中国农民同样的也不善用机械。训练机构很大，工作也很繁杂。首先是训练农民们使用铁锤。他们告诉我说普通苏联农民在用右手持铁锤锤击钉子时，都不敢用左手拿钉子，怕锤到手。他们已经设计出一套办法来克服这种心理恐惧。其中包括在钉子上加个把手。第一支钉子上加上十寸长的把手，第二支钉子上加上九寸把手，第三支钉子上加上八寸把手。一旦农民被训练得能够正确地锤在钉子头上，就可以去掉钉子上的把手。我看见钉子上配着尺寸不同的把手。由于这种方法很妙，我禁不住大笑。任何一国的人，在习惯用手工作之后，而不敢用手去握一根钉子，实在令人难以想象。我虽然不敢说对苏联农民有特别了解，但我了解我国农民使用铁锤锤钉子的事并不稀奇，而且也不会恐惧。我认为这种训练方法一定是一个幼稚的共产党工人受了马克思教条的宣传的杰作。这是阶级意识的笑话。我想中、苏两国都有很多这样的理论家。

我和苏联历史学家谈过很多次。他们告诉我斯大林对各校所用的历史教科书不满意。他抱怨书中没有内容。年青的一代，用这种书训练，要他们明了每件事都是资本家压迫工人。为什么拿破仑要进攻俄国？是法国资本家为了要利用俄国的工人，才促使拿破仑进攻的。蒙古人为什么要进攻俄国？是因为蒙古资本家要寻找原料、市场和劳工。罗马人为什么要压迫犹太人？是因为罗马资本家的工厂想要利用犹太的工人。历史课程经过如此的教条式的编写，使俄国年轻人对彼得大帝和凯塞琳大帝[①]的成就毫无所知。他们不知道此一横跨欧亚两洲的大国是什么时候、如何建立的。他们告诉我说斯大林对空谈已经感到不耐烦，但是历史家仍然不敢写出有内容的历史。最后，他们设法要历史学家按照他们自己的意思去写教科书的内容，由共产党委派理论专家去写绪言和结论。当时我们中国也在修订教科书。因为我们书中宣传的程度不像苏联，所以揭穿事实真相也比较容易。苏联历史学家所遭遇的困难使我很感兴趣，我一直注意苏联新历史课本的编写。若干年后我看到一本。我发现这本书是按新方法写的。其中有

① 按俄语发音音译为叶卡捷琳娜大帝。

些章节很平常，和任何国家的历史教科书一样。绪言和结论是共产党的教条和阐明列宁、斯大林对苏联人民伟大的贡献。第一章叙述的是历史哲学，最后一章摘要叙述布尔塞维克革命历史。自然，斯大林所扮演的角色和列宁一样重要。托洛茨基甚至提都没提一下。如果我是当时的俄国人，我可能会追随斯大林而不追随托洛茨基。我认为斯大林比较实际。但是要全世界人相信托洛茨基对革命没有贡献，一切革命事业都是列宁和斯大林干的，实在是一片谎言。

在莫斯科有些共产党人向我表示他们希望中国苏维埃化。他们说话时的神情好似中国已经充分具备了苏维埃化的条件。我知道中国共产党在江西某些地区已经搞过苏维埃制度。为了使这些苏联人知道中国的真正情况，我坦白告诉他们：只有用显微镜才能找到中国苏维埃化的条件。他们认为我若非无知就是替国民党宣传。

在莫斯科和列宁格勒我会晤了许多苏联的中国通。他们一致谴责那些阻止对日作战的中国人，说他们是汉奸，赞扬主张作战的人，认为他们是爱国分子。我告诉他们我比他们更信仰马克思，因为我同意马克思的说法：爱国主义和战争是资本主义的产物。

当时苏联学者正忙于虚构一套理论，证明只有工人是爱他们祖国的，资本家、地主和商人都是汉奸。苏联学者自诩他们通晓中国历史，他们认为整个中国历史都说明了地主如何破坏反抗外国人入侵的战争。

例如有一天下午，苏联汉学家约我出席他们的圆桌会议，讨论问题。出席者有一位名叫米夫（Mif）的绅士。我认为他有波斯血统。但他却加入了苏联共产党。他以伟大的中国历史学者自况。他曾写过一本有关中国十七世纪革命的书，指出在那时的革命中，有一位中国将军，他是地主成分，曾向满洲人请求军事援助。这就是满洲人入主中原建立一个新王朝的原因。中国农民曾经反抗过满人的入侵。根据这段故事，那位先生建立了他的理论基础：中国农民是爱国的，所有的地主都是汉奸。这真是滑稽到极点。

尽管苏联对战争和帝国主义时时能创造出各种理论，但我们知道直到一九三四年所有的苏联人仍以莫斯科和彼得大帝所建立的帝国为荣。斯大林统治下的苏联仍然和大彼得脱离不了关系。在列宁格勒观光几天后，我在游客簿上写了以下的话："斯大林是大彼得的继承人。"导游小姐读了我写的话时感到非常吃惊。她恳求我把内容改一下。她说除非我改一下，否则她一定会有麻烦。我告诉她，上面有我的签名，一切责任由我负。两年后，我发现苏联对大彼得有一种新的礼赞。小说、戏剧和电影一致赞美歌颂大彼得。我必须要说明，在我写那句话时我很少考虑到大彼得的武功，我比较重视的是他使俄国和俄国人进步的决心。

我有好几次到教堂去，要亲自看看苏联人对共产党反宗教运动的反应如何。莫斯科和列宁格勒较大的教堂已经被关闭或改作其他用途了；但偏僻地方的小教堂仍然有人去做礼拜。做礼拜的人女多于男，老多于少。但我也看到有少数人的年龄是在二三十岁之间的。更令我惊异的是这些上教堂的人的热诚和信仰的程度。

当然，我急于要了解的是共产党革命后使苏联人民在生活方面与过去有什么不同。我所得到的答案很不一致。有些人说革命后人民的生活不论城乡已经大大改善了。另一批人告诉我，人民生活情况比过去还不如。我的问题本来是个难题。外国观察家很容易失掉重点。例如：大部分美国游客会说，因为苏联人生活情况跟美国相差很多，所以苏联革命一定是失败的。这种比较可以说完全没有把握住重点。我们不应该用两个国家来作比较。我认为我们应该比较一下革命前与革命后苏联工农阶级生活的好坏。应该比较苏联两个时代的发展，而不应该用苏联与其他国家相比较。我一直都是依照上述原则去找答案的，但是没有结果。

我到外面游览了好多次，一方面是因为我对苏联有兴趣，一方面是要打发时间。虽然离平时我得到苏联大使馆保证，可以接触我所提出的表列历史资料，但我发现当我抵莫斯科时，那里简直没有人知道这回事。我只有再查问，结果苏联外交部在一位股长的抽屉里找到我的资料表。他告诉我：他即刻将我的表送到中央档案处，以后我可以直接找中央档案处接头。中央档案处的人最初回答我说，他们还没有收到明细表；后来，又说我所指定的资料分散在各处，集中需要时间；再后，又说资料找不到。我等了两个月，对方才给我一些外交礼仪方面的资料，如中国高级官员的名片、贺年片、备忘录一类的东西，毫无价值。

一九〇〇年俄军占领沈阳时，曾从沈阳掠走一批满文资料，我和袁同礼对这批资料非常有兴趣。当加拉罕一九二〇年任驻华大使时，他曾致力中俄进一步友好工作，当时他曾答应北平中国学者把该批资料还给中国。但是是项允诺一直没有兑现。我们知道那批资料存在圣巴锡尔（St. Basil）教堂对面红场历史博物馆中。我们很希望收回那批资料，但是得不到圆满答复。

当我搭车赴法国时，一位美国朋友介绍我认识一位美国工业界大亨，他是到苏联观光的，和我同车。车在苏联境内时，他一直说“多美妙的国家，多美妙的国家”。迨我们到了波兰境内，那位美国人说：“该死的，我真不该来，我们去喝杯咖啡吧。”

我在美国念书时，就获悉许多有关德国的事。两次世界大战中间的时期，德国商人、学者、传教士和外交人员在中国未受治外法权和租界的保护，因此对中德之间的友谊很有助益。住在中国的几位德国朋友他们优良的性格和态度，给我留下深刻的印象。因此，我急于亲自到德国看个究竟。

德国城市和乡村既清洁又有秩序，这是我在任何地方都没有见到过的。整个国家井井有条。车上和旅馆服务人员礼貌周到，服务热心。

当我抵柏林时，纳粹官员们盛情欢迎我，对我非常客气。何以对我如此，我不知道。是把我当作一个受欢迎的人物吗？是因为我在中国有影响力吗？抑或是他们知道我和蒋委员长有些私人关系呢？不管是什么原因，他们的确使我停留在德国的三个月感到非常愉快。

一九三四年冬至一九三五年，我似乎在德国感到相当自由。我可以在任何报摊上买到伦敦、巴黎发行的书刊，只有“左”倾的《工人日报》（*Daily Worker*）和《人道报》（*Humanite*）二者例外。我接触了很多年轻的纳粹工人，虽然他们对希特勒热诚，但对我以开玩笑口吻的谈话仍然很愿意听。他们也时常为他们自己种种放声大笑。在柏林有一个中德文化协会。其中有一位秘书是芝加哥大学哲学博士，不知是谁把他介绍给我的，当我在德期间由他担任向导。虽然他表示忠于希特勒和纳粹，但他也承认他们犯了很多错误，并且对将来也表示有隐忧。如果他是受命向我宣传纳粹思想的话，他的确是很称职的。

我听过一次有关中国的演讲，演讲人傅朗克（Otto Franke）是一位杰出的德国汉学家，若干年前，曾在汉口任两湖总督张之洞的顾问。傅朗克当时任柏林大学名誉教授。他演讲的第一个重点是介绍秦统一中国以前四百年间中国伟大的思想家。他认为中国当时的文化足可媲美希腊柏里克里斯[①]（Pericles）时代。第二个重点是向听众说明秦国统一及控制中国的措施，如焚书坑儒等等。最后他说中国在秦以后可以说成了文化沙漠。我的翻译人员把这些重点小声讲给我听，我感到他实在是脸皮厚到极点，强不知以为知。柏林大学听众对他的演讲却很欣赏。

我曾应约到出版协会演讲。朋友们警告我，如果我要用英语，一定会使希特勒治下的德国人感到不快。但我不能用德语。如果用国语再译成德语我认为太浪费时间。我决心用英语冒一下险。演讲时，我一开始就说，如果我用德语演讲，你们听了可能认为我是说印度斯坦语；为了避免误解，我还是用英语。室中听众的反应很好，顺利解决了这个问题。

---

① 现通译为伯里克利。

我演讲的内容着重于中国的政经问题。最后我想阐述一下中国未来在政经方面所遵循的途径。简言之，我认为中国经济应该采取混合制度。某些企业应该由政府经营，其他的开放民营。政治方面，我告诉德国人说，中国可以，而且一定会再成为一个伟大国家，在国际上具有崇高的地位，但是并不想建立一个大帝国。在悠久的中国历史过程中，中国曾经做过许多种尝试，包括建立大帝国。但中国诗人对于唐代的开疆辟土、丰功伟业并不歌颂，反而有许多惨痛的描述。我们中国人对建立大帝国的确有丰富的经验，但却坚定认为建立帝国或是占领其他人的土地是人类的谬想。我的讲词译成德文并且印刷出来。据朋友们告诉我，传布很广。

戈林（Herman Goering）当时正推行他的四年经济发展计划，目标是战时能自给自足。年轻的纳粹分子在我观光时一直陪着我，他时常问我对四年计划的看法如何，我对是项计划认识不够，无法判断，但我告诉他们如果德国想要建立一条经济长城，将是一种自杀行为。同行的纳粹分子有些点头称是。

希特勒曾发起一个鼓励生育的运动。有一天我和八名纳粹在一起讨论，讨论中曾谈及控制生育问题。我告诉他们我认为中国绝对应该控制生育，至于德国控制生育与否，自然是德国人的事。但是，如果德国政府尽力鼓励生育，则其为德国人民要求更大的生存空间就更没有理由了。接着，我又问在座的每个人有几个孩子。他们每个人有三个。我自己已有四个。很明显，他们和我一样都没有彻底实行我的意见。

德国取悦于日本已经很久了。当我在柏林时，我在一家电影院看过一部名叫《今日日本》的电影片。那是一部由纳粹协助拍成的日本宣传片。谈到德国与中日关系的问题，德国人的意见非常分歧。主张亲中国的人是从经济方面着眼，主张亲日的人是着重于政治。我对我的德国朋友们说：就德国说中日友谊是不能同时并存的。少数和我接近的人表示悲观，其他的人干脆避开这个问题不谈。

当我在德时，前德国驻非总督及驻日大使苏尔夫（Solf）博士在《柏林人日报》（*Berliner Tagebalatt*）上发表一篇文章，为日本占领我国东北作辩护。中国驻德公使向德国外交部提出抗议，旅居柏林的中国侨民也表示抗议。德国的中国朋友极感为难。最后希望我写一篇反驳的文章，编者答应在苏尔夫文章同一版面刊登。唯一的条件是要我不能攻击苏博士本人。此一事件即在各言其是的情形下解决。

德国宣传部长戈培尔博士约见我。我们谈了二十分钟。谈话中他向我介绍希特勒治下德国将在德国及全世界推行的文化理想。他的话像机关枪一样扫过来。戈培尔在德国人中可能是一位伟大宣传家，但谈到文化，我认为他很幼稚。

我也见过鲁森柏（Herr Alfred Rosenbery），他被誉为纳粹伟大的思想家。他谈到他的著作《二十世纪的传奇》（*The Myth of the Twentieth Century*），这本书在柏林所有的书店中永久陈列着。我曾看过，但是含意太深，文法太难，它给我的印象如此而已。

在我和德国一般纳粹分子接触时，我发现很多善良而通情达理的人。当我见到地位较高的纳粹分子时，我又发现他们不近人情，非德国化。一九三四年冬至一九三五年，我所遇见的德国人都恐惧战争，渴望和平。希特勒最后如何将一个爱好和平的国家转变成一个战争狂的国家，我一直未能找出他所用的方法。我记得有一夜我在柏林大学一位教授家中，有一段时间他离开客厅去接电话，我只好和他的太太谈天。我偶然问她，是不是德国人认为又要打世界大战了。她说她无法回答，同时反问我其他国家人如何想法。我告诉她：各国人民都渴望和平，但国与国间却有严重的冲突。我认为未来的一切是很难说的。我说这些话本是不经心的，目的不过是使谈话不要中断而已，但她却泪洒胸襟了。迨教授回来见她太太正在哭泣，令我很感尴尬。那位好心肠主妇说我对她说可能又要打世界大战了。教授并未表示反对，仅仅安慰他的太太说不会打仗而已。

纳粹党本身当时正忙于办冬令救济。他们正从事一项劝募寒衣运动。我到一处分发旧衣服中心去参观。劝募到的旧衣服经过清洗、修补、熨烫，再按尺寸分类挂起来。主事者先替请领人量好尺寸，然后拿一套给他试。申请人也可以用粉笔记下他所需要的衣服种类，然后领一张单子，等以后有了再去凭单领取。

我在纳粹为贫民办的廉价餐厅中吃过一次饭。他们给我一道胡椒洋山芋烧肉（不是猪肉、牛肉，也不是羊肉），量非常多。餐厅负责人是一个女的，她走到我的桌前，告诉我说，她从报纸上获悉有个猎队回柏林，带回很多猎到的野生动物，她请他们捐些野味给餐厅，他们答应了，于是她就烧给顾客吃。我认为她实在是一位忠于职守的人。厅内整理得非常清洁而有秩序。

在菠茨坦①（Potsdam）附近我看过一所供工人食宿的劳工营，其中工人都是从其他地方来的青年，在柏林挖掘水沟。其中一位青年对我说，他以前是银行的书记，已经失业一段时间。自从到营中当工人，生活正常，吃得好，终日与其他青年为伍，努力工作，使他的生活又有了新希望。我看到青年们工作。他们工具很优良，并有人担任技术指导。他们告诉我，柏林市政府早就计划开那条水沟，但因没有经费，所以一延再延。我和劳工营的负责人坐下来谈，问他水沟计划的财务方面问题。很明显，纳粹为了使劳工营保持舒适及效率实在所费不赀。

若干年后当我从政时，蒋委员长交给我一份呈文，上呈文的人也到过菠茨坦那座劳工营。呈文中说，中国也应该仿照德国成立类似的劳工组织，容纳那些穿长衫、失业的善良青年。我请上呈文的人到我办公室一谈，我发现他虽深受菠茨坦劳工营工作的影响，但他并未想到经费问题。后来，有人计划实行一项志愿体力劳动计划，对象是部分穿长衫的人。

① 现通译为波茨坦。

但，仍然没有提出具体办法。该计划中没有提到技术指导，没有适当经费，没有合用的工具。结果是挫了工作人员、政府和社会的锐气。

一九三四年间，德国大力推行“寓健康于快乐”运动（Strength through joy)。这是由纳粹领导分子策划借以保持士气的一种运动。他们对此运动进行得极为彻底有效，一如作战和做工。政府和党分发了廉价的戏票要人们去看戏，组织许多远足队请人们去远足，举行运动会要大家来参加。此外，纳粹党又对工作特别优异的工人酬以假日旅行，要他们到避暑胜地或公海旅行。一天，几个纳粹工人带我到一座啤酒厂，然后又去一座香烟厂。纳粹官员在这批工人中要选出两名去游亚述尔群岛。他告诉我当选所需的条件很多，如服务期间的长短、家庭人口的多少、工作成绩的优劣等等。最重要的是外表长得要像北欧人，因为，每个到国外去的工人一定要能代表德国的种族。在香烟厂，纳粹党负责人选了一名女孩子，然后要我去选另一个。他们说他们要看看我能否看出北欧人的特点。他们对我选的人似乎还满意。当然，“寓健康于快乐”运动是为了达到某种政治目的的一项聪明办法。德国人，由于他们大多数心理天真，所以也不掩饰他们的真正动机。但，实际上这是很好的。在中国，父母、老师以及官方均认为所有的游乐都是无益的，因此都戴上一层严肃的假面具。而事实上人们不是背地为非作歹，就是为贫穷紧张所苦。

当我在德国时，曾物色愿意来中国任教的杰出学者。布尔塞维克革命后，部分俄国科学家流落到外国。许多国家，尤其是美国因此获益不少。在德国，希特勒也使许多知识分子，尤其是犹太籍知识分子的生活感到不舒服。倭铿（Hermann Ouckeu）是国际著名的历史学家，在我游德国时已被迫从柏林大学退休。虽然外国学者认为他的著作太国家主义化，但希特勒政府却认为太自由。在此情形下，我想我能为清华延揽到一批德国优秀学者。结果我失望了，因为我所要请的人，已经为英、美、加、法等国捷足先登抢先聘定了。

后来，我还是约到一位杰出的年轻犹太人，他曾在伦敦和巴黎任职于《柏林人日报》，他的双亲在文化界极负盛名。这位年轻人后来到清华教德文。他的太太是亚利安[①]族，因为嫁给他被认为搞混血统背叛种族。她欲想来中国非常困难。我有幸能帮她的忙。我和中国驻柏林公使商量，他答应帮忙。后来，她终于如愿以偿拿到护照来到中国。

另外我又与德国大学签订一项交换学生协定。根据是项协定清华与德国大学每年可以交换两名学生。我回国的第二年，两名漂亮而年轻的德国学生出现在清华校园，他们在清华学工。我很惊讶，德国人居然到中国来学工。他们到清华不久，就去看我约来的那位犹太人，用非正式的口吻威胁他，要他辞职。我那位犹太朋友把经过告诉我。我立刻请工学院长告诉他两名德国学生，纳粹对种族歧视的教条在中国是不适用的。如果说有人要离开清华，绝不是犹太人，而是那些具有种族歧视的人。此一警告很有力量，以后一直未再发生问题。这两个年轻人到清华的真正目的并非是想学工，而是想要知道当时中国所需要的机器。他们是替德国机械制造商搜集情报的。

关于这方面我愿叙述一下清华的日本学生。他们在清华读书也有一个特殊目的。其中有一个选我中国外交史课的。正巧该课前段所授的完全是中国与西方国家间的外交关系，他们天天听广东通商、鸦片战争、早期的各种条约、英法联军等等，没有听到一点有关日本的东西，非常失望。两个月后，这两个年轻日本人就不再来上课了。他俩与那两个德国学生一样，是到清华来搜集情报的。他们想要知道有关中日外交关系的授课内容。

我于一九三五年三月初赴英。最初的目标是研究及摘录未公布的有关中国资料，特别是一八八五年至一八九五年间。资料主管当局所能予我的

---

① 现通译为雅利安。

方便都给我了。不幸，英国外交部的资料仅仅公开到一八八五年。我希望把公开的期限展延到一八九五年。好几位英国历史学家都帮我忙，但一切努力均归失败。因为一八八五年以前有些未公开的资料也相当重要，所以我每天都在国家档案室（Public Record Offiee）花掉好几小时抄录及拍照资料。我替清华图书馆共复制了大约三百份文书资料。后来，因为怕战争爆发，我把这些英国资料连同我为清华购买的其他历史文献一并送往汉口去保存。迨战争真的爆发时，学校当局又把这些资料运到距重庆约十五里的北碚。很不幸，正好被一颗日本炸弹炸中，化为乌有了。

我会晤过的英国学者有韦伯斯特（C. K. Webster）教授、泰奈（R. H. Tawney）教授和鲍威尔（Eileen E. Power）教授，他们早年都到清华访问过。泰奈教授是来从事一项社会经济调查。当他在中国调查工作将完成时，我们请他到中国社会政治科学学会来演讲。我曾读过他许多关于欧洲经济史的著作，他的思想很接近费边主义。在他演讲前，我私底下对自己说，大概他要替多病的中国开一张费边主义的药方了。但在他演讲时，却根本未提到费边主义，也未赞扬英国的政治和社会制度。泰奈教授对中国问题的看法不但新颖而且毫无偏见。我一直认为他的著作《中国土地与劳工》（*Land and Labour in China*）对那时中国社会经济问题而言是一本了不起的著述。书中除了许多其他的宝贵意见外，他建议中国政府首先应该建立一个行政有效的中心区。我从他的书中撷取这种观念，尽量在《独立评论》及与中国政界人士谈话时予以阐扬。我同时想将全书译成中文。迨我到英国时，我当然想再见到他了。

在韦伯斯特教授来到中国参加太平洋学会之前，他过去在哈佛、伦敦大学的学生以及和他在会议中相识的中国人就对我热烈推崇他的人格和学识。我发现这些事先义务宣传者的宣传，对他来说，可以说一点都不过火。在清华我为他安排的宴会上，我们彼此之间就好像多年老友似的。他离开后，所有中国客人都说："他不是英国人，他是道地的美国人。"英国朋友们一旦听到这句话可能会感到不快。事实上他一点都不拘泥。他坦白扼要地表达他的意见，绝没有英国人那种吞吞吐吐的矜持习惯。和许多到中国访问的英国人在一起本是很麻烦的，他们往往令我们感到他们不是普通人。当我在伦敦时，韦伯斯特教授约我到伦敦大学和占丹公司(CLoatham House）去演讲。在占丹公司演讲时，我对中国统一以及蒋委员长的地位略抒己见。我讲得不太好，但是当时担任主席的韦伯斯特教授却将我四十分钟的演讲作了一个扼要的总结，费时仅五分钟，使听众完全明白我的意思。我对他非常感激。

鲍威尔小姐在北平住过好几个月。她的学识及为人都深获我心。从任何方面看她都是一位典型的新知识分子。我班上的女生都发誓要做个中国的鲍威尔。在伦敦时，我发现她的英国朋友也和中国人一样，都喜欢她。

在短暂的留英时期中，有一项重大的收获，那就是会见汤恩比[①](Arnold J. Toynbee）教授。自从第一次世界大战结束，他每年印发一份记录、分析世界大事的资料（《国际事务调查》——译者)。他的语文造诣和观察力都很出众，对我来说，他简直就是阿克吞[②]（Lord Acton）第二。他的学识的确渊博。但，一个人从事这样广泛的调查工作，自然在极细微的地方，也难免有疏漏的地方。详读汤恩比的著述，特别注意其中关于中国及远东部分，我发现不仅事实正确，而且了解得也极深刻。我是在鲍威尔小姐的宴会中遇见他的。大家都谈论他的不朽之作《历史研究》（*A Study of History*)。该书证明他对各期历史均甚熟稔，正如《国际事务调查》能证明他对当代各国有充分的了解一样。他的智慧实在是英国和二十世纪的一项光荣。

我首次访英是在一九三五年春。起初我讨厌伦敦。伦敦多雾多烟，令人感到不快。我也不喜欢伦敦人。他们单调而古板。我想用针戳戳他们，

---

① 现通译为汤因比。

② 现通译为阿克顿勋爵。

看看他们是不是有血。我对住过的几家旅馆也讨厌。房子古老，取暖设备不足，窗子噼啪乱响。我认为伦敦最好是遭一场天火，烧它个片瓦无存，重新来过。迨停留数周后，我渐渐对某些事物发生好感，我认为我已经变成伦敦的一部分，伦敦也成了我的一部分。所有行动困难和旅馆内的不方便感觉，都一扫而空。

我对英国的经验和对福建铁观音茶的经验完全一样。有一次，朋友送给我一小盒铁观音，并且讲了许多铁观音的好处，说那盒铁观音是珍品。他又教给我怎样泡、如何喝。我急于要尝一下。当我把它泡给朋友们喝的时候，我想一定会博得赞赏，但是初嗜起来，不仅感到稀松平常而且还略带苦味。于是只好不去理它，转换话题和朋友们去谈别的。但当我谈话时，我的朋友们有的说："嗯，这种茶并不坏。"有的说："嘿，这种茶味道很醇。"不久，大家都要求再泡一杯。我发现中国人到英国后的印象也与喝铁观音一样，开始时，很失望，渐渐的，有点喜欢，最后就热爱它了。

我到过伦敦郊外许多地方。其中之一是牛津，那儿的古代遗风和我家乡的一样，但也无碍于现代的生活。我们中国人无法避免新旧两个极端。有时候人们认为我们先人思想已经完全成熟，因此，我们现在这一代用不到多批评。有时人们认为现在什么都不对劲，这完全是过去人们思想行动错误所造成的。过去是一条束缚的铁链，我们必须把它挣脱。但英国人与我们不同，他们知道如何嘲笑伟大的过去，同时也知道如何珍视过去。

我也游览过梅洛斯大教堂（Melrose Abbey）。这所要倾倒的大教堂外貌较直立完好的教堂还美。有一件事最令我感到困惑，我不明白何以英美人不注意教堂内外气氛的不调和。很明显的，他们完全漠视了这种不调和。他们礼拜日去到教堂做礼拜，平时做事。两者在他们精神中没有任何抵触。人类的精神本来是超时间的。就精神方面说原子时代的人和石器时代的人实质上是一样的。因此，即使是古老的西伯利亚黄教也能给现代的保皇党、董事长或是好莱坞明星做某些宗教仪式。

我在苏格兰附近一家旅社住了一夜，我发现那里的客人大部分均为上了年纪的女人。晚餐后，我和同伴王博士到休息室去看报。有好几位妇女在那儿吃咖啡，悄悄谈话，天正下雨，否则我们一定出去了。过了一会儿，我开始与她们攀谈，其中有一位提出一个问题："中国老祖母整天做什么?"我说我的祖母已经超过八十高龄，她仍继续管教她的儿子、媳妇、孙子、孙女，我又进一步描述我的古老家庭中的和谐。"好啊，"其中一位老妇人说，"这样的确好极了，我们的孩子都不要和我们住在一起，即使我们免费供应他们膳宿他们都不干。我们对于孙辈最多不过有时抱一抱而已。你瞧，这座旅馆就是我们老年人的家。"

九月间，我回到清华，替《独立评论》写了一些稿子。我指出现时世界中意识形态的冲突的可怕情形。纳粹的极权主义思想对我似乎太积极，相反的，自由主义又太松懈。有一段时间，似乎全世界都倾向自由主义。十九世纪中，法国竭力反对君主政治的复活及教会统治。哈普斯堡皇室（Hapsburgs）及德国霍亨索伦王室（Hohenzollerns）治下的国家，尽管不愿意，也都采行了某种宪法，这种宪法在一八八〇年一定会受到咒诅。但到了二十世纪，顽固的独裁政权，如沙皇的俄国、土耳其帝国、日本帝国和清帝国都在新领导者领导之下尽量设法步大西洋沿岸人们的后尘。迨至第一次世界大战结束，人们突然认为自由主义是一个卑鄙的陷阱。苏联树立一个新的典型。不过，我向《独立评论》读者保证，尽管自由主义推行困难，有些地方不合时宜，但是最后胜利还是属于它的。

我在文章中也唤起人们要注意苏联与纳粹德国间的相似性。我认为它们相似之处较它们不同的地方更值得我们注意。尤有进者，我相信：虽然斯大林羡慕德国科技的进步，但希特勒也一定羡慕斯大林控制方法的成功。主要的，我是告诉《独立评论》读者要他们知道希特勒是想要用共产党的策略去反对共产主义。希特勒可能遭遇的困难是他自己不能够有节制。

第十五章　行政院政务处长时期

（一九三五—一九三六）

一九三五年秋，清华开学不久，二伯电告我说祖母去世了，希望我能回家奔丧。正巧这时蒋委员长也约我去南京。我匆匆赶到南京，向他口头报告在欧情形，然后返家奔丧。从南京到汉口我搭一架单引擎三座水陆两用飞机——中国最早的民航机。从汉口搭火车至长沙。从长沙雇了一辆汽车，因此我可以在三小时之内赶到老家，车费三十六元。搭便车的还有我九堂弟和他的太太，另外还有一大批行李。一九二三年时这段路要走五天，还不能有人搭便车。

一反家父去世时的情形，我决定给祖母念经。葬礼一切细节均由二伯做主。虽然他是无神论者，但他也不想违反传统。丧事办得很风光，大约用掉三百元。为此，卖了三十亩家田。

所有与我们有关的人都参加了丧礼。一连三天，我家都供他们膳食。从早至晚，灵堂都挤满了人。每桌八人，每四十分钟开一次席，轮番招待。在那段日子里，我们依照佛教仪式在祖先堂念经。亲友祭奠的祭礼有八十份，完全依照俗礼规定，每份都附一篇祭文。整个丧礼可以说极尽人间的豪华和精神上的安慰。我感到每位戚友都认为我们蒋家做得对。在乡间，只有在婚丧和建造房子三方面夸富。荒乱年间，为了避免盗匪的觊觎，人们可以不盖房子。但是婚丧大事不论在哪种情况下都是不能马虎的。

丧事过后，祖母的灵柩抬到墓地，送行的行列长达一里路。不仅有幡、旗和鼓乐，而且还有军乐和仪队。当时有好多亲戚都参加了军队，有一位甚至做了少将旅长。棺木下葬，阴宅是刘先生和二伯费了十年工夫所选的佳城。据刘先生说，此一佳城足可使蒋家享受四十年余荫。

葬礼过后，我和哥哥去看刘先生。他很客气，招待我们吃中饭，席间他不停地谈到祖母的墓地。他的话掺杂一些《易经》和妖言。我对他说的简直无法了解，只好闭口不谈。最后我对他说："刘伯伯，闲话少说，请您告诉我们那块地究竟有什么好处。"他说："啾！好得不得了。在未来的二十年中，你们蒋家还要继续发达。"我问他二十年后的情形如何。他说："二十年后可以一直保持原来的样子。"于是我又追问他："四十年后又如何呢？"他回答说："超过了四十年我就不敢说了。"这是他的礼貌，因为他不愿谈及四十年后我们可能败家的事。

尽了做孙子的责任后我又回到清华。此时时局紧张，战云弥漫，谁也不敢说战争什么时候会爆发。清华随时都有被夷为平地的可能。日本在平津地区已经有妥善布置，因而对其侵略准备行为也不掩饰。虽然我们照常上课，但也知道来日无多了。每系都将值钱的书籍和仪器打包南运。我们讨论清华战时在什么地方好。有些人认为西安很适当。我提议迁往湖南，因为我认为日本的侵略绝不会远及湖南。尤有进者，湖南盛产稻谷，即使日本想要封锁中国，清华教职员和学生也不致挨饿。学校当局采纳了我的建议，在长沙设立了一所战时清华。

一九三五年十一月，翁文灏从南京电告我，说蒋委员长要立刻见我。当我抵南京时，翁肯定地告诉我蒋即将出任行政院院长，要我担任他的政务处长。我根本不知道有政务处这一组织，翁给我一份组织法参考。就组织法规定而言，政务处什么都管，也什么都不管。

行政院是中国最高的行政单位。由于蒋委员长兼任院长，所以需要秘书人员辅佐他。秘书人员分成两部分：一部分是以秘书长为首，下有秘书十名。另一部分以政务处长为首，下有参事十名。就理论说，秘书长是协助院长执行政务的，而政务处长是替院长拟订政策的。易言之，一个要注意法令与惯例，一个要注意行政的效果。虽然理论如此，但事实上两部分人员都是在一起办公的。在作决定时，双方不仅都要顾到程序和法令，而且要彼此注意，以免产生不利于对方的政治效果。

第二，所有中央各部会、省及特别市的重大事务都要经行政院通过，各部长、省主席及特别市市长的公文都要呈行政院院长。秘书人员要帮助院长处理这些事务，代他分劳。公文往往由秘书长或处长念给院长听。特殊重大事件，要为院长先作摘要。秘书长和政务处长都是次长阶级，均能出席院会。

当翁带我到委员长南京郊外汤山官邸去见他时，我仍未决定我应该如何答复他。事实上，他也并未让我答复。他只给我一个命令。我们落座后，委员长说："好，我想翁博士已经把我的计划告诉你了。你的意思如何?""我没有经验，"我回答，"我不知道如何做法。""你能，"他说，"从工作中吸取经验。不工作永远得不到经验。"他一面对我说，一面拿起笔来写了一道手谕："派蒋廷黻为行政院政务处长。"我告诉他我须返清华，结束那方面事务。"啊，不，"他说，"这次我上任，一定要带所有人员一同上任，清华那方面由我替你电告校长好了。"

于是，我被内定为政务处长。翁文灏被内定为秘书长，他比我年长，不论在经验方面或是声望方面，都是我的老大哥。虽然我们在公事上是平行的，但很显然的，他是院中秘书人员中的首领。我一开始就决定把政务处作为翁的附属单位，尽量采纳他的意见。

我和翁的任命消息一旦传开，一般的反应都认为是学者从政。

行政院于一九三五年冬改组，人们赋予新行政院许多称号。有人称之为"行动内阁"，因为它包括许多经验丰富而干练的人才，如精于理财的吴鼎昌，担任实业部长；中国银行杰出的总经理张嘉璈担任铁道部长等等。也有人称它是"政学系内阁"的，因为吴、张二人被认为是政学系的。政学系的首领据说是张群，当时任外交部长。也有人称它是“人才内阁”的。因为，不论人们怎么评论他们的政治渊源，而张群、吴鼎昌、张嘉璈等人毕竟都是能员，这是谁都不能否认的。除了这些人外，还有王世杰担任教育部长。

宣誓就职日期预计是星期一，星期日我们和委员长共进晚餐共商宣布政策事宜。那时，人们最注意的是对日和战问题。经讨论后获得结论：我们必须要光荣的和平。大家认为不可轻言战争，应该继续为和平努力。委员长与其他一些出席人都明白表示和平要有一定限度。一旦有需要，行政院必须领导全国军民作重大牺牲。我提议应该从事一项复兴发展计划，以为备战或鼓舞士气之用。我认为一旦全国人民看到行政院从事大规模修建铁路，发展工业，改良农业，他们就会信任政府。负责财政的人员认为我的建议可能增加开支，最后演成通货膨胀。尤有进者，还可能引起用钱的欲望和胃口，以致无法满足。

反对复兴发展计划最凶的，竟是铁道部长张嘉璈，实在令我感到惊异。财政部长孔祥熙对他立即表示感谢。孔说他已尽力注意预算，如果再追加预算，财政部实在不胜负担。实业部长吴鼎昌也表示同样看法。我真不解，“行动内阁”的人何以如此怕行动？这些人身处政治狂流中，居然想用普通的手法去避免战争，令人殊不可解。我认为：他们不晓得主战的情绪已经达到顶点，如果不用非常方法，战争是无法避免的。我知道这些说话的人都是主和反战的。他们的行动使我明了，他们除了避免战争之外当时实在不准备做任何事。

星期一，蒋院长率政院同寅宣誓就职。首次院会于星期二举行。我清楚记得，会议开始时，大家都急待委员长的训话。他说：“我们替政府物色一个人应该像替女儿选女婿一样。”那次训话，表情和内容都令全体感到很大的惊异。委员长详加解说。他谴责过去的情形，他认为每次行政院改组，各部人事都要变动，这是不对的。“我要看几个月，”他说，“看看谁称职谁不称积。过几个月，你们可以根据这个原则有效调整，但在开始时，我们必须尽力和现在各部中的人共同努力。”此一指示以后成为人事行政上的一个准则。

帝制时期的中国，用人几乎都是沿用考试原则，所有政府人员都要透过各级考试。一九一一年，民国缔造，此种传统办法不再沿用。理由很简单，因为科举废除了。基于此种基本变化，各部工作人员已经不再是考试的优胜者，而是被委派的。每次行政院改组就意味着各部门人事彻底更换。自委员长那次宣布后，各部长认为在接任伊始就更动人事是不适宜的。

考试院成立后，人事制度开始变更。考试院是“国父”对中国的一大贡献。虽然当时人们不了解，但它的确使中国政府从基本上改观。依照新制度，公务员可以分成若干类。人们可以参加考试，考试有高普之别。高考及格者可以担任高级公务员，普考及格者，可以担任中下级公务员。依照公务员任用法，公务员依法受到保障，主管的好恶不能决定他们的去留。随着时间的演进，各部人员中经过考试的越来越多。部长能够控制的位置越来越少。大家渐渐地承认部中工作人员（至少是某种人员），需要有相当的学历和经历。有效的政府要靠有经验有学养的人员，不能靠人员对主管的顺从。渐渐地，人们认为各部人员是为国家服务的，并非是替部长私人服务的。最后，各部人事公开，不再对某个特定人效忠。这种变化是积渐的，但却极有效力。研究中国政府的人一定承认此一变化的重要性。

首次院会后，经过人事问题的讨论，委员长已经了解院会的性质。他希望出席的人越少越好。他希望讨论的内容仅限于真正重要的问题。他告诉他的属下：他希望他们能彻底自由讨论，因为他认为行政院不是客气的地方，不是空谈的地方。

我到行政院后席未暇暖，学生就来请愿，要求对日作战。因为学生赴京请愿，交通又一度受阻。仅仅请求作战，我们并不害怕。我们担心的是恐怕有居心叵测分子秘密用语言或行动在学生与宪兵队之间制造事端。一旦引起冲突造成流血事件，野心分子就会借机发动舆论反对政府。因此，行政院严令铁路当局不得载运学生至南京。同时，我们再派干员去说服已经首途的学生。政务处十名参事中有一位是端木恺，他原是一位律师，极有口才，也曾搞过学运。他仆仆于京沪路上，到处向学生们大声疾呼。有一次，委员长选了一天要接见全国各大学学生代表，说明他的政策并表示愿意采纳学生们的建议。翁和我都认为：假如我们不能解决学潮，其他的事就更不要提了。我们采取的措施终于控制了学运。

学生们返回学校后，铁路恢复畅通。有时教授及学生代表到南京，委员长集体接见他们，其他政院同寅再分批会见他们。我们暗地安排，要学生亲自去参观，看看我们备战的情形。此举，使他们一方面认为政府给他们面子，一方面满足他们的爱国心，于是他们都如愿以偿地离开首都。

公务上的困扰之外，我又来了私务上的灾难。当我在政府做“大官”的消息传到湖南老家后，许多亲戚都要求差事。求差函电雪片飞来。我请住在长沙的哥哥阻止他们来南京。我请他告诉他们：任何人我都不能帮忙，如果他们真来南京，我绝不招待他们。如果他们已经到长沙，愿意回家，没有路费的话，可以供给他们从长沙回家的路费。我认为他们要我给他们弄一份差事的念头是错误的，这完全是传统的观念。就亲戚关系说，我不帮他们忙，是欠了他们人情。但就公务员说，我不能把公职作为礼物，酬应私人。我认为把来南京的路费送给一些有需要的亲戚这是我尽了私人义务，且对公家毫无损失。我的决定使他们大失所望，但大多数都接受了钱，返回故乡。

尽管我的哥哥在长沙劝阻，但我弟弟的小舅子还是到南京来了。他高中毕业，自忖可以弄个一官半职。为了信守我的诺言，我拒绝见他，背地里找个人借给他回家的路费。但是我对另一位族人却未能如此峻拒。这位族人就是在乡间和在湘潭教过我国文的蒋老先生。他希望我帮他弄个县缺。此一请求实在难以拒绝，但我告诉他国家名器不当作为私人礼物。他可以向我要求我私人所能办到的其他的事，但是不能要求官职。我像父亲对儿子一样解释给他听。我告诉他，如果在钱的方面有困难，我一定尽力帮忙。他已届退休之年，我可以要我家送给他所需的食米，但我不能替他弄一个官。他认为我是个忘恩负义的人。但是经过多次直接和间接的解释，他也只好回湖南了。

从我担任公职开始，就没有引用过私人。亲戚们均深悉此情，没有任何亲戚凭借我的力量获得官职。

抛开品德方面不谈，从另一个角度看，我认为我的做法也是相当聪明的。如果我在开始时粗心大意，恐怕找我求职的人要大排长龙了。他们的食宿也会成为我永远摆脱不了的问题。如果我都替他们安置一份差事，他们一定会给我带来许多麻烦，以致影响我的工作。我的目的是从政，而且要在不受私人影响下从政。

因为我没有私心和家庭关系牵累，所以我做事可以没有顾虑，援引私人结党营私是不智、不实际的。我唯一要出卖的是我的智慧和努力工作的愿望。根据这种意念，我认为循一般方法处理事务会令我一无所成。如果按照我自己的意思去做，虽然也可能失败，但是将来不会使我感到遗憾。于是我决定按照我自己的意思去做，排除一切应酬。当大家发现我的生活就是如此，并非不懂礼貌，或对某个人有好恶时，他们只有接受既成事实，把我当作一个怪人。

在第二次院会中，委员长命翁文灏检查各省市县行政工作，予以督促。令我检查中央政府行政工作。这是一项繁重的工作。因为我从政经验不足，我认为当务之急是首先要对应做的工作分出轻重缓急。

我从政的前三个月，主要是研究中央政府，拟订一套改革计划。此一工作因为限于篇幅不能详述，只能在此略提一提。

首先我提议改善交通电信组织。当时我们有铁道部和交通部，两部都管公路。此外，我们有经济委员会，负责筑路事宜。我发现有许多新路应该修筑，有些铁路是平行的，有些铁路是与公路平行的。太没有计划。因为铁路、船和公路都缺乏经费，所以调整所有运输体系，我感到是绝对必要的。

例如，当时大家对空运都不太关心，没有兴趣，而发展空运却为当务之急。我把这些当作改善的对象，建议把铁道部改为运输部，主管铁路、空运、公路，而交通部主管邮政、电报、电话等业务。如此，可免架床叠屋之弊。

有一天，铁道部长张嘉璈告诉我，他想筹款买一批快船，航行于上海汉口之间。他所构想的航线，与平汉和粤汉两路有关。我问他为什么不接办已有的招商局？他回答说，此举会与交通部抵触，因为招商局属交通部。同时，如果将招商局改隶铁道部，他一定要接收一批滥船和一大批冗员。他不想找麻烦，想从头做起。

为了改革中央政府行政，我曾建议取消经济委员会和建设委员会。上述两委员会不仅彼此间职掌重复，而且与其他机构也有重复之处。

中国以农立国，但却没有农业部。中央政府有关农民的工作划归实业部。我认为政府对农民应该予以更好的照顾，对此问题我研究了好几个礼拜。其中牵涉的问题很广，必须要同时解决。举其要者如农作物及畜类改良、灌溉及水土保持、造林、改良农具、肥料、防止病虫害等均应着手进行。这需要一大笔经费，但据我判断，这是一笔很好的投资。即使从狭义的财政观点看，这都是有利可图的，因为投资到农民身上，一定会增加土地税。我认为用现代科学和技术帮助农民，可以增加生产，并可改善他们的生活。因此，我建议应该成立农林部。

我想建议集中管理办公用品。我请行政效率委员会研究有关办公用品问题，委员会提出好几份报告，暴露许多可笑的事实。例如：许多政府单位购买维纳斯牌铅笔，有的每支七毛五，有的居然高到两元一支，茶叶的数量、品质和价钱也出入很大。我想要建议集中管理所有政府机构的公用物品，但我没有这样做，因为我想在其他建议方面争取支持的关系。

依照“国父”遗教，中央政府的行政院是执行国民党中央政治会议所拟定的政策的。行政院周二院会中较重要的决定，都要送到中政会周三的会议中通过。有一次，星期二晚上我接到委员长电话，大意是要我出席次日晨间的中政会，说明内蒙半自治问题。这次出席使我有机会了解政院与中政会之间的关系。内蒙半自治案已经列入中政会议程。我向蒋院长报告说我不是中政会人员，他告诉我这没有关系。

晨九时前我抵会场，一位穿制服的人员在入口处挡住我。我表明身份说明来意。他说他并不是不准我进去，是因为我违反了新生活运动。他提醒我那天是新生活运动周年纪念。我问他我违反了什么规定。他轻轻地从我衬衣领子上取下一件东西。我发现那是一条洗衣店的号码签，因为我赶着来开会所以没有注意到。我不禁自言自语说：“嗯，这的确是个神圣的地方，我一定要特别注意。”

出席会议的大约有二十五人到三十人，委员长任主席。讨论事项很多，三分之二时间用于讨论行政院院会所提议案，委员长桌上堆着一叠文件，他逐页宣读，与会人员逐案讨论。当讨论到绥远、察哈尔等省问题时，费时很久。有些人言及康熙、乾隆处理内蒙的成功事迹，也有些人谈到日本在内蒙地区煽动叛变情形，另一批人依据“国父”遗教讲述有关少数民族的权利。讨论过程很杂乱。因为意见多，所以没有具体的方案。我听了一阵，简直搞不清楚与会人员对行政院通过的政策究竟是同意还是不同意。迄十二时，委员长宣布：“本案交行政院斟办较合适。”

尽管我对此一国家最高决策机构衷心尊重，但对这种徒具形式的议事程序也不禁好笑。第一，中政会的执掌大部分与行政院重复。第二，中政会人员讨论此类问题，其了解程度远不如行政院人员。他们的经验一般的说都很差。第三，行政院起草提案的人员大部分都不能出席中政会，因此对提案没有说明、辩护的机会。很明显的，我认为行政院与中政会的关系应予调整。

我所要提的建议简单易行。中政会与行政院秘书间要保持密切联系，中政会讨论提案时，有关部会首长亲自出席。好些朋友劝我不要多事，少惹麻烦。

委员长要我尽速提出改革中央政府的意见。首先我口头向他报告我的拟议。他很高兴，要我正式提出建议。当我草拟建议时，南京有很多议论。也有些人要我把建议中的某某部分删除。吴鼎昌不希望把农业工作从他的实业部中划出去。张嘉璈请我不要让他背上招商局的包袱。经济委员会秘书长秦汾告诉我：经济委员会做了很多事，不该裁撤。建设委员会的人告诉我：该会是张静江先生的灵魂。张与“国父”有莫逆之交，也是委员长的好友，所以建设委员会不能裁撤。最后，连翁文灏都劝我不可操之过急。显然的，有些政治压力加到他的身上，因为大家都认为他对我有影响力。我对所有的反对者说，我要把建议呈给行政院长，时机成熟，他会征询大家意见的，届时大家可以提出反对意见。因为反对者越来越多，我想最好是尽速提出报告，以免夜长梦多。一九三六年二月底建议稿完成后呈上去，我满怀热望期待它的结果，但结果令我大吃一惊。三月底，委员长命我和翁对调工作。翁负责改革中央政府，我负责地方行政改革。我认为院长对我欠公道，不采纳我的建议，甚至连告诉我一声都没有。但是一年以后当我在莫斯科时，听说铁道和交通两部真的合并了，经济委员会和建设委员会也真的一并裁撤了。

这些变动产生了一些怪现象。我实在不知道其中的底蕴。这些变动与我当初的构想完全不同。例如，新成立的农林部实际上只是纸上谈兵，前后几任部长都是军人，为了酬庸他们的功劳给他们一份闲差事，他们毫无农业经验。我真后悔当初提出改革建议。我认为当初反对我的人实在比我有远见。

但我与翁对调工作的事却是不折不扣的。人们认为翁文灏负责中央政府改革工作，至少他们可以放心了。如果换了我，说不定又会提出些新的改革方案。

当时我颇失望，由于失望，我对新工作（改革地方行政工作）不甚积极。我想：如果我不小心，可能又是一次“庸人自扰”。从另一方面说，我认为这样也好，使我对当时省、市……的行政工作能有个认识。我认为我应该把工作分成若干方面，交给适当的人仔细去研究。五、六月间，我开始物色对地方行政有经验者或曾发表过有关地方行政著作者。我要在六个月之内拟出一套标准改革研究项目，以备专题报告之用。夏季来临，二十多名学者和有地方行政经验人员到各省市去进行他们的研究调查工作。

当时的地方行政组织有三层：最上一层是省和特别行政区。省的数目随时而异。清政府时代，有十八省。当时满洲是特别行政区，最高行政官是一位满洲将军。另一个特别行政区是蒙古，最高行政官是蒙古王爷，清廷间或派人辅佐。第三个特别行政区是西藏。虽然中央政府不派人参加地方行政工作，但依照法律和传统，该区的某些工作仍须清廷最后批准。我们可以称西藏是半自治区，因为西藏较满洲和蒙古更具独立性。其他散处中国四周的独立地区也和中国有特殊关系，我们称之为属国。如果把属国当作中国的殖民地那就大错特错了，了不起我们只能称这些国是卫星国。属国更换国王时，新王一定要得到中国皇帝的同意，否则，就是不合法。历代各属国均派团进京进贡。皇帝为了奖励他们，每次都赏赐大批礼物。就礼物与贡品的价值说，皇帝是蚀本的。如果说某一属国发生动乱，也可以请求中国皇帝派兵敉平内乱，恢复秩序。此种请求从未受到中国皇帝拒绝。此外，中国政府在这些属国不驻兵，也不派官员。只要是属国太平无事，事实上等于完全自治。

这种情况在过去从未详细研究过。这与其他的君主制度国家（如英国），是不相同的。中国对属国很少用军事、政治、经济去控制。但在另一方面，如果说此种宗主与从属关系完全无所谓也是不对的。中国从未把任何一个属国合并，纳入中国版图。近三百年来，中国也未再致力扩张其领土，仅致力于睦邻。只有在为了保持和平秩序有必要时才去控制域外的地区。总之，中国不欲任何外力经过卫星国家而接触到中国。在保卫边疆方面，的确是为了它自身的安全，很少考虑到疆域的大小问题。

在我受命筹划地方行政改革之际，属国的制度早已不存了，满洲的地位也变了，省份增加了，但一般的行政区划，仍然沿用清代遗规。每省划成五至六个行政区。每个行政区再划成九或十个县。行政区是地方政府中间的一层，县是更下一层的地方行政组织。

在考虑调整地方政府时，第一个问题是我们应否继续行政区的制度。行政区是清政府时代创设的，当时认为省太大，省主席（当时称巡抚）无法监督几十个县，所以省与县之间设置一个行政区衙门。可是行政区衙门是非常不健全的，它的职掌很含混，也没有相当的执行机构。但是如果我们取消行政区这一级地方政府，则省级政府的负担势必加重。因此，如果取消行政区，则需要将省区缩小，增加省主席人数。此举还有另一个好处，当时情形是有些省份太大，在财政与军事方面足可据地自雄，对抗中央。如果省区划小，中央政府可予省政府更大的自治权，不必担心它们不服从中央。

其次是关于县的问题。每省均有省委员会，由委员若干人组成，如：民、财、教、建等。这些省府委员相当于中央各部部长。现在，我们认为县也应该有类似的人员处理有关业务。过去的县府组织太简单，以致不能应合时代需要。我不想说得太详细。事实上，直至我从莫斯科回来第二次重任政务处长时，我才开始改革工作。

当时，除以上工作外，委员长还要我与苏联大使馆保持密切联系，密切注意中苏两国关系的发展。一九三六年六月间，外交部长张群报告驻苏大使颜惠庆坚决请辞。

那年，正式院会改在周二上午举行，非正式会议（俗称小型院会）于周五下午在委员长官邸举行。小型院会中只有孔祥熙、张群、吴鼎昌、张嘉趮、王世杰、何应钦、翁文灏和我出席。秘书及书记人员均不得列席。六月底某次会议中，外交部长张群提名吴鼎昌、顾维钧及外交部次长徐谟等人出任驻苏大使，孔祥熙又增提了王正廷。会中讨论上述提名人选究竟何人适当。最后，委员长转身对我说："廷黻，你愿意去莫斯科吗?"他不等我回答，继续说："你考虑一下，三天内答复我。"出席者对委员长的提名均表赞成。最热烈的是吴鼎昌。

不久，翁文灏来看我，他说委员长极盼我能接受任命，出任斯职。作为我的朋友，翁警告我说：那是个费力不讨好的工作。但他劝我接受。我告诉他如果能让我多考虑一些时间，可能公私都能有益。

我在南京继续工作。因为溽暑炎热，经决定政府下级人员留京办事，部次长级可以轮流到牯岭休假一个月。翁决定七月休假，我决定在八月。因为委员长整个暑期均在牯岭，所以院会也决定在该地举行。此种措施，原是权宜之计。事实上，很不方便，特别是牯岭与南京间长途电话不畅通时为然。

一九三六年夏，行政院作了很多重大的决定，其中最重要的一项是征收所得税。财政部所拟所得税法，系吸取了西方国家过去的经验，税率是累进的。由于中国历来一般人们都习于隐匿收入和财产，所以是项税法很难推行。隐匿收入和财产的目的不仅是为了逃税，另一个目的是怕被敲诈、勒索、抢劫。

在过去，很少有人在地契上用真名的，多半是用假名，刻一个图章，以代签名。结果，一个人可以有很多个图章，有很多个名字。在中国，有些县份地籍册子上的名字比全县实有的人数还多。同样的，一个人将款存在银行里，也可以不用真名，刻一个化名图章作印信，也可以用化名创立公司行号担任股东。

如果利用很多名字就能隐瞒一个人的真正收入，则所谓累进税率者不过是徒具虚名而已。当所得税法草案呈到行政院时，实业部长吴鼎昌立即指出其中的缺点。为了克服缺点，吴建议行政院应该向立法院提出法案，规定全国人民只能用一个名字置产收入，只有这一个名字才是合法的。吴建议：凡是不按上述规定的，法律不予保障。换句话说，假名下的财产政府可以没收，别人也可以占有。会中很多人都认为吴的意见太难实行。认为应该增加其他附款，以策安全。为了满足那些反对者，又增加了一项附款，规定人们可以用化名置产，但化名与真名应同时在政府登记。依此规定，财产所有人可以财不露白，而直接税局又可知道他的实际收入情形。

我认为：吴的财产登记法案，实在是中国财政革新中的一大进步。因而我尽力促其实现。虽然我到处游说，搞公共关系，但我发现舆论方面多不支持。各大报纸对此均不置评。

在结束此事之前，我要把话扯远一点。是年秋季来临，我离开行政院，前往莫斯科。待一九三八年春我再回行政院时，我第一件事就问起上述的财产姓名法案。令我非常沮丧，我发现该法案仍搁置在立法院。我想向有关立委提出郑重备忘录，责他们怠忽职守。处中参事建议我，认为此举不切实际，最好还是重新来过。为了避免院与院间的不协调，我接受了他们的建议。后来，财产姓名法草案，终于完成立法程序。我认为我打了一次大胜仗，事实上，该法依然未能破除我国的旧传统。一个国家没有健全的所得税制度，在战时等于自动解除武装。我认为中国当时就是如此的。

任何一个国家均不能将其政府全部职掌毫无遗漏地列入宪法，任何一个政党都不能够彻底实现它的竞选诺言。实际上，政府永远是受人和环境的影响，受政府人员勤惰的影响。总之，政府的重点是政策、人、组织，以及国内外相关的因素。政府如同一条有很多支流的大河，在不同的时空中从来不会发生完全相同的情形。我当时虽是政府一员，但如果自谓对一九三六年中国行政有彻底了解，那真是愚不可及了。中国政府实在太大、太复杂，任何一个人都无法了解它的全貌。不过，为了供将来参考，我愿在此谈一谈我当时所了解的中国行政工作。

行政院院长办公厅办公人员约有三百人，其中三分之二都是书记人员，六十位是半书记半专门人员，二十名是专门人员，他们的知识与经验堪供决策参考。办公厅每天收文平均九百件，发文约五百件。收发文中有百分之五需要我过目，百分之五中，只有三分之一需要加注意见。其他需要我签字的，由一位参事替我代签，盖我的橡皮签章。翁文灏埋首于办公桌上的时间比我多，每天看的公文较我多。我和翁所处理的公文，只有五分之一需要呈院长核夺。

办公人员分三科。一件来文（可能是电报、函件、便笺、呈文等），首先由主管科处理，半专门的办公人员注明日期、有关法令，有时签注指复意见。接着主管科将原文加签呈送到主管组。每组由一位较高级秘书或参事兼任组长，负责审查主管科的签注意见。如果他同意主管科意见，只要签个名就可以了，如果他要修改，就需再加签条。

经过科组处理过的公文，送给持有我签章的参事。他要决定哪些呈我过目，哪些盖章后退回主管科归档或答复。翁文灏是由一位高级秘书替他担任类似的工作。

我开始进行政院时对科组人员工作的好坏，很少表示意见。我认为他们都是官僚，后来，出我意料的，我发现科员们能以清楚、简练而恰当的文字，将极复杂的问题扼要地叙明，他们都能奉公守法，谨慎任事。不过他们处理公务的方式是完全遵循往例，很少有人去冒险改弦更张的。我很感谢他们，因为他们的签条提示我知道过去类似的事务是如何处理的。不过也有很多谣传，说政府机关贪污腐化的，也有批评科员太保守、太拘泥小节、太好玩手段的。据说一个有经验的科员能够钻法律条文的漏洞，用油腔滑调的方式改变了公文的原意而不为人觉察。就这些批评说，只有很少数是对的。如果有人肯研究一下所有政府机关科员的签条，一定会发现大多数都是公正的。根据我在行政院的经验，我敢说我们中国并不缺乏使政府发挥效率的人才。

虽然科员忠于例行公事而且平均都很称职，但组里的人员却参差不齐。有些怕负责任，遇事草草了事。另一批人摇摆不定，不是舞文弄墨，就是乱搞一通。行政院中有些参事和高级秘书人员却是严肃、正派、很有政治才干的。他们默默中的贡献虽然不为人知，但却是不折不扣的。

中国行政工作的困难很多。有些我已在院长办公厅中亲自体验过了。第一，中国语言很不方便，直到现在我们还未发明高速抄写和复印的技术和机械。于是所有的文件就不得不用手缮写。电话是很好的传达工具，但在一九三六年以前，尚未被广泛利用。有一天，碰巧我看到一份有关国歌的呈文。有一个童子军团向行政院院长办公厅询问是否能够买到印好的国歌词谱。行政院正式将原案交教育部。教育部又分令许多出版公司。行政院等了两个月，才接到教育部的答复，说明它没有找到印歌谱的出版商。行政院再正式答复那个童子军团。我问科组人员：类此事件可否用电话来处理，他们说：可以是可以，但是不习惯。

第二，公文处理的方式像宝塔一样。按规定：处理公务时科不能直接对外，只有最高级单位始可对外。结果，所有公文都要在这个宝塔中的每一层中旅行一遍。虽然利用图章的代批制度可以减少一两个层次，但在理论上，每件公文，不论性质如何，都应该由宝塔的最下一层，循序送到最上一层，再由最上一层送回最下一层。

对这种缓慢而无效率的官僚政治，人们有很多抱怨。其所以缓慢，第一是因为语言文字，第二是因为宝塔式的公文处理方法。这不是某个人的错误，也不是因为办事人员的懒惰。因为一件公文从拟办、叙稿、呈阅画行到缮发，整个过程需要很长的时间。但是，改善是有可能的。我认为这并不是绝症。在谈到我第二次任职行政院时，我将提出我的改革意见。

另一项不良行政程序也很浪费时间。依法，只有行政院长才能对省主席及特别市长发布命令。如果教育部长要省教育厅长办某事，他必须先请院长命令省主席，再由省主席转令教育厅长。如果卫生署长要某特别市市政府采取某项紧急防疫措施，他不能直接命令市府卫生局长，必须先呈请行政院，命令有关市长，再由市长转令卫生局长。本来过去有一段时间中央各部长是可以直接命令省市有关单位的，但其弊端是中央各部命令往往互相抵触。以教育部长为例，他命令教育厅长增设学校，但可能财政部长却命令财政厅长不得增加开支。为了避免中央各部命令互相抵触起见，经省市长要求，行政院核准，只有行政院始可命令各省及特别市市政府。如此一改革，并未收到预期效果。

地方行政中不理想的地方还很多。最重要的是中央政府于制定政策时，很少事先征询省市首长的意见。虽然政府对舆论的态度逐渐改进，但中央政府部分官员仍然不愿公开讨论。其实，我们不应将许多政务视为机密，认为不能公开。其次，省市首长所接到的行政院命令，都是一些死板的法令规章，命令的主旨只有靠揣测才能明了。这是由于官员们的习惯和政府的性质所使然。

其实，中央政府对地方政府的困难是相当了解的。中央政府人员有些出身于省市，因而他们有省市的行政经验。尽管有时他们外表好似找地方政府的麻烦，但事实上他们还是体谅地方政府困难的。但各省市的情况不同，某一命令适合于甲地未必适合于乙地。尤有进者，如果某一项工作中央和地方都有困难的话，中央人员当然是先顾自己，而把困难留给地方政府自己设法去克服。因此，中央政府命令地方政府做某项工作时，往往不指示具体可行的办法。

我进行政院不久，有一次看到桌子上有一份安徽省主席刘镇华的呈文，文中详述过去三个月他们接到的命令，并且详细说明执行这些命令所需的经费。他又说明他没有可以运用的经费。如果他要执行上级命令，只有两个途径可循：一是请中央拨发专款；另一个是准许他增税或发行地方公债。他谦恭地请求行政院长指示他如何办理。呈文用语非常客气，但是一点效用都没有。中央政府人员事先毫不考虑下级执行机构的困难，而任意发布命令，此种情形令我很感意外。我把刘主席的呈文列入政院会议议程。讨论结果，有些工作拨发了专款，有些经决议取消。

政府人员都喜欢责难别人，互相指责是常见的事，此种情形在中央与省市政府间尤其风行。中央政府人员怒责地方政府人员无能，反过来，地方政府人员也抱怨中央政府人员漫不经心，没有头脑。

虽然中央各部会与行政院之间的关系与地方政府一样，但前者在首都，且能出席政院院会参加制定政策，所以，一般的说，待遇较后者为优。但他们也并不全是快乐的。他们永远要求加薪。政院对此要求，或完全拒绝，或仅仅增加少许。他们永远认为工作太重，要求增加员额。政府对此一概拒绝。每个重要部会都认为他的工作是最重要的，为了彻底完成重要任务起见，必须要增加职掌和权力。我在行政院最棘手的工作就是调解部会间的权限之争。

在财政工作方面，我的基本原则是请院长支持财政部长。我认为：除非院长如此，则财政部长将成为众矢之的。因此，有些事我比财政部长本人还要卖力气，大家认为我实在是个傻瓜。好几位朋友都劝我放弃上述的原则，因为省下钱是公家的，得罪人是私人的。然而，在那段时间中，不仅可以看出我的见解正确，而且也可以看出我的为人公平。当时人们都很讨厌我，但我敢说没有一个人把我当作他私人的敌人。

调处部与部间争论及协调有关部会间共同的工作，需要召开很多会议。设使所争论的问题非常重要，就需要我或是翁文灏担任主席。否则，就要派一位参事或高级秘书任主席。在会议中，我们彼此讨论，直至我们达到协议为止，有时我们找不到满意的解决办法，只得将问题提出院会或请院长作最后决定，但这种情形不多。

需要政院决定的政务，虽然法律已有明文规定，但是也有相当弹性。翁文灏的主要工作是排会议议程，使院会对议程中的重要事项予以适当的讨论。同时为了执行政院决议而发布适当的指令。

议程印在一本油印的册子上，内容分两类：普通的和机密的。每类之前都附有报告。依法，只有某些事始可向行政院报告。报告后面是讨论事项，其中大部分是各部会提案。行政院会议大部分都是讨论此类事项。讨论开始是由提案的部会首长宣读提案的原文。如果翁和我有意见，于读完时我们立刻把意见附加到提案原文上。签意见时要很小心。我们可以采取以下各种方式：我们可以签：经过仔细考虑，建议采纳原提案；我们也可以签：由于本案只注意到某方面问题，忽略了其他方面，因此，本案应予修正；我们也可以签：基于法律及政治原因，本案应予重新考虑。后一种签法当然是客套，实际上，就是否决了原提案。

我们附加的意见条，受到相当的重视。因为提案者只考虑到他一己的目的与利益，而我们却能照顾全局，考虑到其他部会的观点。尤有进者，因为原议案往往是冗长不堪的，而我们的意见条却提出其中重点。此种方式使阅读者心理上有好感。行政院会议，往往时间很短，因此，都欢迎我们简洁的意见条。有时，院长和与会各部会首长看到提案长达四五页，而我们的意见条只有短短的几行，就说："只念一下附签的意见条就好了。"如果提案者接受我们所签附的意见，一切自然顺利通过。如果提案者不同意，我们彼此之间就会有一场口头辩论。

就某种意义说，实际上是我们的签条左右了中国的政治。但是，我们可以保证，绝对没有滥用权力的地方。有时我们要先请示院长，然后再加签。有时，对案情不够了解，我们根本就不签意见。

在院会中，因为每个与会的人均有机会发言，而时间有限，发言人绝不可浪费时间，言词要清楚，简单扼要，而且要争取他人的好感。所有的话都是讲给院长听的，因为最后的决定不是表决的，而是由院长个人决行的。依照法律和传统，中国行政院的部会首长颇似美国的国务卿，而不像英国的阁员。

第十六章　出使莫斯科

（一九三六—一九三七）

当我出使苏联的消息公布后，各方都寄予厚望。朋友、公私团体，予我一连串的招待，每次聚会中，大家都希望我、要求我能设法使苏军与我们并肩作战，抵抗日本侵略。他们相信我一定能进行此一重要工作，他们希望，不仅是进行，而且一定要完成此一工作。这些聚会中所表现的，反映出一般人的情绪。舆论日渐主战，而且认为苏联会介入我们的抗日战争。这有很多理由。

虽然中日两国政府尽力制造谈判气氛，但在中国的日本军队却继续向中国政府和人民挥动他们的铁拳。因为日本不愿减轻中国对日本的仇恨，很自然的，中国的舆论也只有主战一途了。

苏联驻我国大使鲍格莫洛夫（Bogomolov）很巧妙地煽动了这种战争热狂。他与中国领袖，政府方面的和民间方面的，频频接触，示意苏联准备予中国所需要的援助。他慷慨承诺，特别是对民间领袖，更是满口应承。虽然他对政府人员说话比较谨慎，但也获得相当的成功，使他们都寄望于苏联的援助。我的任命正式公布后，鲍格莫洛夫用极肯定的口吻告诉我，苏联甚至可以接受建议，订立互助条约，他并没有谈到互不侵犯条约。

很明显，鲍格莫洛夫希望中国尽速对日作战。他还表示：苏联可以，而且也应该给予中国实际军事援助。我当时，甚至直到现在，我都不相信他是蓄意欺骗中国的；不过我当时，甚至直到现在，我也怀疑苏联政府会授权给他，对中国政府作超出互不侵犯条约的承诺。他对苏联介入远东战争有他自己的理由，而且尽量想要达到他的目的。我猜想鲍格莫洛夫和他的同志是认为日苏在远东的战争能够使斯大林垮台。我对自己的猜测虽未证实，但也未获反证。我在此处予以说明，其目的是希望日后学者们能想法子找到证据。

一九三五年，中国发生了所谓“统一战线运动”，此一运动有两个目的：其一，停止中国反共运动；其二，对日作战。中国所有的反政府人物，军事的和政治的，都参加了统一战线。大多数加入者都是为了爱国，少数人是想要打倒蒋委员长，“阻止中国统一”。统一战线公开宣布，中国一旦表示需要，苏联会立即准备对日作战。

尽管有鲍格莫洛夫的保证和统一战线的叫喊，但我对苏联的援助并不寄予厚望。我认为：苏联似乎尽可能地在保持和平，因为他需要在和平中完成他国内伟大的建设。根据一九三四年访苏时所得的印象，我相信苏联可以从保持和平中得到更大的利益。

然而，苏联东西两方都受威胁。一九三六年，我还不能肯定究竟是德国还是日本谁先对苏联下手。我认为斯大林一定认为德国的威胁甚于日本，因为苏联在欧洲地区较之亚洲地区尤其重要的缘故，即使日本能够占领了西伯利亚和乌拉尔一带，苏联还是一个强国；但是，一旦德国占领了苏联欧洲的领土，苏联的根本就动摇了。这两条战线的重要性可以从苏联的驻军情形清楚看出来。苏联在欧亚两线的驻军人数是三比一，此一事实即可说明重点之所在。

因为上述的轻重关系，我们中国人不能希冀苏联牺牲自身利益来帮助中国。不过，苏联面对自己的危险，一定急于争取友邦的援助倒是真的。因此，我对出使苏联一事，是将成功的希望建立在苏联自身的需要上，而非建立在苏联的慷慨上。在呈委员长的秘密报告中我曾指出：中国与几个国家（包括苏联）结盟的机会比中苏两国单独联盟的可能性大。我们在考虑中国需要时，必须同时要考虑苏联的需要，否则，外交是无从进行的。实际上，我所提的建议乃是成立一个反日联盟。

对中国说，与日本作战乃是生死交关的事。我建议中国要倾全力以赴。我认为：根据苏联的力量估计，他最多只能提供百分之三十的力量。尤有进者，我很清楚，苏联的援助程度还要视英美的援助情形而定。我并未把法国计算在内，并不是我不希望法国援助，因为我认为法国必须将其全部力量集中在欧洲之故。

我并未异想天开认为中国，乃至于我个人，就可以组织一个反日大联盟。即使各方面都答应合作也是困难万分的。我对自己的构想并不乐观，但与苏联单独结盟，我认为似乎毫无希望。我的报告除了委员长外只有翁文灏看到过。

一九三六年十月二十一日我离上海，二十五日夜抵海参崴。我本想在海兰泡能停留一下，因为苏联远东军区司令布鲁辙将军（V. K. Biüecher，按即加伦将军）的司令部在那里，委员长要我转送一帧签名照给他。但，苏联驻海参崴的外交部代表告诉我，苏联政府希望我能按时赶到莫斯科，以便出席红场的革命纪念会，列车长已接到命令，要尽快把我送到莫斯科。因此，我只有打消拜访布鲁辙将军的念头。事实上，虽然我于十一月七日赶到莫斯科，但为时已晚，仍然没有赶上红场庆祝大典。

驻在莫斯科的外交团体成了苏联大海中的孤岛。苏联严禁人民与外国外交人员来往。此种情形所产生的结果，是使外交人员彼此间越来越亲密。他们好像成了一个大家庭。外交团体普遍反苏，对苏联的政策以及其种种措施没有一个人称赞的。如果苏联政府殷勤招待我们，大家会说：“何必多此一举。”如果屋顶漏水，水龙头不管用，大家都认为是苏联没有行政效率。那些对沙皇时代俄国有一知半解的外交官常常向我描述旧时灿烂的文明和人民的幸福。他们一再警告我不要去上共产党的大当。

当时苏联报上连篇累牍的都登的是西班牙内战的消息。十一月七日革命纪念会中所喊的口号也都表示同情并保证支持西班牙国内的“民主”党派。西班牙内战的孤儿被收养了，许多是苏联人自己的。苏联对西班牙的事有如此高的兴趣，令我感到不解，使我要探听更多的消息。我所得到的回答非常不同。

有一种说法是说苏联想要在西欧挑起一场大战，于是英、法、德、意均会卷入，他们既倾全力于欧洲，就无暇顾到苏联了。另一种说法是说斯大林遭到了困难。据说事实上斯大林并不是像一般人所想象的那样的独裁者，他必须对国内外的意见予以相当顾虑。如果他不管西班牙国内的斗争，苏联的共产党就会谴责他没有遵照列宁的路线，其他国家的共产党也会对第三国际失去信心，不再将莫斯科当作世界共产主义的圣地。处于这些情况下，斯大林对西班牙共和政府至少要予以象征性的援助。但为了避免开罪英、法，他也不敢予以有效援助。

有人进一步认为：某些苏联驻西班牙和西欧的外交人员有意在西班牙煽动革命，以使苏联陷身其中，因而造成一个巨大的国际动乱，借机来动摇斯大林的统治地位。那些希望苏联保存实力以待异日对付德国的人，均对克里姆林宫的做法表示悲哀。据说苏联在西班牙的政策已经开罪了法国人，严重地影响了法苏互助协定，使法国只有完全信赖英国。也有人说，检讨苏联在西班牙的政策，法国发现他与卫星国之间越来越不协调，因此使他开始认为与德国建立关系可能更符合它的利益。

抵莫斯科不久，苏联外交部邀请外交团到布尔什（Bolshoi）戏院去观赏歌剧《卡门》（*Carmen*）。《卡门》的音乐是法国情调的，故事是西班牙的。法国大使考朗德（Robert Coulondre）对李维诺夫幽默地说：“嘿！李维诺夫先生，你拿法国、西班牙的东西来招待我们哪。”英国驻苏大使契尔斯顿（Lord Chilston）竟然向李维诺夫告罪，中途退席离去。不久考朗德也提前退席。这时，李维诺夫算是抓住了机会，他说：“至少在交际应酬方面，法国也用不到以英国马首是瞻吧。”

我到莫斯科不久，戴维斯（Joseph Davis）出任美国驻苏大使。我们很快成为朋友。虽然美国是世界上最资本主义的国家，但戴维斯还是发现了苏联有很多可以称道的长处。不过，他也向大家表明，他认为自由主义是最好的政策。甚至他发现苏联的生活方式是可厌的。有一天，当我拜访他时，我发现在我们谈话时，他不停地用铅笔击打桌子，很像中国和尚敲木鱼念经。看到这种情形，使我有些不解，后来他告诉我这是防止苏联特务“格别乌”（GPU）录音和窃听的最好办法。尽管戴维斯已经派美国的电讯专家检查过美国大使馆，但他仍不敢确信墙中没有苏联秘密布置的窃听、录音设备。我对苏联是否在中国大使馆布置录音、窃听设备问题不想去侦破，因为我相信在这方面我不是苏联特务的对手。戴维斯和我很想在不受特务及窃听设备干扰的情形下，自由自在地在一起谈。起初，我们想可以在乘汽车时谈，但我俩都不敢确定我们的司机是否是特务。最后，我俩决定去旅行，但当我们下车时，马上就有四名特务朋友跟上我们。

我决心不使苏联特务扰乱我平静的思想。我深知：我对苏联的社会和经济情况没有资格去批评。因为：第一，我对苏联了解得不够；第二，我自己国家的情况也糟到极点。尤有进者，有些和我接触过的苏联领导分子都予我相当良好的印象。例如：加里宁（M. I. Kalinin），苏联名义上的领袖，在我第一次到莫斯科时我们就会过面，而且一起干过杯。他的态度很民主，不分尊卑阶级，待人一视同仁。在向他呈递国书时，我对他和李维诺夫表明我不大喜欢错综复杂的外交。加立刻安抚我说：“不必担心，我们都不是职业外交家。如果搞外交，那是因为事实的需要。以我说，我很喜欢按照我自己的路子去办外交。”过去，他当过铜匠。很明显，他曾读过很多有关中国的书籍，对于我国的资源非常清楚。除了对未来中国表示信心之外，他又很和蔼地说：“我们苏联人希望中国富强，越强越好。”

我常与李维诺夫晤面，有时为公，有时为交际。如今当我回想起当年在莫斯科时，我认为李维诺夫是两次世界大战期间最伟大的欧洲政治家。

可能是他率直而锐敏的个性，令我对他激赏。

我出使苏联是有固定目的的，因此，尽速开始我的真正工作。我对李维诺夫说，我是受命协商中苏两国进一步关系的。开始时他说，他要等鲍格莫洛夫回来，事实上，鲍格莫洛夫已于我抵莫斯科的第二周返抵莫斯科。苏联政府在考虑与中国建立进一步关系时需要就商于苏联驻中国大使，我认为这也是合理的。但，鲍格莫洛夫回国是出席全国代表大会的。直到十二月初，我们才开始正式谈判。

鲍格莫洛夫在莫斯科也和在中国时一样不断地煽动中苏建立进一步关系。我告诉他：中国对单纯的中苏互不侵犯条约没有兴趣，因为这种条约不足以符合苏联的真正需要。显然的，两国都不会担心受到对方的侵略。我们不需要互不侵犯条约，我们需要的是积极互相援助的条约。鲍氏同意我的见解。他说他的政府将有限度地采纳我的意见。他的回答似乎非常诚恳。我问他如果德国进攻苏联，是否能迫苏联从远东撤退军事力量。他认为不会。我问他：苏法盟约对此是否有影响？因为我认为法国可能切望苏联将其全力置于欧洲。鲍格莫洛夫说，法苏条约对苏联在远东的行动并无限制。

当我与李维诺夫开始谈判时，我发现他与鲍格莫洛夫的看法不同。李表示，一旦中日开战，他对中国不作任何军事援助的承诺，因为：第一，苏联必须西线绝对优先；第二，苏联援助中国的承诺会引起西欧的怀疑，使苏联遭到更大的困难。尤有进者，他指出：远东的局势需要英美的合作。如果苏联表示积极希望中日开战，必将减弱英美对中国的同情。苏联决不能走在英美的前头。不过，李维诺夫要我相信，如果其他列强同意，苏联也决不落后。

事实上，李维诺夫对局势的分析几乎与我不谋而合。他最大限度是同意缔结一项互不侵犯条约，基此条约苏联将贷款给中国购买苏联军事装备。他提议条约谈判的地点要在南京不在莫斯科。因为我认为这种条约没有重要性，也不想在莫斯科谈判。

从李维诺夫对我个人的谈话中以及根据我自己对情势的了解，我认为互助条约式的中苏联盟已经毫无可能。我将结果报告给委员长，并建议应按我以前建议的路线采取行动，进行与多数国家缔盟。我担心国内其他人士会执着苏联准备对日作战的观念。因此，在报告中，我进一步建议应该派遣其他官员，特别是孙科，尽速到莫斯科来，亲自了解一下与苏联缔结军事联盟的可能性。

后来，戴维斯自愿说服李维诺夫与中国缔结较互不侵犯条约更进一步的条约。有一天早上大约十一时左右，戴维斯问我是否可以与他共进午餐，因为他有一些很重要的消息要告诉我。午餐前我赶到美国大使馆。落座后，饮料上来，戴维斯说："今天早晨我和李维诺夫争论得很凶。"戴与李争论的焦点是哪一国（苏联或美国），应该首先军事援助中国。我聆听了戴维斯与李维诺夫的谈话内容后说："你们双方都对，也都不对，我认为你们两国应该同时采取行动。"

一九三六年十二月十二日，我的馆员和他们的太太于晚餐后在客厅闲听广播时，突然有人要我不要说话，注意广播。我们听到蒋委员长在西安为张学良部队所劫持的消息，此一广播令我们感到震惊。午夜我的一位秘书呈给我一份外交部电报，电报内容与广播相同，另外又说张学良要求停止剿共立即对日宣战。次晨，我又接到一份较详细的电报，是由孔祥熙和翁文灏联名拍给我的。孔于蒋被劫持后代理行政院长。电报中说，空军侦察西安地区的结果，发现张学良已在西安各处升起红旗。同时要我请求苏联出面协助平安释放委员长。

《消息报》和《真理报》，均以显著地位刊登西安事变消息。他们对中国表示很友善，声明中国面对国际上的危险，一定要团结统一，而且只有委员长能领导全国。如果改换我来写这篇新闻稿的话，恐怕也不会比他们的更好。但在结尾时，苏联记者对西安事变的解释却是莫名其妙的。文中说：张学良是和汪精卫合作的。我熟知他们二人。他们的政治见解，南辕北辙。汪不惜任何代价换取日本和平，而张则希望立即对日作战。我认为：苏联既然想找借口打击汪精卫，似乎不能，也不应该采取这种手段，应该改选一个更好的题目。我认为莫斯科对西安事变用不着解释。拐弯抹角地提出一个四不像的解释，非但减低了人们对报道的信任程度，甚至会引起对苏联的怀疑。我将苏方报纸的报道详细电告南京，但有意将汪幕后策动西安事变的报道略掉。我请外交部将我的电文尽量公布。我希望张学良及其同党能知道莫斯科方面并不支持他们的行动。

塔斯社将两篇新闻稿一字不易地发到中国，该社也希望中国报纸能够刊登。其目的无非说明张学良、统一战线以及共产党都不应该加害委员长。

南京当局未能察觉莫斯科的真正企图，怀疑汪精卫对西安事变的解释有幕后动机，于是将苏方电稿压住不发。

那天早上十一时鲍格莫洛夫过访。他对西安事变一事表示与我一样，感到吃惊。他问我：如果我看过《消息报》和《真理报》的两篇报道，而事实也确是如此的话，我的想法如何？我表示对那两篇报道非常赞佩，不过我提醒他报道中说汪精卫策动西安事变是不聪明的，也不真实。他说，因为太匆促，所以编辑可能弄错，不过他很欣慰我能了解那两篇报道的真正意思。

在阴霾沉沉愁云四塞中，中国静待进一步的发展。命令雪片飞来，要我尽量在莫斯科设法要苏联协助，促使张学良释放委员长。此种任务不仅困难而且也很微妙。我怎么向苏联当局说？中国政治领袖在本国国土内为自己的军队劫持，苏联能做什么？我去见李维诺夫，向他要求说，因为张学良及其同党都很信任苏联，如果他能表示一下意见，对事变的解决必然很有帮助。他回答说：苏联政府与张之间没有任何关系；苏方所能做的只有报道事变的真相；他所能做的已经做了。李维诺夫抱怨苏联的友善意图非但未被中国政府接受，反而招来怀疑。他告诉我他已训令苏联代理驻华大使向中国外交部提出强硬抗议。我提醒他：张学良的确有位代表驻在莫斯科，我将名字告诉他。我又向他解释：中国所以不发表塔斯社的新闻稿实在是因为怕引起麻烦。

过不几天，我又接到南京的命令，再去见李维诺夫。这一次李很愤激，因为京沪一带谣传西安事变的发生是苏联煽动共产党，共产党又煽动张学良，因而发生的。我俩在那天会晤中争辩得很激烈。当李知道我是接到南京政府命令才去找他帮忙时，他立即提出抗议，认为中国政府不该怀疑苏联策动西安事变。他断然说：苏联政府与张学良间绝无关系；我告诉他：张是第三国际所孕育的统一战线分子。他对我的话未加辩驳，但却咆哮起来："我们不是第三国际的主人。""你过去已经这样说过了，李维诺夫先生。"我回答他说，"但是全世界都不相信，我们有理由认为第三国际是执行苏联政策的机构。""爱相信不相信，"他最后说，"我还是说莫斯科对第三国际的行动不负责任。"

现在，西安事变的解决已成历史。我对解决的内幕一概不知。迄今，我得到两个结论：其一，西安事变促成中日之战提早爆发。不论南京官方如何解释，日方认为委员长如果不答应实施张学良的统一抗日主张，张是不会释放他的。其二，西安事变的解决意味着中国将独自抗日。苏联希望远东爆发战争。此种战争将使日本陷入泥淖，解除日本进攻苏联的隐忧。一旦此一目标达到，苏联在外交战略上则予中国有限度的援助，其援助数量仅仅使中国能继续抗战。换言之，不论西安事变的原因如何，但却非常符合苏联的利益。我必须再说一句，我不能证明西安事变是苏联策划的。

西安事变过后，我派一名专人返国，携带一件呈委员长的秘密呈文，文中大意是建议请孙科到莫斯科从事一项特殊任务。此一建议的动机是因为我认为中日之战即将爆发，虽然中国衷心盼望苏联介入，但苏联必尽量设法置于事外。我想：如果孙科能先来看看情形，必然对我的看法极有帮助。但委员长基于他个人的理由，对我的建议未予采纳。

当一九三七年七月七日中日战争真正爆发时，苏联对中国在外交及军事物资供给方面都表现得较英美各国慷慨。我在苏联购买武器也未遭到困难。在日内瓦国际联盟辩论远东战争时，或在布鲁塞尔列强所举行的特别会议中，李维诺夫也特别支持中国。在上述两处场合中他都和中国采取一致行动。倒是与英美代表们打交道时还有或多或少的困难。美国对中国与日本生死存亡的战争，究竟能予多大的援助是无法肯定的，要受许多条件的影响。当时，我对他们的袖手倒无所谓，真正使我不安的是他们不断地设法使苏联置身事外，英美对苏联在日内瓦及布鲁塞尔任何谈判中所表现的都认为是要不得的。我认为这实在是没有远见。

战争爆发，苏联答应供应武器后，我国派杨杰将军为团长，前往莫斯科商谈购买武器事宜。苏联将杨安置在莫斯科郊外一所官长俱乐部中，目的是对杨的任务尽量保密。杨将军自认：他本人非但是个伟大战略家，而且也是个外交魔术师。有一次，当我去伦敦看孔祥熙时（当时孔代表中国参加英皇加冕典礼），杨将军要我对路透社发表声明，意谓苏军将于两周内对日开战。我告诉他我不能作这种毫无根据的声明，并且请教他：如果发表这种声明，有什么真正的好处？他认为我是个十足笨蛋，无法了解他的谋略。他说：一旦日本看到这种声明，他们就会先发制人，主动进攻苏联，苏联也就会抵抗日本，日苏就真打起来了。

从他与苏联国防部长伏洛希洛夫①元帅的谈话中，杨获得（或许是想当然的）苏方的承诺，一旦日本占领南京，苏军将对日作战，他对我说他已将他伟大的外交成就电告委员长。我对他丰富的幻想力感到震惊。我电请委员长注意，请他不要完全采信杨的报告，否则会吃大亏。南京即将陷落之前，委员长为事实所迫，曾以个人名义致电斯大林，要求给予军事援

---

① 现通译为伏罗希洛夫。

助。他的要求即是以杨杰所说的伏洛希洛夫的诺言为基础。该电发出前未征求我的意见，我也不悉内情，直到李维诺夫把斯大林的答复交给我，我才知道。我建议李：关于军援的问题过去既然以另一条路线彼此联系，顶好一仍旧贯，无须透过我。李坚持要我传递斯的答复，因为他认为过去的路线不可靠。在答复中斯坦白指出：他和苏联官员从无类似的承诺。同时，斯更讲了很多苏联不能对日作战的理由。

一九三七年冬是我最感困难的一个冬天。因为杨将军呈给委员长的电文中充满了希望和信心，而我的电文中却表示非常失望。南京陷落前不久，德国大使陶德曼（Oscar P. Trautman）出面调停中日冲突。孔祥熙将日本和平条件电告华盛顿王正廷和伦敦顾维钧及我本人，征求我们的意见。我回答说：和平问题应多方面考虑，只有中央政府才能照顾全局，正确决定。我身为驻苏大使，仅能从苏联角度看问题。不过，我敢肯定：除非日本先对苏联下手，苏方不会对日作战。中央在决定和战大计时，对此情况，应予参考。

外交部长王宠惠在国防最高会议秘密会议中宣读我的电文。事后有人告诉我说孙科曾谴责我，说我误解苏联的意图。也许还有其他理由，我被调回。一九三八年初，孙科以特使身份被派往莫斯科，亲历其境后，他才知道我对苏联意图的说明并未错误。

一九三七年冬季，我国政府对苏联又采取另一条外交路线。国民党元老李石曾从巴黎到莫斯科。他对我说，他是委员长、孔祥熙和宋子文三人共同请他到莫斯科的，但当我向外交部询问李的身份时，外交部又加否认。在中国政府服务有一种困难，一些地位高的人虽无合法身份而去介入公务，结果责任分散，增加许多无谓烦扰。

李抵莫斯科之初，很客气地向我说明他的计划和意图。因为他许多年来在法国和许多激进社会党的领袖有密切关系，特别是赫礼欧（Edouard Herrior）和德尔司（Yvon Delbos），他们当时都是法国统一战线政府中的重要分子。他告诉我说，他这些朋友不仅急于加强法苏之间关系，也急于加强促进中法和中苏关系。法国外交部长曾训令驻莫斯科的考朗德（Coulondre）尽量设法帮助李与苏联政府打交道。就个性论，李是个纯理论无政府主义者；我们可以称他是中国的克鲁泡特金。为了推行他的素食主义，曾在巴黎开过豆腐店，也曾在里昂办过一所特殊中法大学，规定学生每天要以一半时间从事身体劳动。战前若干年中，他与赫礼欧共同努力国际知识分子合作运动。他在北平曾办过北京大学、北平研究院和中法大学，教授法国各派哲学思想。他的父亲（李鸿藻）是光绪帝的重臣。我在清华时曾与他见过好几次面。无论公开演讲或私下谈话他都不是一个健者。他抵莫斯科后，我一直注意他对苏联政府所产生的作用。

李告诉我，他希望先见到考朗德，然后再见李维诺夫。我忠告他，法国大使并不同情法国统一战线，并不重视赫礼欧和德尔司。因为李将哲学和外交混为一谈，所以雅不欲接受我的忠告。他继续努力下去，他告诉考朗德有关他国际知识分子合作运动的梦想，他说透过这种合作运动，他和他的朋友可以使世界和平。考用讥讽而有礼貌的口吻答复他说："你的哲学是几世纪以后的事，我们的外交是要解决当前的问题。"

在我陪李去见李维诺夫之前，我告诉他法苏互助条约已成具文，即将废除。当时莫斯科认为巴黎那些意志薄弱、心肠软的官员们已经没有用处。莫斯科宁愿一批像傍卡累①（Raymond Poincaré）、巴吞（Jean Louis Barthon）那样较严肃的人来执政。我认为李应该以一个中国老政治家的身份与李维诺夫谈话，不必提到自己的其他渊源。我的忠告因为不合他的哲学，他又没有采纳。

李与李维诺夫谈了许多他对世界问题的一般看法。所谈主要问题是以中、法、苏三国为第一个三角同盟，推行国际知识分子合作运动。为了适

① 现多译为庞加莱或朋加莱。

应时代要求，三国必须共同对付日本。迨谈到当前的政治问题时，李维诺夫已经忍无可忍。他说：“李先生，作为中国友人，我坦白告诉你：法国不能帮助中国，也不希望帮助中国。不仅如此，法国也不希望苏联帮助中国。”

当我赴莫斯科前，委员长夫人曾告诉我说委员长希望他滞留在苏联的长公子经国能回国。他的长公子于一九二五年赴苏，自那时开始，他便一直留在苏联。

在我和苏俄外交部次长史脱尼可夫初期会晤中，有一次我提到委员长的长公子，并表示：极愿知其下落，如能代为查询，感激之至。他认为很困难，不过他答应试一试。

一九三七年某夜，当我和部属们闲谈时，有人报告我说有客来访，但于未见我本人前，不愿透露姓名。当我接见他时，他立即告诉我他就是蒋经国。我很高兴。在我还未来得及问他计划和意图前，他说：“你认为我父亲希望我回国吗?”我告诉他，委员长渴望他能回国。他说他没有护照、没有钱。我请他不必担心，我会为他安排一切。接着他又说：他已与一位苏联小姐结婚，而且已经有了一个孩子。我肯定告诉他，委员长不会介意此事。接着他又问是否应该给委员长及夫人带一些礼物。最后，我帮他选了一套乌拉尔黑色大理石制的桌上小装饰品送给委员长，一件波斯羊皮外套送给夫人。

几天过后，他们夫妇到大使馆来，和我共进晚餐。经国夫人是一位金发美人，外表很娴静。经国先生告诉我他对中国未来的抱负。我劝告他，请他在回国后一年内不要提出他的理想，尽量了解中国的问题以及导致这些问题的原因，然后再提出解决的办法。

直到我回国以后很久，我才晓得事情的发展情形。我从友人处获悉，不仅是委员长，就是经国先生的朋友们也都欢迎他归来。我获悉他孜孜不倦地研究中国问题，不轻易发表意见。后来，我到江西去看他，当时他在赣南任行政督察专员。他约我到他家吃饭，我发现他的夫人国语已经讲得很流利，完全依照中国旧传统接待客人。他尽力造福百姓，作风民主，操守廉洁，实在是一位标准的官员。

在莫斯科，某日，有一位衣裳褴褛、沉默寡言的人来看我。经我再三诘问，才知道他是屈武，是故监察院长于右任先生的女婿。他对我说，他于一九二五年或一九二六年到莫斯科，国共分裂后，苏联怀疑他是反革命分子。他做了十年苦工，最后被送去挖白海隧道。他过去没有干过吃力的工作，他感到在北极非常吃不消。苏联负责官员发觉他虽然是一名工人，但却有相当的教育水准，因此叫他做鼓舞同伙犯人士气的工作，他们指示他要和其他犯人混在一起，告诉那些犯人，如果在刑期中好好工作，一定会释放他们，让他们恢复正常生活。他十年来，一直把这些话讲给其他犯人听。当他刑期届满时，看守人员告诉他可以自由时，他反而哭起来，因为他不知道何去何从。苏联人派他任正式监狱管理员，待遇相当好。但，当他获悉中国已经对日作战时，他急于返国，想参加伟大的抗日战争。苏方帮助他到莫斯科，他找我帮忙找他岳父要钱和护照，以便回国。我告诉他，一切都无问题，我会替他安排，要他一星期内再来见我。

过了三周他才来大使馆。他说上次我们见面后他决定要去看场电影。因为电影要半小时后放映，他想要借机看一下新建的地下铁路。当他闲逛时，治安人员怀疑他是间谍，把他逮捕了。治安人员费了三个礼拜时间清查他的资料，才弄清楚。我告诉他，这段时期要特别小心，我在三天内可以将车票替他准备好。到约定时间，他又不见面。因为他离开大使馆后到一家大百货公司的货窗前去看里面摆的物品，因而又被逮捕。这次清查他的资料，警方只用了一个礼拜。

一九三七年，莫斯科的恐怖气氛较一九三四年更甚。我目击彼雅可夫（Piatkov）、梭科木可夫（Sokolmkov）和拉迪克（Radek）的审讯。我也听到有关杜哈切夫斯基（Tuthachevski）元帅的谣言。我亲眼看见他于五月出现红场阅兵，再被任命代表苏联赴伦敦参加英王加冕典礼，最后在莫斯科被处死刑。我发现再想和苏联人接触已不可能。清党的浪潮汹涌澎湃，报上满载着托派分子阴谋的消息。我个人的结论是（但我未向任何人宣布）：斯大林发现强大的反抗力量反对他，为了争取广泛的支持去消灭反对势力，才给他的政敌滥加帽子。反对斯大林是真的，但是说他们犯罪则是虚构的。

丘吉尔创出“铁幕”一词，用以说明苏联对消息的严密封锁。尽管苏联政府在防止消息外泄方面较其他任何国家成功，但其控制也非绝对有效。就是中国大使馆有时也能获得苏联所不欲透露的消息。至于那些组织健全、人员众多的其他各国大使馆就更不必说了。

我抵莫斯科不久，外交部通知我新疆有一个代表团到苏联洽谈借款事宜。我奉命抗议此事，并搜集有关情报。我正式向史脱尼可夫提出交涉。我们谈话的内容遍及整个中亚问题，在中亚，苏联帮助“新疆王”盛世才夺得政权，推行莫斯科所欲推行的政策。史说苏联政策是很纯正的。他说，只要新疆是中国的，苏联不必担心。但是如果有任何帝国主义想插足其间，苏联一定要首先下手。我说中国也是一样，不希望帝国主义从新疆进入中国。我希望在最近的将来，新疆不再是中苏两国冲突的焦点，而是中苏友谊的桥梁。虽然我的声明双方都很满意，但我却未能从他那里搜集到新疆代表团的情报。史否认有代表团这回事。我说代表团的目的可能是做生意，因此，可能与商业部有来往，和外交部不大有往来。他坚决地说，即使是商业代表团，他也绝对会知道。他既不知道，所以绝对不会有。

经向莫斯科各方查询，我获悉代表团的性质及其在莫斯科活动情形。后来，我邀请代表团全体人员出席大使馆的宴会。

一九三七年冬，苏联政府决定召回鲍格莫洛夫，派奥莱斯基（Uganoff Oralsky）为驻华大使。我外交部对奥的背景急需进一步了解，此项资料苏联大使馆既不愿意也不能提供。碰巧罗马一家广播电台透露：奥莱斯基不是别人，他就是苏联前国防部副部长史米洛夫（Smirov），他在新任命未发表前任新疆迪化的副领事。这位新任命的大使，我当然知道他曾担任过驻中国的副领事，但是若说他曾任苏联国防部副部长，似乎令我难以置信。我想：副部长的照片一定可以搜集得到。经过好几天的寻找，我的一位秘书终于找到一张史米洛夫的照片，照片载在苏联官方的陆军刊物《红星》上。照片下面印有小传，事实上，他在苏联是一位重要人物。原来史米洛夫先生就是奥莱斯基先生，我的部下很容易地予以证明，此事令我感到非常满意。

据报道：鲍格莫洛夫大使和布鲁辙将军以及许多其他部下于一九三八年左右都遭到清算。如果报道不虚的话（我希望它不虚），他们的真正罪名一定是想将苏联拖进远东的战祸中。

我对苏联的军力极有兴趣。德国驻苏武官科特宁（Koestring）将军曾提供给我最可靠的估计。他一再对我说：苏军力量不可低估，否则，有一天，它将使世界震惊的。另一个可靠的估计是美国驻苏武官法莫威尔（Faymonville）上校，我认为他是一位伟大的社会哲学家。英法两国武官均认为苏联军人的勇敢不够。

当我任职莫斯科时，正如一九三四年我访问莫斯科时情形一样，我又目睹工业化运动和人民生活水准的降低。原因是斯大林集中力量搞国防。军人吃、穿、住比较好，正如军火工厂在机械、工具、原料、工程师等方面比较其他工厂优先一样。在战争未爆发以前，苏联已成为一座大军营和一座大兵工厂。苏联五年计划的成就可以说对人民生活并没有多大改善，主要的是作军事上的准备。

革命本身有其发展的规律，这是革命领导人所无法预见和控制的，同时也超过了现代科学知识的范围。我们不否认列宁及其同志当年曾有造福人民的愿望，但在一九三〇年，斯大林却动员所有的人力和资源在准备战争。世界上一般人，特别是斯大林的同路人一定都认为斯大林有远见，执行政策时有干劲，其结果是直到现在，共产主义在战争方面较和平方面的成就大。这种发展情形，我并不完全归咎于斯大林个人，原因很多。第一，在伟大的国际社会中有些事实阻碍，曲解了国际的发展。其次，我认为在人类潜意识中也有某种隐藏的力量，骗使人类去从事摧毁人类的工作。

我承认在苏联革命的当时，我是同情的。但我也承认当我在一九三八年初离开苏联时，我的内心却充满了不安。

不论苏联革命在历史上具有何种意义，有一件事我是可以肯定的：中国必须在外交政策方面将与苏联建立友善关系当作首务。在进行此项工作过程中，中国要消除自己的偏见。此项工作本身就够困难的了，更不要说再受到西欧和北美反苏的影响了。

问题是：苏联能否让中国单独依照它自己的传统和特殊环境需要去发展。

第十七章　战争的考验

我于一九三八年元月离开莫斯科，经巴黎、马赛、地中海、红海、印度洋、新加坡、西贡、昆明回国。我随即前往汉口，当时汉口等于中国实际的首都。军事前途暗淡，一般官员都很沮丧，但是一般人民却是勇往直前，生活清苦，工作勤奋。

二月底抵汉口。使我感到意外的是蒋委员长的抗战勇气和决心。他既不乐观也不悲观。军事倥偬，一面忙于指挥军事，一面又处理政务。他被推为国民党总裁，汪精卫副之。他集中全力去改革党务。有一次我在中央党部纪念周上听他训话。他严斥那些不称职的党工人员，他要中央党部人员首先以身作则。此外，他又成立了青年团及参政会，吸引党外人士，以扩大政治基础。目睹这些措施，我认为蒋委员长此举的目的部分是为了革新党政，部分是在鼓舞士气。一旦人们努力工作，他们就没有时间去悲观。是否蒋委员长本身也这样想，我就不知道了。

蒋委员长集大权于一身的程度令我也感到惊异。当时汪精卫在党中地位是仅次于他的副总裁，他也对每个有关人员承认此一事实。但汪的副总裁并不意味着可以代他行使权力，汪的副总裁仅意味着是向蒋委员长个人负责。这种关系从另一方面看也很清楚，汪在行政院没有地位，行政院的院长是孔祥熙。换句话说，汪不能干涉行政院的事务。

在南京时我与汪曾有数面之缘。此次在汉口我发现他对这种贬抑有些怨恨。

行政院长孔祥熙博士邀我重作冯妇，再做行政院政务处处长。他说：他一直悬缺以待。我认为他不过是一种官场客套，用不着认真。尤有进者，我急于返湖南，去看看我的孩子。她在我出使莫斯科期间，一直和我哥哥留在家乡。同时我也想了解一下一般湖南人对战争的看法究竟如何。在战争中湖南扮演了一个重要角色，不仅征调了大批壮丁，而且还有相当数量的人志愿入伍。

在湖南，军事和一般经济的发展已经使老百姓充分就业，不再有失业的情形。工资提高了，物价也开始上涨。小康之家抱怨他们不能掌握长工，一反过去的情形，长工已经能不再倚赖地主，因而受人尊重，家乡的人都欣喜他们的米和桐油的价格较过去涨了一些。一九三八年春的湖南，正沐浴在战时繁荣中。

一九三八年湖南的经济情况可以说是整个战时中国的典型。艰苦的是薪水阶级，主要的是政府公务员和教员。在战区，当然所有的人都很艰苦。战区以外的地区，除了薪水阶级以外还不太感到经济的压力。

由于封锁，中国经济又恢复了旧时代的情况。女人又搬出她们的纺车，洗洗干净，开始用手纺线。用煤油灯的人家改用桐油灯。抽纸烟的人改抽水烟。家机布代替了机织布。就一般人说，他们宁愿回到旧时代。

当我在湖南旅行时，当时的经济部次长何廉博士电告我：孔院长要他到湖南设法说服我出任行政院政务处长。为了不使他受风霜之苦，我提前返汉口。孔院长的诚意使我无法峻拒。他说蒋委员长都请我做政务处长，他若不请岂不是不礼貌。他又说：因为我接受了委员长的任命，如果不接受他的邀请就是“不赏脸”。他的说辞，令我无法拒绝。一九三八年五月，我又返行政院重作冯妇。

当时的行政院秘书长是魏道明，翁文灏已转任经济部长。在此之前我还没有见过魏道明先生。我的工作要与他密切配合，否则，一旦不协调就会引起极大的不幸。这时，我仍视孔院长的约请不过是一种官场客套，我认为用不到真正去卖力气，所以我决定避免责任，希望有一天能担任其他工作。

七月间，武汉保卫战开始。七月二十日，我搭机赴战时的首都重庆，因为孔院长和魏秘书长留在汉口，我是重庆方面行政院高级官员，于是许多联络工作和行政责任就落到我的肩上，这实在是违反了我的意愿。

在我赴渝前一天，蒋委员长的秘书电告我，要我当晚与委员长共进晚餐。我从汉口渡江至武昌，在轮渡上遇到张群将军，他也应邀出席当日的晚宴。我们共同推测当天晚上的情形。当时日本军队已经与苏俄远东军布鲁辙的部队在朝鲜边境发生武装冲突（即张鼓峰事件——译者）。此种冲突的意义报纸上已有很多报道。有人认为这就是我们大家所盼望已久的日俄战争。张将军认为：当日晚宴的讨论主题可能就是张鼓峰事件，他猜测：由于我新从苏联回来，委员长可能要我发表意见。

蒋委员长的晚餐一向非常节俭，战时较平时尤甚。晚餐后，他说他要在当晚讨论张鼓峰事件。《大公报》主笔张季鸾首先发言。他认为张鼓峰事件一定就是新日俄战争的开始。许多人都发言赞同他的看法。有一位先生为了强调乐观的远景，甚至宣称日本财政将于九月崩溃。在委员长面前表示意见往往有不同的幕后动机。有些是坚信自己的看法的，有些是揣度委员长的意思，附和讨好的。当晚发言的情形，也大致如此。

许多人发过言后，委员长转身对我说：“廷黻，你对苏联很了解。你分析一下张鼓峰事件。”我回答说：“我认为那只是一次边界冲突，起于双方的带兵官，并非双方政府事先命令他们开战的。就布鲁辙本人说，我认为他的行动不仅未受到上级命令，而且可能是违反上级规定的。”当我发言时，所有以前发言的人都反对我，认为我不智。但委员长却在讨论结束时说：“廷黻说得对，散会吧。我们要自己努力，就当作张鼓峰事件没有发生。”如果说他对苏联直接军事援助曾经存在任何幻想的话，他一定是放弃这种幻想而面对残酷事实的第一人。

中日战事爆发之前，委员长慎重避免任何刺激日方的行动。他比别人更清楚对日战争的严重性，无论是物资方面的或是人员方面的。战争一旦开始，他从未表示他要接受日方所提的和平条件。当一九三八年秋日本占领武汉时，日本首相近卫文麿（Prince Konoye Fumimaro）曾发动一次和平攻势。他发表一项声明，表面上对中国人民和日本军阀双方面面俱到。我认为当时我国应该由负责的政治家发表一项答复，使日本某些人相信我们中国人是温和稳健的，我们的抗战纯粹是出于自卫的，我建议孔院长，我认为由他答复最为妥切。他同意我的建议，但先要得到委员长的批准。我起草一份答复文稿，将它拍发给正在前方指挥军事的委员长。拟议中文件发表的方式是将它当作一篇行政院总理纪念周中的演词。直至纪念周举行时，委员长的批示仍未到达。孔院长仍然照预定计划，宣读了那篇文件。下午二时左右，委员长的批示才到：不要发表那个文件。

后来，委员长发表一项声明，声明中他嘲笑了近卫文麿。他说日本欲想停战，就退出整个中国。就我个人说，我认为这项声明用不到那样严重。后来有一次与委员长在午餐席上讨论问题，他要出席者对那篇声明发表意见，我将我的意见坦率地说出来。迄今，当我回忆那次讨论时，我认为就细节说我的批评是对的，但就整个政策说，委员长是对的。因为委员长声明的目的是要激起全国的士气。他认为在那个军事节节失利的非常时期来谈和，一旦失败，必致影响士气。即使和谈能够成功，也只能达成一种不利于中国的和平。

中国乃至于全世界直到今日，仍不知道蒋委员长在八年抗战期间“一柱擎天”的力量。

在重庆主和最力的是汪精卫和他的同党。政府由汉口迁重庆后，委员长到前方指挥军事，因此他最后才到重庆。在预计委员长抵渝那天，汪派人到我的旅馆告诉我汪希望能立刻见到我。当我抵达他的官邸时，汪与他的太太陈璧君同时出迎。他告诉我：他想尽早争取最佳时机请求委员长对日谈判，他并且说，他有某些德国和意大利的路线，透过这些路线可以进行谈判。我回答说：如果对于和战重大问题有意见应该直接向委员长详细坦述，这是绝对正确的。不过我又接着说：我深信：比和战问题更重要的是统一问题。统一作战或统一言和，中国才能有办法。如果分裂，无论是战是和都会失败。如果我所言不虚，则最后的决定一定要取决于委员长，因为他一身独揽国家团结的重任。当我发表意见时，我发现汪虽然深受感动，但他的太太几乎是怒不可遏。当谈到与日本政府接触的路线时，我向汪建议：不要利用他的德、意关系，因为中国人多数认为德、意是日本的同党，任何透过德、意的谈判不论其实质如何，都被认为是对中国不利的。我说我认为如果可能的话，可以利用其他国家；如果不可能，宁可直接谈判。汪认为我的意见不切实际。当我辞出时，他说，待他见过委员长后再尽速召见我。当天汪与其他人员到机场去迎接委员长。汪随蒋到官邸讨论甚久。我下班后一直在旅馆中等候汪的消息，一直等了三天才召我前往。当我到他官邸时，我发现他正在垂头丧气。他告诉我委员长彻底反对他的意见。“既然如此，”我说，“我们一定要服从。”几天后，汪离重庆前往法属越南，从越南前往南京，成立了他的傀儡政权。这件事完全出乎我的预料。虽然我一直对他未寄以厚望，但我确曾认为像他那样文化背景和有革命历史的人实在不该去从事违反国家民族利益的叛行。我认为：汪的叛国行为也许是有原则的，也许是为了满足一己的私欲，但他太太却完全是为了满足一己的虚荣心。汪之走上叛国之路可能是她将满足虚荣心的要求与汪的政治原则相结合。这种做法，合了他们双方的胃口。

战时重庆最大的困难是政府无法将中国仅有的贫乏资源集中使用到战争上。重庆时代国民党及政府所发表的最重要的指示是：“抗战建国。”现代化战争很容易解释为包括所有的活动。在重庆有许多人为了强调他们所属机关的重要性，于是把“抗战”一词扩大解释。一旦把“建国”增列为首务，于是有如黄河开闸板一样，人力物力就被分散了。

战时行政上有一项重大措施，即所谓新县制。一九三九年政府在此一制度上花费了许多时间。报纸上，对这一制度曾有很多佳评。依此制度，每乡要设立卫生所，要增设学校，同时要增加县府的工作人员。我请财政部提出经费增加的正确数字。我发现新县制制度要比过去的制度在经费方面增加一倍。最热心推行新县制的是张群将军，他是当时国防最高会议的秘书长兼行政院副院长。我对他指出：此种制度战时财政将无法负担。尤有进者，很明显的，即使我们能够筹到经费，我们也很难物色到所需的人才来担任新增设的职位。在一次圆桌讨论会上，我代表行政院出席，席间我见到起草新县制的人员，我尽量诚恳请求他们，希望能将钱和人力集中用到抗战上。他们对我的请求无动于衷。我虽然打了败仗，我仍建议将此制度修改，分期推行。我建议分五期进行，每年实行五分之一县份。起草委员会坚持立即全面实行。最后他们胜利了。但是，他们的胜利变成纸上谈兵，因为中央政府没有经费推行。事实上，只是增设了许多没有工作的新机构。当我获悉事实真相时，我了解何以在我反对新县制时财政部未予我有力的支持。原来财政部人员比我聪明，他们一开始就知道新县制不过是纸上谈兵，不会实施。

因为新县制是道地的政府工作，所以我曾深入研究。一项新措施在立法时，人们都很认真。一旦立法完成人们就把它淡忘了。政府中公文往来的确很多，但详细计划却很少，至于谈到努力不懈地去实施改革，那就越发的少了。

为了熟悉各省的情况，一九四〇年春，我到湖南、江西、浙江、广东和广西去视察一次。陪我同行的有吴景超（Wu Ching Chao），他是一位社会学家，多年来一直任翁文灏的主要助手。另外还有崔礼（Tsui Li）先生，他是一位公共财政专家，曾在英国伦敦经济研究所研究，当时他是财政部高级秘书。另外还有内政部的魏景南（Wei Ching Nieh）。我们乘汽车行经一千五百公里。我很照顾司机，司机也很谨慎。我们走完全程，经过日本轰炸地区和盗匪出没地区的崎岖坎坷的道路，车子一直都没有抛锚。

首先，我们发现每个地方都有健全的自给自足经济，工资和物价都很好。生产者努力去工作，重新捡起他们过去的手工业，耕种他们过去废耕的土地。城市和乡村间的苦难的境遇已经减轻了。有些战时都市如衡阳、赣县、衢县、金华、桂林等都相当繁荣。在福建一个小镇上，当地人对我们说：生活比过去好。在平时，每十天杀一头猪，鸣锣通知，请大家来买新鲜猪肉。战后经济繁荣了，每天都要杀猪，所以也用不到再鸣锣了。很明显的，人们由于他们自己的努力，并非根据政府的晓谕和规定，而解决了他们的供求问题，当然也有些官员认为这种繁荣是他们智慧所产生的结果。

第二，我们发现一般人普遍抱怨征兵。我家乡的人和我以前南开、清华的学生告诉我一些征兵者令人难以置信的罪行。结果，虽然乡村损失了一百名生产者，而前线最多只能增加二十五名战斗员。年轻人尽量利用机会从营房或行军途中逃亡。在我们返重庆的途中，我们遇到负责兵役的主管，他也是去视察的。他不相信我们的所见所闻，相反的，他来了一套粉饰太平的说法。我回到重庆后，主张把征兵的数目减少一半，将薪饷增加一倍。我认为军队需要战力，国家也需要生产。但军政部长何应钦将军却认为我神经不正常。

第三，我们发现中央政府大部分改革方案均原封未动，变成具文。地方政府经费不足。更重要的是：它们缺乏训练有素的人员。政府的少数农业实验所，连普通的农人都看不起。划为造林的山地光秃秃的，只有一块木头牌子或是一块石碑，孤立在那里，表示那儿曾经植过树。卫生所不是双门紧闭就是没有适当的人员和设备。有一个实行新县制的模范县，县中的模范小学，教室中仅有的一扇窗子被一块黑板遮挡着。我问老师：为什么不把黑板移到别处，让它挡着窗子。他当着省主席回答说：因为它一向都挡在那里。最出人意料的是：所有的省主席、省委和县长都以全副精力推行新县制，而结果却完全失败。

整个视察旅行中我们会见的省主席最有精力的是福建省的陈仪。他坚信国家社会主义，他也设法在福建实现他的理想。他控制商业和分配。他的公家机构取代私人的商业组织。他推行严格的文官制度，并尽力祛除徇私主义和族阀主义。他倡办田赋征实。他的廉洁和苦干实在是没话说。只要是他能替福建做的，不论有多大牺牲他都倾全力以赴。但他在当时的省主席中是最不得人缘的。他的奇特的办法，政府控制和各项规定，手下办事人员的无能，对既得利益者无可避免的损害，这些都是使别人反对他的原因。我们在报告中支持他的理想，同时我本人在中央也极力替他辩护。但，中央于一九四二年却准他辞职了。

最富哲学气息的主席是江西主席熊式辉。为了推行卫生、农业、教育工作起见，他在试验许多共产党曾经试过的乡镇制度。他虽然努力，但江西人仍然表示很冷淡。在我们视察时，熊主席正创办一所大学。该校预计训练一批较有效率的公务员和领导人。根据柏拉图的理想，他希望能提高政府人员的教育水准。他不惮其详地阐述他的理想，并且急于实现他的理想。他要我担任他的新大学校长。他说：大学校长的地位事实上是与省主席平行的。在决定中国命运的战时，我认为他的计划是不合时宜的。我建议他不可操之过急。

最困难的省份是革命发源地的广东。如果说有人想要找出革命气息和封建传统能够并存的地方，那么，广东就是最佳的所在。族阀主义和贪污腐化达到极点。一九四〇年，省主席对这种环境简直束手无策。省中有力分子对军中和政府的位置都要推荐人，不论他们推荐的人员如何无能，如何贪污腐化，省主席都要买他们的账。

十多年来，湖南一直是一个正常省份。它的自然资源和众多的人口使它能够保持相当程度的独立和自给自足。因此，官方的苛捐杂税较少。人们的健康和教育程度优于其他的省份。当日本进攻湖南时，湖南人踊跃输将，向军队提供了大批物资和劳力。一九三九年间，国军在湖南奏捷。当时的湖南省主席是有名的“长沙虎”薛岳将军，他的广东部下很巧妙地在湖南搜刮了一阵。他是仅有的一位抗议我们视察报告的省主席。我们在报告中除了其他方面不论，曾指出省府用于公共卫生方面的钱还不到预算的百分之一。薛主席在一封谴责我们偏见的电文中引用事实说：他已在七月份增加二十五万元公共卫生经费，证明他对人民福利的重视。我向委员长说明：我对湖南的视察报告是根据五月份的情况，即使现在薛主席增拨款项，其数目对湖南人的保健说，仍是杯水车薪，无济于事的。委员长笑笑说：“你该知道，你们的报告正在发生效果中。”

广西省素有模范之誉。我们发现广西省府很清洁，人员工作努力，虽然很穷，很落后，过去秩序不好，但现在却治安良好。一九四〇年间，广西生活水准仍然比邻省湖南低。我们发现，这种情况主要是因为自然资源的贫乏，不是人谋不臧。我们提出一些建设性的批评，主要是说省府过去太贪多嚼不烂，因此，它的资源人力和经费太分散了。我们请中央进一步支持广西。广西巨头之一白崇禧在我们的报告上附加说明后寄往桂林，请广西省主席黄旭初仔细参考。

一九四〇年七月我们结束西南各省视察旅行。此时，日本正疯狂轰炸重庆。我们回到重庆时，因为空袭，被困在一所郊外的房子里。当我们要渡江时，轮渡已经毁于轰炸。我自己的房子也被炸光。事后他们告诉我：他们只找到我的一条毯子，被炸成碎片挂在电线杆子上。

我回到办公室时，看到一件教育部的提案，等我处理。该提案是要在战时中国地区实行五年义务教育。行政院秘书长魏道明雅不欲拂教育部陈立夫部长的意思，于是要我想办法去阻止。对于平时都没有实行的义务教育制度，欲想在战时实行，我实在不敢想象。教育，特别是小学教育，是非常重要的，但在艰苦的战时推行此一制度显非适机。起初，我想把教育部的提案压一压，但我想此种方法对个性极强的陈部长恐怕不行。有一次我偶然和军政部长闲谈，我获悉因为财政困难，有些军事单位已经三个月没发饷了。事有凑巧，星期三孔祥熙病了，委员长亲自主持院会。我将陈部长提案和未来五年支出明细表一并置于主席桌上。委员长于宣读这些文件后，指示义务教育留待胜利后再办。陈部长一再陈明理由，均未达到目的。后来他让步，请求院会部分采纳他的提案。委员长回答说：这种工作，政府绝不可以分批去实施。

由于战争拖下去，财经问题越来越严重越复杂。固定税收减少了：盐税减少了百分之七十五，工业税减少了百分之八十，土地税减少了百分之五十强。中国领土只剩下一半，而且是较落后的一半。虽然我自从一九三八年五月就厕身于中央机构，一直干到胜利为止，但直到现在我执笔撰写本稿时为止，我还不知道我们当时是如何渡过上述财经难关的。

一般的说，变化往往出人意料。战前，中国对敌国最普通的办法是抵制他的货物。在重庆最初的两年虽在政府急需物资时，政府和人民仍然奋力抵制日货，不仅是抵制日货，就连所谓傀儡物资也包括在内。这种做法无异自杀。尽管我国缺乏纱和布，但人们认为去购买日本或傀儡政权的棉纱是不爱国的。此种物资缺乏情形因走私者突破日本封锁线走私一些物资而稍稍减轻，使大后方人民可以获得一些生活必需品。

所有现代国家在战时都是实行配给制的。因此，有些人（中国人和外国人）建议中国实行配给制。当时试验过各种不同的配给方法，有的以地区为准，有的以物品为准，但没有一个获得良好效果的。配给在中国是个理想，没有任何实质的基础。一旦所生产的大部分食物和衣服被生产者自己消费掉，不再上市，政府就没有办法了。进步国家的经济像水管子中的水一样，中国的经济却像雨水似的，一落地就被吸收了。如果水在管子里流，控制者可以开闭自如，但是水洒到地上却无法控制。西方国家直至他们生产和分配合理化后才实行配给制，这绝非偶然。中国经济情况是害了配给过敏症，因为中国还没有实施配给制度所必需的行政组织。于是配给制度的试行利少弊多，引起许多官僚政治的害处。

出我意料的，我与战时财政工作结了不解缘。一九四一年，经决定：所有的税均由中央政府征收，土地税，改收实物（即所谓田赋征实——译者）。此种变动所造成的结果是各省失去了财政上的自治权，中央政府要拨给预算。当时，中国希望从英、美两国借到大批贷款以资挹注。英国银行总裁尼美尔（Otto Niemeyer）和歌瑞德（Grady）先生，分别代表英、美政府到中国来了解中国财政情况。他们表示：除非中国编造出一九四二年可行的预算，想象中的贷款是不会来的。在过去，许多中央机关都争取编造预算的权利；但在一九四一年，各机关凛于事实上的困难，昔日争权的机关都彼此互推，慷慨出让他们的权利。因此，我受命起草预算。

歌瑞德先生只在重庆停留一个短期间，但尼美尔先生一直等到预算完成并付诸实施才离开。是年冬季，尼美尔和我几乎每天都在协商。我认为他是一位很了不起的财政专家，人聪明，也是一位好朋友。

一开始，尼美尔先生郑重其事地说：我编的预算绝对不能超过一百二十亿元。如果我编的预算能不超过此数，他就建议英、美两方贷款。我立刻告诉他：即使他是中国的财经霸王，也无法编出这种预算。我答应他，我可以在书面上照他的意思编。但我指出：我希望提出一个真实的预算，既能适合战时需要又能为政府所遵行。我估计一九四二年的支出约在一百六十亿至一百七十亿元之间。虽然尼美尔对我的估计未加反对，但他坚持我应尽力不使它超过一百二十亿。

编列预算的困难并不在尼美尔方面。在编列时，我们要一个单位一个单位去审查。待整个预算编好，总数稍稍超过一百六十亿。尼美尔先生很客气地说：他认为我是尽到力量了，他准备建议贷款给中国。

编预算时最大的困难是和各省政府联系。在一九四一年以前，省府有他们自己的收入，自己编预算。很多省主席都是亨字号人物，都能幕后左右中央政府。尤有进者，各省情况不同。没有一个能适合于所有省府情况的原则或公式能供我参考。前此若干年的数字是不适用的。各省的支出一向是不均衡的，不仅各省间如此，就是同一省份在不同业务方面也是如此的。例如：有的省份将其收入百分之五以上用于公共卫生，但有的省份只用百分之二点五。很明显的，我应该使其合理化。但时间无多，我必须、而且也只能在短短的时期内编成。我没有说明我用什么方法使各省开支合理化，因为我从经验中发现，在应合时代要求时理论往往比实际更易引起争议。

出我意料的，一九四二年各省预算在中央并未引起激烈的争论就通过了。同样出我意料的，所有省主席都谴责我所编列的预算。一九四一年十一月，有十四位省主席到重庆出席一个国民党召开的会议。他们借机向委员长诉苦。他指示他们到行政院和我举行圆桌会议，讨论此事，由他自己亲自主持。因为座位关系，甘肃省主席谷正伦第一个发言。他抱怨：甘肃全省预算三千九百万元绝对不够。委员长要我说明。我说一九四二年预算对每个单位说都是很困难的，不论是省是部，因此，我不敢肯定三千九百万之数对甘肃说是否够，但是现年度甘肃省府自己编列的预算，全部支出仅仅才一千六百万元。我所编的甘肃省预算大约较本年度增加了百分之一百五十，是各省中增加最多的。我所以如此做，是因为我晓得甘肃是最穷的省份，急需中央政府支持。我说明后，委员长和谷主席都没有再说话。

第二位发言的是广西省的黄旭初。他说因为广西又大又穷，省主席难干，八千八百万的预算显然不够。我回答说：我知道广西省主席在未来一年中会有极大的困难，但广西在南方各省中生活是最好的。东部邻省广东预算是八千四百万，北部邻省湖南是七千八百万，西部邻省贵州是六千万。经我说明后，委员长和黄主席也没有话说了。

第三个发言的是浙江省主席黄绍竑。浙江是委员长的老家。黄主席指出：我将甘肃省预算增加了百分之一百五十，而浙江仅仅增加百分之二十三，是增加最少的一省。我承认此一事实。但我请委员长注意：尽管浙江预算增加的百分比最小，但浙江的预算数字仍然高居第二位，仅次于四川。就人口、地区和经济情况说，浙江都不应该居于第二位。如果中央政府要省预算国家化的话，浙江省的预算，事实上还应该再核减。不过，我还是把浙江的预算增加了百分之二十三，因为我知道减少浙江的支出需要一段时间。如果操之过急，必定使省主席遭遇无法克服的困难。问题是浙江在过去超支太多。我忠告黄主席：浙江在未来若干年内预算百分比都将是增加最少的。听过我的说明后，委员长认为我编列得很公平。

轮到江西省主席熊式辉发言时，他说：他和我的看法距离不太大，他可以和我私下协调解决。以后所有其他省主席均仿效熊主席的做法不再发言。委员长在结束会议时说："我认为的确没有什么可争议的，预算照原案通过。"

会后，熊主席到我办公室说：他缩短了讨论时间，有功于我，实在应该给江西增加一点预算。

当预算在国防最高会议中讨论时，浙江省黄主席的朋友们都替我讲话。但考试院长戴季陶发表意见说：对浙江的预算编得不公平。粮食部长徐堪支持戴的意见，他提议：由于整个预算不便增加，可以用变通方法拨给浙江省府一笔钱转用于省内各县。这时，委员长说：他已经详细看过浙江的预算，他认为用不到再改了。他又进一步说：他认为把指定用于县的款项拨给省府尤其是不合适的。如果此一建议付诸实行，无异是薄于县而厚于省了。

说到中央各部，对我最不满的是交通部。当时中国对外仅有一条交通线须要经过缅甸。经过长期的争论和商讨，决定在云南修一条铁路，连接缅甸。我以为如果决定付诸实施，就要全力以赴。所以我提议先搁置其他铁路建设工作，集中全力修筑滇缅路。但交通部长张嘉趛要同时把湘桂路延长到贵州，并且要从西安将陇海路延长。在我草拟的预算中，为了修筑到缅甸的铁路我曾编列了八千万元，但对延长铁路却没有编列一文钱。张部长提议把我编的预算一半用于修筑通往缅甸的铁路，分一半用于延长其他路线。由于委员长和孔祥熙支持我，预算案未被修改，但张部长立即展开有力的游说。利用中国人爱妥协的天性，最后他终于将修缅甸铁路的预算弄走一部分去延长其他的两条铁路。这两条路对抗战说都毫无贡献。

新加坡陷落后，我认为英国的力量已不足以保住仰光，因此我建议委员长修筑缅甸铁路的工作应该立即停止，因此，可以节省下七千万元。开始时委员长是同意我的建议的。但是缅甸铁路建设局局长曾养甫利用委员长巡视昆明之便，说服委员长继续拨款修筑。委员长电令我：停修缅甸铁路的命令暂勿发布。于是又白花费了三个多月的工夫。

珍珠港事件后，经济部长翁文灏请求特别拨款七千万元在重庆建设一座新炼钢厂。当我看到他的呈文时，我很赞成，因为我认为战时增加钢的产量显然是必要的。为了确定我的立场，我去看兵工署长俞大维将军。出我意料的，俞先生反对此一计划。他说：因为原料、燃料、技术工人，在重庆都受到严格的限制，增加新钢厂只不过是转移现有工厂的人力和原料而已。他又进一步说：军队需要的是特种钢，新厂不能炼。经与俞氏晤谈后，我改变了我对翁氏提案的看法。当院会辩论此一提案时，孔祥熙欲想平息大家的争论，他一开始先对翁的忠于职守大加赞赏，接着说明财政部的困难。然后，转身向我，也夸赞了几句。他就好像调处两个人间的争端一样。最后他说："因为你们一方要拨七千万，另一方认为一分钱都不能拨，我不偏袒你们任何一方，我决定拨四千万。"

对大多数类似的事，孔先生的决定是聪明的。但对我说，我却希望他：要干就拨给翁七千万，要不干就采纳我的意见一文不拨。因为七千万还可以生产一些钢材，四千万就等于白白浪费。抗战时期中国的妥协精神往往就导致上述的结果。实际上，这都是因为中国人缺乏在一个时期内集中力量从事一件事的习性所造成的结果。虽然人们口头上叫"军事第一"，但他们心里却想从事许多与战争毫无关系的事。

我们常听人说委员长喜欢那些唯唯诺诺的人。我知道：委员长左右的人，的确有些本身根本就没有定见，有些即使有，又深恐委员长对某事事先已经有了腹案，一旦自己的意见说出来不合于委员长的腹案，岂不尴尬？因此干脆就不发表意见。不过，我听人说过，也曾有人向委员长进过逆耳忠言的。谈到我自己的情形，只有一次是例外，那就是答复近卫文麿声明的那一次，他没有接受我的意见。至于他对我所发表的不合他意的意见，是否表示过不快，我就不知道了。

当蒋委员长于一九四二年二月间携夫人访印度时，他们对甘地和尼赫鲁所领导的反英运动表示了同情。印度的动乱仍在继续发展中，英国政府认为应该加强控制。中国舆论自然支持印度独立。宣传部长王世杰请各报基于政治立场不要发表反英言论。有一段时间舆论界不再谈论印度问题。党政两方人员对王的政策都不以为然，群起反对。有一天，委员长招待我们吃午饭。我一进官邸就发现气氛很紧张。过去委员长都是在饭后才讨论问题，但是那天他却要我们在饭前先聚拢到餐桌四周。我们坐好后他立即宣布："今天我们来讨论印度问题。"

一位党国元老开始发言，他说：国民党是个革命的政党，多年来一直反对帝国主义侵略。他又进一步说：不论结果如何，中国必须支持印度的民族主义运动。继起发言者年龄较长，但地位较次，他谴责帝国主义，特别是英国帝国主义。他略谓：压迫亚洲人民已经成为英国传统的一部分。他主张要对英国采取强硬行动，但是却没有提出行动方法。

第三位发言者谴责宣传部的新闻政策。他说镇压亲印的报纸言论对中国和国民党都是不值得的。这时张群想替王讲几句话，但委员长阻住他。其他人员发言后，我问：是否我可以说几句话？委员长允许我发言。首先我请全体出席人注意一个事实：尽管大家说了很多，但没有一个人提出可行的办法。我认为我们实际能够做到的，才是真正能够帮助印度的。在当时，我们仅仅能充当一个中间人。要充当中间人，中国就不能得罪英印任何一方。任何谴责都或多或少地对于居间调停有损害。我建议宣传部应该让报界自由讨论，但要请他们注意：尽量避免趋于极端。当我发言时，有些出席人认为我是重庆政界最大的傻瓜。我坐下后，会场中一片沉寂。后来委员长结论说："我们照廷黻的意见做。"

次日，重庆所有的报纸都报道了印度情况。有些报道的尺度不仅超过了宣传部所允许的，而且也超过我所预料的。报界对印度突然的报道，而且内容相同，此一事实使驻重庆的外交记者误认为中国政府已经采取了反英政策。他们的结论虽然不对，但他们却有报纸为证。当记者们要向他们总社发稿时，我国新闻检查机构只好查扣。当时，我是政府每周记者招待会的发言人。当我到宣传部国际宣传处处长董显光的办公室时，我发现他外表很紧张。他告诉我：外国记者宣布他们要从重庆撤退，因为我们查扣了他们的电稿。当我见到那些记者时，我将在委员长午餐席上建议的事作个简单说明。中外记者对我的说明都感到很满意。新闻稿的迟发并不影响他们的报纸，但对中国说却有很大好处。当天晚上十点钟，一位中国报纸的编辑电告我：新闻检查人员禁止中国报纸发布外国记者已经被允许拍发的电稿。

人们对政府组织和人事的批评很多。这种批评，在我国也和其他国家一样，只有部分是公正的。我个人认为：尽管政府官员的道德水准应该提高，他们的知识水准同样地也需要提高。厕身政府的人中存心克尽厥职的，固然远较一般人想象的为多，但政府官员中具有现代眼光的却远较大家想象的为少。

我经常在行政院及各委员会倾听讨论时，忙里偷闲去猜测发言人的思想背景。我很容易猜出他们的教育背景是德国、日本、法国、英国或是美国的。这些老知识分子的通病是想将文字当作事实和政策。如果你告诉他们说这种想法是落伍的，他们就会感到不快。从某个角度看，他们的不快也是有道理的，因为他们认为他们的文字本身就很有名堂。当然，喜欢推敲文字，举世皆然，这是政治推销术中极重要的一部分。不过在中国却滥用了这种习惯。因此我们可以说中国的问题是观念问题，而不是从政者存心如此的。

在这方面，我想引用两段插曲：其中一段是琐碎小事，另一个却相当重要。第一件：在重庆电力非常缺乏，灯光昏暗，但即使昏暗的电灯也是有限制的。在院会中我提议采取日光节约时间，每年四月一日将钟拨快一小时。孔祥熙博士第一个表示反对。他说他从未听过这种办法。他不明白人如何可以任意将时间提前或错后。他说他同意提早办公时间，但他不同意随便将钟拨快。徐堪部长极力支持孔的意见，他谴责我干扰时间，破坏自然。后来，美国人提出了相同的建议，出人意料地又被采纳了。

第二段插曲是有关公文程序的。在前述章节中我曾将中国政府譬喻为宝塔。依法，所有的文件都要由最下一层逐级呈到最上一层，然后再由最上一层退回最下一层。此种处理程序当然是很浪费时间的，同时还产生另外一种弊端：那就是冲淡了每个人的责任感。大家都处理了文件，至于一件工作是否已经做了、做得是否好倒没有人关怀了。他们真正注意的是公文的遣词用字是否得当，缮写字体是否秀丽，印章盖得是否端正。

公文程序困扰我很多年。我晓得这是中国官场传统中主要部分，因此，即使是些许的改革我都小心从事。其实建立一个共同意识从事实际改革并不困难。但是，欲想令人接受却是困难的。草拟改革办法我倒不怕，但是推行起来却是困难的。我像淘金者一样，终于找出一句可以形容公文改革的恰当词句，突然间来了灵感，终于想出来了："分层负责。"这句话很典雅，而且也其来有自，甚至可以说来自孔子。我将这句话就教于许多朋友，他们都认为不错。后来蒋委员长在一次谈到权责的讲话中也使用了这句话。他可能是自己想出来的，也可能是从我的朋友那儿听来的。他对分层负责一词的使用，对我实在是一大鼓励。于是我自己对自己说：现在终于可以将中国的政府机构变成工作单位了。我要为此工作而努力。改革方案最后终于提出院会。院会由孔祥熙主持，议案引起非常激烈的争辩。实际上，等于引起一次政院危机。孔不愿接受这个议案。徐堪支持他。前福建省主席，当时的行政院秘书长陈仪将军公然谴责他们。他的发言虽欠聪明但却热诚，因为他认为孔、徐的反对是不忠于委员长的。他说：他在行政院已经看到过很多类似的事情，对国家领袖的命令和意愿只有口头上的应付。孔、徐二人都痛恨陈的指责。当时改革方案的讨论一变而成为人身的攻击。事情演变的结果，不离中国一般的老套。第三者出面打圆场，最后使所有有关的人都保住了面子。

从表面看，我的计划是被采纳了，但实际上成了具文。这并不全是因为道德上的原因，而是因为人们对此缺乏了解。欲使改革计划顺利推行，还要配以其他方面的改革。首先分层负责需要机关首长先决定他所主持的单位要做些什么工作。然后，必须再将工作固定地分配给各科室。预先筹划政府机关重要工作是很吃力的，这要比头痛医头脚痛医脚，遇事临时应付一下，然后推到其他单位的做法困难得多。第二，如果真正要授权给科室主管的话，即使是相当有限度的授权，他们的人选也要深获上级的信任。于是在人选的物色方面也会较一般情况要小心得多。在过去，即使某一人不称职也没有多大关系，因为他不过是一个“公事必须经过的桌子”。

这种积弊的来源是很久远的。几世纪来，中国的知识分子都是要笔杆，他们肩不能担手不能提，在学校他们学的是绍兴师爷那一套。他们认为：一旦把公文写好，工作就完了。这种积弊大部分还保留到现在。

像中国这样古老的国家应该把聪明用在研究人类心理和实际管理人方面。就私人关系方面说，我认为中国已经达到相当高的文化水准。但在公共生活方面，我却不敢说已经达到理想地步。中国的政治领袖当然也知道人类都有追求权力和财富的天性。在过去，有许多皇帝，他们曾利用这种天性得到某种程度的成功。不过，文化的传统似乎使具有野心的人对财富的追求较权力的追求更为热衷。同时，在中国对人的管理一向是依靠道德理想主义的。历代的领袖人物都高唱牺牲精神和无条件忠于长官。此种做法，如果不断予以强调，就人性好的一面说，可以得到某种程度的成功。但是也有危险和限度。理想主义可能成为空口说白话，也可能被现实的想法所代替。理想主义也可能被当作复古运动的借口。欲想使理想主义的说法有效，就必须搬出历史上的英雄和圣人来作榜样，但是他们当时行为的动机在我国的历史中又没有正确的记载。过去国民党的作风就是反对揭露中国英雄圣人的短处，他们忘记了，除非我们能揭过去的短，我们就不能更进步，就不能生活得更理想。

中国政治领袖们在建国时很少利用人类好工作的本性。我们都想有机会去做一己的工作，追寻工作圆满完成的满足。当然，政府应该予其工作人员以实质的酬劳。虽然人生不完全是为了面包，但是没有面包他们是不能生存的。为了使人们努力工作，倒也用不着给以过分的诺言。因为国民党要建立一个半社会主义化的国家（我完全赞成），所以就要较过去更努力，去引发人类的工作天性，使他们参加工作。建立一个社会使其中男女在公私生活方面都能够有足够的机会去发展，满足他们工作的天性，是中国政治家们的首务，我敢大胆地说这也是每个国家政治家的主要工作。目前，人类已不再完全追求权力和金钱，因此，文明的进步应该依靠人在工作中的自尊。

附录：

蒋廷黻的志事与平生

陈之迈

昔桓君山之志事，杜元凯之平生，并有著书，咸能自序。

——庾信《哀江南赋》

求学与治学

蒋廷黻，湖南邵阳（宝庆）人，生于清光绪廿一年（一八九五）十二月七日，病逝于美国纽约市，时间是一九六五年十月九日，依照我国旧习他享年七十岁；依照西洋计法则为六十九岁另十个月。他出身于一个中等农家，薄有田产。他四岁时在他家乡宝庆由私人教师教读，六岁进私塾，受旧式教育。他十岁时离开宝庆到长沙入明德小学，次年改入美国基督教长老会所办的益智学堂，开始学习英国语文。他在益智学堂就读至辛亥革命那一年，因学堂停办而辍学。中国革命成功，新潮澎湃，他就在民国元年只身自费到美国读书，年才十七岁。因为没有多少钱，所以他进的是一间半工半读的学校，名为“派克学堂”（Park Academy，Parkville，Missouri）。民国三年（一九一四），亦即是第一次世界大战爆发那一年，他在“派克学堂”毕业，相当于中学毕业程度。因为成绩优异他获得湖南省官费而转入宗教气氛浓厚的奥伯林学院（Oberlin College，Oberlin，Ohio），四年修业完毕，得文学士学位，主修科为历史。他从十一岁进益智学堂起到廿三岁大学毕业，所进的都是基督教会学校，但他是否信仰基督教则不得而知。我和他谈话时不知何故从未涉及他的宗教信仰，也不曾听说他到教堂做过礼拜。所能知道的是在他毕业那一年，他曾应基督教青年会之征到法国去为法国军队征募的大批华工服务。这个时候我的二哥陈之逵也在美国读书，他也受青年会征召到法国服务，因而和廷黻在那个时候相识，廷黻后来常向我提起他。廷黻到法国时，第一次世界大战已成尾声，停战后不久他又重到美国，进纽约哥伦比亚大学研究院，专攻历史。哥伦比亚大学历史系那时人才鼎盛，教授们都是第一流学者，当时最露头角的是海斯（Carlton J. H. Hayes）教授，主讲欧洲近代（一八一五年后）政治社会史，研究的主题则为族国主义。廷黻从海斯教授研究，四年后得了哲学博士学位（照哥伦比亚大学的制度，研究生可以直接求取博士学位，不必先取得硕士学位）。他博士论文的题目是关于英国劳工党外交政策的，其全题为“劳工与帝国：关于英国劳工党，特别是劳工党国会议员，对于一八八〇年以后英国帝国主义的反应的研究”。他这篇论文由哥伦比亚大学出版所印行（哥伦比亚大学的博士论文一律刊印成书），一九二三年出版，共二百二十页，纸面本当时售价美金三元二角五分。这本书是廷黻第一部出版的书，虽是学术论著，题目却非常应时，因为就在这本书出版的那一年，英国劳工党，以麦唐纳为首领，第一次组阁。英国劳工党里本有一部分人反对英国帝国主义，但麦唐纳上台后对英帝国主义政策却丝毫没有放松，这是使当时开明人士很失望的一件事情。民国十年（一九二一），廷黻在哥伦比亚大学研究的时期，适逢九国会议在华盛顿召开，当时留美学生有志之士曾组织“中国留美学生华盛顿会议后援会”，以“五四”的口号“外争国权，内除国贼”为宗旨，从事活动，出版刊物，廷黻即为英文刊物主编之一。（参看当时参加此事的罗家伦所写《坛坫风凄》一文，《传记文学》，第八卷第一期）

廷黻在民国十二年（一九二三）获得哲学博士学位，随即返国，应天津南开大学之聘，担任历史教授。他学成归国抱有很大雄心从事中国外交史研究，并介绍西洋名著。当时他和他的学生曾合译他业师海斯教授所著《族国主义论丛》一部书。廷黻为译本写了一篇序文，时间是民国十七年（一九二八）秋。他在南开大学任教六年，专心收集整理中国外交史资料。哥伦比亚大学设有历史研究法一科，为历史研究生所必修，主要内容是教导学生怎样判别利用史料，如第一手史料、第二手史料等。在写作博士论文时，教授更谆谆指导学生怎样将史料选择编排起来成为一部学术论著。廷黻在哥伦比亚大学受过这种严格训练，回国后即应用于中国外交史，第一步工作是用现代历史研究法，将史料选择编整起来。他所编的《中国近代外交史资料辑要》〔民国十九年（一九三〇）底商务印书馆出版〕是他在这方面致力的结果。南开大学当时朝气勃勃，何淬廉（廉）所主持的南开经济研究所也是在这个时期办起来的。北方几个大学的学风已由西方学术的介绍转变而为用科学方法研究中国问题，许多方面都是新创的，廷黻对中国外交史的研究也是方面之一。他在南开的一段时期，曾到内地旅行多次。他幼年离开祖国，对国情隔阂，这几次内地旅行对于他当有很大的启示，自在意中。（参看李济：《回忆中的蒋廷黻先生》，《传记文学》，第八卷第一期）

北平清华学校为美国退还庚子赔款所创办，自始即是一个留美预备学校，由各省考送学生，分中等科与高等科，一共八年，所有毕业生一律官费送往美国留学，在有的美国大学可插入三年级，有的插入二年级。民国十三年（一九二四）清华学校改制成为大学，就在本校招收中学毕业生，在大学修业四年，毕业授予学士学位，不复官费留美。民国十七年（一九二八）北伐成功，国民政府成立，政府任命罗志希（家伦）为国立清华大学校长，气象为之一新。民国十八年（一九二九），罗校长延聘廷黻为历史教授兼历史系主任。廷黻到了清华以后，一方面继续他的中国外交史研究，一方面则有意使清华历史系成为全国最充实的历史教学中心。他在清华住在北院一所教授住宅，叶公超、刘寿民（崇鋐）、朱佩弦（自清）、陈岱孙（总）等都是他的邻居。他那时早已结婚，生有儿女，记得他客厅里挂着一张“全家福”油画，全家大小坐在一张沙发上。这幅画是北平一位西洋人画的，实在不甚高明。北院的教授住宅是学校最初为洋教员建造的，并不太大，廷黻乃自己出资添建了一间半圆形的书斋，他就在那里埋头做研究工作。他到清华后，收集整理史料的工作仍在进行。除了清宫档案有一部分归了清华以外，北平城里还住着不少清末权臣的后裔，家里存有文件信札等，其中自有些珍贵的史料。北平搜求古董的人很多，大家最注意书画陶瓷，其次是善本书籍，对于私家的文件信札，是很少人过问的。廷黻研究的主要对象自然是清宫档案，但同时也尽力为清华图书馆收买清末权臣的文件信札。他们的后裔不懂得这些东西的宝贵，竟有时用麻布袋装起论担论斤出售。廷黻派人和他们接洽，讨价还价，一袋一袋买来，打开时的心情好像开封礼物一样，妙在不知里面究竟有什么东西，正是傅孟真（斯年）所谓“上穷碧落下黄泉，动手动脚找材料”。根据各种史料他在清华时开始写作，民国二十年（一九三一）十月他在《清华学报》（第六卷第三期）发表《琦善与鸦片战争》一文。他曾说过“鸦片战争实在是近代中国外交史的开始”（《近代中国外交史资料辑要》上卷第一页），所以他发表的第一篇学术论文也以鸦片战争为题目。接着他连续发表了许多篇学术论文，包括《李鸿章——三十年后的评论》〔《政治学论丛》，创刊号，民国廿年（一九三一）十二月〕，《最近三百年东北外患史》〔《清华学报》，第八卷第一期，民国廿一年（一九三二）十二月〕。这些论著有的根据新史料作史实的重述，有的是翻案文章，而其最新颖的地方是就当时清廷的国内国外环境评判主办外交者的得失，论事而兼论人，为研究中国外交史者开辟一条新路。他的论著里不大骂外国人。这并不是因为他不痛恨西洋和日本帝国主义者的侵略。但是他认为十九世纪帝国主义侵略是一个历史事实，侵略的对象也不只中国，要紧的是看我们如何应付帝国主义侵略，我们所采的策略得失利弊如何。从这个观点出发外交史的研究便有新的方向。廷黻在民国廿四年（一九三五）离开清华到南京任官，他的学术研究尚在进行的过程中，未曾达到一个完整的段落。他无疑地计划在个别的研究完成后撰写一本有系统的有权威性的中国近代外交史。我意会到他后来也许认为纯粹的外交史范围太窄。他有一次对我说："研究中国外交史就不能不研究义和团和其所代表的心理，进而又要研究中国的民族性，这个问题就太大了，也不能以近代为限了。"所以他在民国廿七年（一九三八）所写的不是中国近代外交史而是中国近代史大纲；他在一九六四年四月最后一次回台和"中央研究院"同仁所讨论的几个问题也不全属外交史的范围（参看刘凤翰：《蒋廷黻博士对中国近代史上几个问题的见解》，《传记文学》，第七卷第六期）。廷黻一生史学著作不多，他的贡献，诚如李济之所说，在于"为中国近代史……建立了一个科学的基础，这个基础不只是建筑在若干原始材料上，更要紧的是他发展的几个基本观念"（李济：《回忆中的蒋廷黻先生》，《传记文学》，第八卷第一期）。

廷黻到了清华以后，清华校风，在梅月涵（贻琦）校长倡导之下，是偏重理工方面的。当时选习文法科的学生远较习理工科者为少。正因为文法科不时髦，选习文法科的学生都是真正有志于此道者，水准反而提高。廷黻担任历史系主任，一方面网罗已有成就的学者，一方面则积极训练后进。在留美预备学校时代，清华不过是中学程度的学校，不分科系，历史教学自然只限于几种普通的课程。我在民国十二年（一九二三）进清华插班中等科四年级，是时教西洋通史的是美国人麻伦（Carroll B. Malone），教中国通史的是陆懋德。民国十三年（一九二四）改制后，加聘了钱端升、刘寿民。他们教的是西洋史（刘先生后来加授日本史）。等到民国廿三年（一九三四）我回清华任教时，气派就完全不同了。廷黻主持清华历史系的计划是使中国历史每一个时代都有专门学者教授和研究，而在外国史方面则特别注重中国两个邻邦——俄国与日本。这是他远大的理想，而竟能在几年中实现了大部分，这是令人十分敬佩的。在他于民国廿四年（一九三五）离开清华时，清华历史系的阵容是：中国通史及古代史为雷伯伦（海宗），隋唐史为陈寅恪，元史为姚从吾及邵循正，明史为吴晗，清史为萧一山（北大教授兼任），近代史及近代外交史为蒋廷黻；西洋史为刘寿民及张贵永，日本史为王信忠，俄国史为葛邦福（Michael Gapanovitch，俄国人，现在澳洲国立大学教授俄国史，他生长在清华园而在北平辅仁大学毕业的女儿，讲得一口流利国语，现亦在同一大学教授中国语文，他们父女现尚不时和我叙旧）。这个历史系的阵容堪称当时海内第一，我想是没有多少疑问的。此外历史系的学生自然可以到别的系去选修课程，如国文系的中国文学史、哲学系的中国哲学史、政治系的中国宪法史等等。廷黻对于中国传统的治史方法不满意。他说中国史学家往往是"治史书而不是治历史"，以致一个人熟读许多史书，或专治一部史书，费了很大精力，对于版本训诂也许有所发明，但到头来对于史实本身反而没有多少知识，这根本不是学历史的正当途径。他主持清华历史系时，他不鼓励学生走这条路，国文系里所设《左传》《史记》等课程，他也不认为是历史系学生所应当兼修的。在这一方面他可说是中国史学界的一个革命者，虽则他的意见未免有些偏颇。廷黻没有胡适之的"考据癖"，是他的个性使然。他研究的是近代史固无大碍，研究古史恐怕就有的地方行不通了。

论 政

民国廿年（一九三一）沈阳事变以后，胡适之在北平创办《独立评论》周刊，同时和他发起这个刊物的有丁在君（文江）、翁咏霓（文灏）、傅孟真（斯年）、任叔永（鸿隽）、任叔永夫人陈衡哲、竹垚生、吴涛鸣（宪）等先生，廷黻也是发起人之一。这些位先生是"独立评论社"的社员。胡先生自始主张这个刊物只刊书店广告，不接受普通商业广告。所有文稿一律不付稿费，刊物的经费由各社员捐出月俸十分之一来维持。社员中的竹垚生是浙江兴业银行经理，吴涛鸣是北平协和医学校教授，收入比其他人为大，所以他们对《独立评论》财政上的贡献也特别大。这个刊物发行不久，销路便遍及全国，售价收入已足维持，不但社员不必继续捐助，而且略有盈余。当时曾讨论过是否改付稿费，大家都不赞成，胡先生反对尤为坚决。这个在中国当时很有影响的时事周刊第一期刊行于民国廿一年（一九三二）五月廿二日，每周按期发行，一直到抗战开始北平被日军占领为止，最后一期是第二四三期，出版于民国廿六年（一九三七）七月十八日。在这五年多的期间社员人事有很大的变迁。民国廿四年（一九三五）丁在君在湖南考察煤矿中了煤气之毒而逝世，《独立评论》曾出了一个专号纪念他。不久翁咏霓、蒋廷黻奉派担任政府要职，也离开了北平。当时胡先生曾送给他们两句诗，记得是：

寄语麻姑桥下水，

出山还比在山清。

因为这两句诗，后来廷黻发表文字偶然用“泉清”为笔名。继后任叔永也被任为国立四川大学校长，带着陈衡哲女士到成都去了。按照“独立评论社”的不成文法，补充社员是由全社公决，提出的人有一位社员反对便作罢论。在民国廿四年（一九三五）后补充了若干位社员，都是北平各大学的教授，我就是这样经过表决而加入为社员的。

《独立评论》始终由胡先生亲自主编。他偶然离开时，在初期系由廷黻代编，后期则由吴景超和我代编，但为期均很短暂。《独立评论》生命当中有过几次风险。有一次胡先生为文指斥广东省政府不该枪毙麻风病人，广东省政府乃禁止该刊在省境内行销。傅孟真之反对读经和国医，陈衡哲之批评四川军阀讨姨太太，也引起很强烈的反应。最大的一次风波是在民国廿五年（一九三六）夏天《独立评论》刊出《冀察不可以特殊自居》一篇外稿，触怒了冀察政务委员会委员长宋哲元，他命令当时北平市长秦德纯“叫《独立评论》停刊，把发行人押起来，交北平市政府办理”。其实《独立评论》没有发行人，胡先生是时也不在北平，使宋将军不满的那一期是由我代编的。结果刊物停刊两期，作者和编者却没有被捕（参看秦德纯《冀察政委会时期的回忆》，《传记文学》，第二卷第一期）。

廷黻和《独立评论》的关系，系在该刊发行之初到民国廿四年（一九三五）他到南京任行政院政务处长为止，只有三年时间。在此时期内他在这个刊物上发表许多论政文字，最重要的是讨论当时对日对苏外交。那时中日关系极度紧张，两国间的大战似已不可避免。胡先生是时则在企盼日本明识之士能够劝阻日本军阀以亚洲前途为重，不可陷中日两国于两败俱伤的大战之中，他写给他的日本朋友室伏高信的公开信该是中日关系史上重要的文献。廷黻所最关心的是苏联对中日冲突所将采的态度。那时国内有一部分人相信在中日冲突之中，苏联势必助我抗日。廷黻从许多角度剀切说明这个信念之全无把握。

意大利的墨索里尼，德国的希特拉[①]兴起以后，全世界都在讨论民主与独裁问题。这个问题在《独立评论》里也引起一场论战，参加的人很多。当时有一种普通的印象，以为“胡适之提倡民主，蒋廷黻主张独裁”。其实这是很肤浅很错误的归纳。胡先生提倡民主是不错的。但是廷黻有许多篇文字极力强调舆论的重要，而慨叹中国舆论之不健全，显然不是主张独裁。廷黻思想的中心重点在切望中国的现代化，赶速的、彻底的现代化，我们的国家才能在现代世界上立足。还在民国十六年（一九二七），廷黻就在介绍英国史家陶恩培[②]（Arnold Toynbee）所写的一篇文字，题为《中国革新运动与日本、土耳其革新运动的异同》。这一件事说明廷黻所主张的所谓独裁，绝对不是墨索里尼、希特拉式的独裁，而是土耳其在第一

① 现通译为希特勒。
② 现通译为汤因比。

次世界大战后凯末尔领导的革新运动。在廷黻眼中凯末尔是近代历史上很了不起的人物，因为他能在很短暂的时间，大刀阔斧，将号为“东方病夫”的土耳其复兴起来，他的革新运动对于他的国家确有起死回生的作用。廷黻所希望的是中国也有这样的一个革新运动，把中国快快地建设起来，对内可以谋致人民的康乐幸福，对外可以抗拒帝国主义的侵略，更好的是使得帝国主义者对我根本不敢起觊觎之心。他这种看法现在看来似乎没有什么新奇独创之处，但在民国廿年（一九三一）的前后是讨论得很热烈的题目。胡適之是当时发表意见最多的。他大声疾呼要“打倒五个大仇敌”：贫穷、疾病、愚昧、贪污、扰乱；他要铲除“我们所独有的宝贝”：骈文、律诗、八股、小脚、太监、姨太太、五世同居的大家庭、贞节牌坊、地狱活现的监狱、廷杖、板子夹棍的法庭；他要建立一个“治安的、普遍繁荣的、文明的、现代的统一国家”。当时也有人提倡“全盘西化”，有人主张“中国本位文化”，辩论很热闹。对于胡先生所说的种种廷黻是大体同意的，不过胡先生所着重的是文学的和社会的改革，而廷黻所注意的偏重于经济建设方面，要利用现代科学方法和技术来建立新国家。我在许多场合听过他的议论，归根就是这一点。他说：“我们既然不再用李冰修筑都江堰的技术方法来导淮，为什么现在还有人要用草船借箭的方法来打仗呢?”“为什么有人花钱送他的儿子到协和医学校去习西洋医术，而他自己却仍旧相信因为核桃的形状像人脑所以吃核桃来补脑呢?”廷黻相信中国的革新运动须要一个强有力的政府来领导；他服膺孙中山先生“万能政府”的概念，因而反对胡先生“无为而治”的主张，因此也不憧憬西洋以保障人权为最高原则的政法制度。凯末尔如果事事要顺应民意，他就不可能在短期内除掉了土耳其妇女的面罩。根据同一理由，中国政府如果没有实权，也不能短期内禁绝中国妇女的缠足。廷黻毕生没有把他的政治、经济、社会思想有系统地写出来。他的意见只散见于他零星的文字，尤其是茶余酒后议论风生的谈话，这些谈话我听得多了，我相信上面所说是不差的。

民国廿七年（一九三八）春，廷黻自苏联回国重任行政院政务处长。他认为抗战时期大后方应当有一个类似《独立评论》的定期刊物，目的不在评论战时军事政治的得失，而是由大家来讨论战时和胜利以后的建设方案。他于是发起创办一个半月刊，取名“新经济”，“经济”这个名词是取其古义，所有一切与国计民生有关的问题都在讨论范围之内。《新经济》半月刊是在民国廿七年（一九三八）十一月创刊的，当时参加的除了廷黻以外有翁咏霓、何淬廉、吴景超、陈之迈等人，公推吴景超担任编辑。《新经济》半月刊也仿《独立评论》的旧例，社员经常聚会，地点多在廷黻重庆国府路的寓所。廷黻对于这个刊物非常重视，时常提出讨论的项目，如国营与民营事业界限的划分，工农业建设的基本政策等，请专家撰文讨论。他本人有时也在这个刊物上发表文字，最重要的一篇题为《百年的外交》，在第一卷第四期〔民国廿八年（一九三九）一月一日〕刊出。这篇文章叙述自道光十九年（一八三九）至民国廿七年（一九三八）整整一百年的中国外交，评论政策及主事者的利害得失，洋洋七千言，可以说是他的一篇精心之作，到了今天仍然值得细读。这篇文字的内容丰富，不可能作一个节要，兹仅将其结论摘录于后：

我们于研究百年的外交之余，可以得着几个结论。第一，我们近百年对外的失败不是由于我们的不爱国。第二，我们的失败由于外交本身者尚为次要，由于内政者实为主要。内政的致命伤即现代化的建设之过于零碎、迟缓和不彻底。第三，就外交本身而论，我们的失败一部分应归咎于士大夫的虚骄，其他部分则应归咎于外交机构的不健全。若再进一步地研究，这两种弊病都要归根于我们的知识、思想及办公习惯的现代化程度之不足。

在这篇文字发表两年以后，廷黻在《新经济》半月刊又写了一篇重要文字，题为《从无为而治到统制经济》〔第四卷第八期，民国卅年（一九四一）一月一日出版〕。现在我也将其结论摘录于后：

孙中山先生虽热心民生主义，他反对破坏，反对阶级斗争。为什么呢？因为中国的工业和资本根本不存在。我们的问题不在破坏现状，而在建设将来……时代的认识：这是大政治家之所以成为大政治家之最要条件……我以为当今要图不在统制，而在扶助自由经济……适对历史的现阶段去找出路，我们的前途是光明的。

《新经济》半月刊在战时大后方颇受读者的欢迎，在物质缺乏、物价波动以及敌机疯狂轰炸下仍然每期按时出版。我在这个刊物上发表过几篇文字，大半是讨论中国地方行政和自治等问题，同时也写了不少书评，介绍当时大家很难读到的外国书籍。民国卅三年（一九四四）我奉派到美国去服务，遂与这个刊物脱离关系，办到第几卷第几期才结束我竟不知道了。现在我所有的只是残余的几期，所幸其中包括廷黻上述的两篇文字。廿多年后读来还觉得津津有味，正足以说明他的政论是从历史出发，从大处着眼，是有保存的价值的。听说他在退休以后曾说他有意回台，一方面继续他对中国近代史的研究，一方面则做一个专栏作家，可见他在晚年对于论政仍然有浓厚的兴趣。

对内政的抱负

廷黻逝世以后，各方赞扬他是“一代学人”“外交斗士”。但是廷黻对于内政也有很大的抱负，我们甚至于可以说他对内政的兴趣似乎比对外交的兴趣更为浓厚。上引他认为中国外交失败应当归根于内政之不修的言论，正是他重视内政的理由。

民国廿四年（一九三五）廷黻奉国民政府的征召出任行政院政务处长，这是他和内政接触的开始。他当时便看到他后来所谓“办公习惯的现代化程度之不足”，而思有所兴革。他当时在行政院里成立了一个行政效率研究会，延聘甘自明（乃光）主持，其主干则为李朴生。廿五年（一九三六）的夏天，该会聘了两位清华教授到各省考察地方行政，一位是沈仲端（乃正），考察县政，另一位是陈之迈，考察行政督察专员制度。我因此带着一位勤务到东南各省去旅行，为期两个多月，结果写了一篇考察报告，在行政效率研究会所刊行的《行政研究》第一卷第一期发表，同时回到北平后在《独立评论》上发表了几篇文章，报告内地旅行的观感。廷黻研究历史，自然重视档案，因此也注意档案的管理。行政效率研究委员会受他的督促，深入研究档案的科学管理，厘定了一套善良的办法，付诸实行。抗战时期政府各机关的档案以行政院的档案最为完备，整理得最有条理，有时各部会都得到行政院来查卷。我在行政院服务的期间〔自民国廿七年（一九三八）五月至卅三年（一九四四）六月〕，曾看到许多案卷有历任院长的手批，首任谭院长组庵（延闿）的手批，写得一手遒劲的颜字，一笔不苟，尤其令人肃然起敬。行政院档案管理的健全应当归功于廷黻的提倡和甘自明、李朴生的科学头脑。这一件事恐怕是很少人知道的，值得表扬。

战时重庆因为敌机的轰炸而迫使政府机关疏散下乡。行政院疏散的地方是新开市龙井湾，在成渝公路之旁，在沙坪坝和歌乐山之间，几座小山头环抱着一条小溪，所谓龙井也够得上称为一条醴泉，所有行政院的职员的眷属都住在那里。记得卅一年（一九四二）早春一个清晨，廷黻和我一同乘车从龙井湾进城，中途遇到浓雾，不能进行。我们在一个小山头坐下来聊天。他忽问我：

“这场战争我们是必胜的。胜利之后你想做什么事？”

我对这个问题早已有了打算，我答道：

“我想回清华教书；我父母在北平，都已年近古稀，我得回去侍奉。你有什么打算呢？”

他毫不迟疑地回答：

“我希望政府派我当台湾省政府主席!”

我追问：

“你是湖南人，为什么不希望做湖南省政府主席呢?”

他告诉我这个故事：

“廿七年（一九三八）我初自苏联回来，住在汉口一段时间，没有职务。那时你叫我写书，我就写了那本《中国近代史大纲》。写成之后我又试写一本小说，描写胜利后十年的湖南，把我对于中国现代化的蓝图在幻想中予以实现，其中还穿插着一个动人的恋爱故事，男女主角都是标准的现代化的中国青年。可惜这本小说没有写完，我就到重庆来了。我对湖南省的建设的确是用过一番心思的。”

我问他：

“那么你更应当希望到桑梓去服务了。为什么又想到台湾呢?”

他很肯定地答复：

“湖南的建设重要，台湾的建设更重要。台湾自甲午以来即为日本的殖民地，战时又受到许多破坏，台湾同胞被日军拉夫到别的战场作战的就不知有多少。台湾光复后，政府有义务，有责任，好好地为台湾同胞服务，为颟顸糊涂的清廷赎罪。”（我在一九六五年办理滞澳“台湾战俘”陈友德的遣返就想起廷黻这几句话来。）

他继续说：

“你在行政院办理地方行政多年，市组织法就是你起草的。我想战后你也不必回清华教书了。我想你应当做香港市长。你会说广东话又通英文，这该是你理想的职务。你父母可以接到香港去啊。”

浓雾渐渐散了，几线阳光已冲出了层云。我们继续旅程，各自回到办公室去了。

行政院政务处是一个幕僚机关，而且另设有秘书处，秘书长才是名符其实的幕僚长。廷黻第一次任政务处长，秘书长为翁咏霓；他第二次任政务处长，秘书长先后为魏伯聪（道明）、陈公洽（仪）、张少武（厉生）。这个制度是不甚合理的，政务处长并没有多少实权，廷黻自己就曾主张将政务处取消而改设一位或两位副秘书长。他这个主张在他离开行政院以后已经实现了，但他在这个不太合理的制度下对于战时行政也有相当的贡献。他的贡献不在外交而在内政，尤其是在财政经济方面，他主要的助手是胡善恒、端木铸秋（恺）和后来在联合国辅佐他的前南开大学教授张镜轩（纯明）。廷黻最主要的工作是编拟每年度中央各部会和各省市的预算和审核从各方面如雪片飞来的追加预算。这些不但是十分繁复的工作，而且最容易开罪中央各部会的长官和各省封疆大吏。他极力主张在战时紧缩预算。他在《从无为而治到统制经济》一文里说：

闻行政院审查三十年预算的时候，决定不许举办任何新事业与军事无直接紧要关系或不能在抗战期内发生效力的。这种原则是战时财政的天经地义……建设事业也好，文化事业也好，新政制的推行也好，凡不合这个原则者，一概停办，其执行机关亦裁撤。“军事第一，胜利第一”应该适用财政上去。我们知道紧缩预算是最容易得罪人的，不过民族到了这个紧急关头，我们希望政府任劳而又任怨。

他在行政院五年多的工作大都集中于这个原则之贯彻。他不惜严辞质问资源委员会委员长翁咏霓，为什么该会主办国营钢铁厂炼出的钢，价钱比从美国匹斯堡经滇缅路输入的钢为昂贵？既然如此又何必耗费国币来办这个厂？有一次中央研究院请追加预算派天文学家到甘肃去观察日蚀，廷黻就提出质问：“日蚀是科学家早可算定必定发生的事情，为什么中研院不把这笔经费列入年度预算而临时请求追加预算？”他处事就是这样耿直，为了公务他不惜使他的朋友难堪。他的朋友只有自解说：“廷黻的湖南脾气又发作了。”但是政治是很复杂的：国营钢铁厂并没有停办，观察日蚀的经费也如请追加。

对苏联的认识

清华大学的成例是连续任职五年的教授可以在第六年由学校资助出国进修。廷黻是民国十八年（一九二九）到清华的，到了民国廿三年（一九三四）恰满五年。在那一年秋间他就到欧洲去考察，他在莫斯科住了三个月，锐意观察苏联外交。他曾和若干位苏联官员谈话，包括当时的外交次长斯托曼尼阿可夫（Stomaniakoff）。

民国廿五年（一九三六）十月政府任命廷黻为驻苏联大使。这是他从事实际外交工作的开始。他到莫斯科不久便发生了惊天动地的西安事变。他这一段经历我不清楚，在已发表的资料里我只看到他拍到南京的几通电报，报告他和苏联外长李维诺夫的谈话，以及《真理报》和《消息报》几篇社论〔蒋大使的电报原文见《孔院长（祥熙）言论集》，附录〕。廷黻出使苏联为期只有一年另四个月〔他是在民国廿七年（一九三八）二月奉召回国的〕。在这个短暂期间他却得到了许多宝贵的经验，使他成为真正能够看穿苏联“真面目”的人。他在莫斯科备尝痛苦：他的办公室和住所遍置秘密的麦克风，一天廿四小时不能随便说一句话。他的行动随时受秘密警察监视，完全没有行动自由。他和别国大使谈话要预先安排跳舞会，在响亮的音乐声中由双方的太太传递信息。他对我说过：“这不是人过的生活!”

希特拉和史太林[①]终于打起来了。那时廷黻认为同盟国，尤其是美国，只应给史太林以有限度的支援。当时美国民主党参议员杜鲁门也作过相类的主张。罗斯福总统终于决定全力支援苏联，等到杜鲁门继任总统，改变政策的时机早已过去了。

---

① 现通译为斯大林。

廷黻对苏共的言论在抗战期间为一部分人所颇不谅解，对他时有指摘。记得民国卅三年（一九四四）当时驻苏大使邵力子回国述职，廷黻请他到行政院纪念周作报告。廷黻建议他报告苏联的文官制度。邵回说他对这个题目一无所知，还是报告苏联外交政策为妥。邵在报告里强调苏联政府是对中国政府友善的。会后廷黻对我说：

“真也奇怪，怎么当了大使而对驻在国的文官制度可以一无所知呢?”

善后救济

从民国卅二年（一九四三）起，同盟国在美国倡导之下，开始筹划战争结束后的善后救济事宜。所谓联合国善后救济是根据两个基本原则：（一）由在战争中未被敌军占领破坏的国家，援助曾被敌军占领破坏的国家，使其早日复兴；（二）接受援助的国家限于本身无力复兴而又没有别的援助的国家。为了说明这两个原则的实施，我们不妨举几个例子。在战争中，美国、英国、加拿大、澳洲、巴西和许多较小的国家，都幸而未被敌军占领。这些国家应当捐助其预算的一部分援助被敌军占领破坏的国家。法国虽然曾被敌军占领，但是法国有力量自力复兴，用不着联合国援助。又如菲律宾，虽然被敌军占领破坏，但菲律宾当时还是美国的殖民地，美国应单独予以援助，因而不得接受联合国的援助。根据这两原则，中国因为受战祸最久最深，而且面积广阔，人口众多，所以是接受联合国善后救济最主要的国家。至于苏联究竟有没有资格接受联合国善后救济则成了一个所谓边际问题。苏联诚然曾受德军占领破坏，但是苏联经济力量的统计数字都是秘密的，究竟有无力量自力复兴，只能听苏联代表一面之辞，别人无法作客观的判断。这个问题几经讨论，结果是采取了一个折中方案，准许白俄罗斯和乌克兰这两个苏联组成单位接受援助，而苏联本身则不接受援助。这个方案本来是不通的。但是后来罗斯福和丘吉尔竟在雅尔塔会议后同意史太林的要求，准许白俄罗斯与乌克兰单独成为联合国的会员国，和别的独立国家享受同样待遇。善后救济计划里这个不合理的折中方案遂竟然取得了法律根据。

自从民国卅二年（一九四三）秋天起，我国政府即命令廷黻以全力办理联合国善后救济事宜。他在是年秋季到美国参加联合国善后救济会议。这个会议在是年十一月九日在华盛顿开幕，参加者有四十四个国家，当经决议成立联合国善后救济总署（简称联总），总部设于华盛顿。总部设署长一人，对中央委员会负责。中央委员会由中、美、英、苏四国组成，开会时以署长为主席。中央委员会本身有对大会提出报告之义务，大会则由各会员国各派代表一人组成。联总本身是在民国卅三年（一九四四）十一月成立的，公推美国前纽约州长李门（Herbert H. Lehman）为署长，中国前东南大学校长、前财政部次长郭秉文为副署长兼秘书长。至于中国方面，则有两套组织。为了执行联总在中国的计划，中国政府在行政院下特设行政院善后救济总署（简称行总），以蒋廷黻为署长，浦逖生（薛凤）、李卓敏为副署长。此外又在各重要省市设立分署，是一个范围很大的组织。善后救济计划的执行须要中央各部会和各省市政府的合作。廷黻在行政院的经验是非常珍贵的。至于联总方面，廷黻本人担任中国代表，兼任中央委员会代表，郑宝南担任驻华盛顿办事处主任。这是中国方面的一套机关。此外联总又在上海设立一个总办事处，并在若干地方设立分处，职员最多时达四百人，来自十六个国家，他们都是联总的职员。

善后救济经费是由各援助国家捐出的，约等于各国预算百分之一强，美国自然捐出了最大的数目。联总自民国卅三年（一九四四）十一月成立，到卅八年（一九四九）三月底结束。在这个期间，会员国增至五十二国（有的国家因新独立而加入），所用的经费总计约达四十亿美元。中国分得的部分最大，据我方的统计为五亿一千万美元，照联总的统计则不止此数。

我在民国卅三年（一九四四）六月奉派到驻美大使馆工作。我到华盛顿的时候，廷黻也在那里，我们凑巧同住在一所公寓里，就在那个时候他和我谈中国的善后救济工作。他说中国经过七年多的战争，国家残破，战前所有的一点点现代建设都毁光了。因战争而死亡的军民在二千万以上，被迫离开本乡的难民（英文称为 displaced persons）估计就有四千四百万之多，其中一大部分是妇孺。粮食缺乏，交通工具缺乏，衣着缺乏，医药缺乏。我们应当怎样处理这些问题是他当时主要的工作。倘如我们能够善用国际援助，于救济之外，兼顾建设，“寓建设于救济之中”，对于国家的贡献就更大了。那时我甫自重庆来到华盛顿，对于善后救济之事一无所知。听他侃侃而谈，真是深受感动。那时我们相交已有十年，但是我好像看到了他的另一个方面，意会到他除了是一位学者，一位行政家之外，还是一位富有感情的人道主义者。当时胡適之先生也在美国，他也有同样的感觉。

参加国际工作就得开会，而且要到世界各地开会，大部时间过着孤独的旅馆生活。廷黻参加联合国善后救济工作，首先到华盛顿开会，其后到许多别的地方开会：澳洲雪梨①、英国伦敦、加拿大蒙特利尔、美国大西洋城。后来行总成立，他须要留在国内主持，势不能亲自出席每周在华盛顿集议的联总中央委员会。他于是呈准政府令派驻美大使魏伯聪（道明）为该会出席代表，陈之迈为副代表。魏大使因为对美外交及馆务繁忙，中央委员会自是即由我出席。民国卅五年（一九四六）一月八日我第一次出席该会，开始参加善后救济工作，名义上是代表魏大使，事实上则是代表廷黻。那时的中央委员会已由原来中、美、英、苏四国扩充为九国：新增的为澳洲、巴西、加拿大、法国和南斯拉夫五国。

联总的工作，简要言之，分为六项：（一）粮食，（二）衣料及住所，

---

① 现通译为悉尼。

（三）农业复兴，（四）工业复兴，（五）医药，（六）难民。联总的工作有人误解以为是联总对受益国家拨出一笔款项，由受益国家支配使用。这是完全错误的观念。做善后救济工作需要的是物资，运送到受益国的也是物资；说某一个受益国家得到多少千万美元，并不是那个国家拿到这个数目的现款，而是分配到这个数目价值的物资。联总的工作第一步是审定那个受益国家需要哪项物资，需要多少。这就须由受益国家向联总提出请求，这种请求须根据详细的经济统计数字，并且须有使用物资的具体计划。中央委员会就是这些计划最高的审定机关。大战之后，物资普遍缺乏，海陆交通运输工具尤其缺乏。物资的数量既定之后，联总次一步工作是找物资，并且找交通工具将物资由生产地运输到受益国去。这一步更难，其中的因素更为复杂，亦有待于中央委员会审议决定。

战争结束，善后救济计划在中国开始实施。当时最需要的是粮食，尤其是稻米。"大兵之后，必有荒年"这句俗话正在中国应验，以产米著名的湖南省也有灾荒，中国急迫需要粮食接济是联总所承认的。但是粮食从哪里来呢?

战后粮食问题之严重性是同盟国所预料到的。民国卅二年（一九四三）五月，同盟国即在美国维吉尼亚州的温泉镇（Hot Springs，Virginia）召开一个国际会议讨论战后的粮食问题，中国也被邀参加，代表为农业专家邹秉文。这次会议决议在战后成立联合国粮食农业组织（简称粮农组织），其任务为调查研究世界农业生产情况，交换情报，并主持召集各项有关粮农问题全球性的或区域性的会议。同时，在战争期间，英美联合参谋总部下面附设有一个联合粮食局，其目的是管理粮食以供军需。该局底下附议有十几个委员会，每一委员会主办一种物资的分配，如稻米、谷类、油脂、鱼类、肥料、茶叶、肉类等等，由主要的生产国与消费国参加。民国卅五年（一九四六），战后的粮食问题极端严重，由英国、美国、加拿大所组成的联合粮食局受到各方严厉的批评。民国卅五年（一九四六）五月廿八日联合国粮农组织乃召集二十二国代表集议议决将该局扩大改组为国际紧急粮食理事会，其下仍然附设各项粮食委员会，实行粮食的国际协议分配。当时世界粮食问题之严重可以下开两件事例说明。第一，以我国所最需要的稻米为例，民国卅五年（一九四六）上半年，全世界可供输出的数量仅等于需要量百分之二十四，下半年约等于百分之五十。粥少僧多，分配自然困难，而且有复杂的政治因素，分配更难求公平合理。在各国中最跋扈的是英国，因为几个主要的产米地区，或则是英殖民地（如缅甸），或则为英军占领（如暹罗），或则与英有双边的供应协定（如巴西），于是英国乃能保有很大的左右力量，公然偏袒英属的地区，如印度、马来西亚、香港等等。第二，联合国决定，战胜国家对于粮食较战败国家应有优先，前者每人每日应有二六五〇卡路里（热量单位），后者一五五〇卡路里（台湾地区现在为二三九〇卡路里，为亚洲之冠）。但是因为粮食缺乏，若干战败国家，如德国的英美占领区的人民一度仅有九〇卡路里，实不足以维持生命，于是又得以一部分粮食配给战败国家，意大利并且以其反法西斯政府曾于一九四三年十月对德宣战而获准为联总的受益国之一。

因为战后粮食短缺，联总决定分配给哪个国多少粮食并不能保证那个国家必可收到联总配额的数量。联总不过是若干国际组织之一，其决议并不能支配其他的国际组织。联总受益国本身，除了争取到联总的配额因而获得联总允诺出钱购买那批粮食以外，并且要到其他的粮食分配机构去争取实物的配额。廷黻既然派我出席联总中央委员会，而中国当时有三千万待赈的灾民，粮食的需要急如星火，廷黻于是又得请政府派我参加其他的粮食机构：粮农组织和国际紧急粮食理事会及其附属的稻米、谷类、肥料、茶叶、油脂等委员会（后二种物资我国为供给国，尤其是桐油），为联总的中国计划争取配额，以便联总购入运到中国。我因为参加这些机构，除了受行总指挥外，兼受农林部和粮食部的指挥。当时中央人事变动频繁，在三年时间主持农林、粮食两部的有陈济棠、徐堪、谷正伦、盛世才、周贻春、俞飞鹏等先生，他们对我都予以全力的支持，中枢人事的变动对于对外交涉没有发生不利的影响。

联总这个国际组织花了四十亿美元，究竟有没有成就呢？过去我曾多次和廷黻检讨这个问题，得到几项结论，可分为一般的和中国部分的来说。

（甲）一般的：

（一）联总在战后仓促成立，在不到一年内组成一个有上四千职员的机关，分署遍设欧亚，职员人选不整齐。各方面事后认为联总是一个大失败，都是有根据的。

（二）联总偏袒苏联，为有目共睹的事实。苏联不准联总派员进入，联总就不派人。联总设在苏联的分署苏联政府坚持由其自行组织，用的全是苏联人，既不向联总作报告，也不接受国际监督，显然违反联总的制度，联总却一样地向苏联输送大量物资。

（三）联总办事既无效率，且太浪费。联总接洽的物资很多始终没有取得，故结束时剩下一大笔经费，毫无计划地大家分了。临终还指拨一百万美元编了一本根本不能读的联总历史，传为笑柄。

（乙）中国部分的：

（一）中国不幸在战后有大饥荒，所得的五亿多美元的援助，百分之八十用之于输入粮食，临时救急，没有久远的效果。至于其余的百分之二十，泰半用之于衣料和医药。联总输送到中国的物资很少农工建设之器材，当初“寓建设于救济之中”的理想，终成泡影，真太可惜。

（二）中国所得的部分不能算小，数目再大那时也买不到这许多粮食。但是中国人多，大家一分，每人所得的便太有限了。按全国人口来算，希腊每人分得美金四十元九角的联总援助，南斯拉夫分得二十七元一角，波兰分得二十一元，而中国则仅得一元一角，当然见不到什么效果。

（三）中国在战后实在太纷乱，想求得物资的合理分配，实非易事，而且执行机关也确有许多缺点。例如锡兰办粮食定量分配便办得头头是道，每人每天几两几钱，丝毫不苟，因此取得了国际上的尊敬与信任。这种科学管理中国平时就办不到，何况是在大战之后？

善后救济的主持不是廷黻得意之笔。他对这项工作虽然尽了很大的力量，但是困难之多，阻力之大，效果之微，都不是他在民国卅三年（一九四四）和我谈话时所曾预料到的。

民国卅五年（一九四六）十月一日政府解除了廷黻联总和行总的职务，而改派中国银行常务董事霍亚民（宝树）接任。因为联总和其连带的机构经常开会，事务繁琐之极，占据了我很多时间，影响我在驻美大使馆的正常工作，于是我那时就请驻美顾少川（维钧）大使准我辞去这些兼职，但顾大使则以“联总事务关系我国甚多，盼勉为协赞，不可言辞”，予以慰留。顾大使是我父亲的上司（在北京外交部，顾大使任总长，我先父，名庆龢，任简任秘书），霍署长又是朋友，他们不准我辞，我只有做下去。想不到我和联总及其连带的机构因此竟结了不解之缘。我在国际紧急粮食理事会及其附属的各个物资委员会担任中国代表一直到民国卅七年（一九四八）因为世界粮食问题已无紧急状态该会裁撤为止。我在联总中央委员会竟由副代表升为代表，经常出席，民国卅八年（一九四九）三月三十日的最后一次会议，我也曾参加。至于联合国粮农组织，我则任中国代表至民国卅八年（一九四九）该组织自华盛顿迁往罗马为止。此外我又奉派参加若干连带的会议，如国际小麦理事会、国际棉花咨询委员会等。这五年当中我也曾到日内瓦、巴黎、加拿大温尼伯（Winnipeg 该国产麦中心）和奥太华[①]等地去参加各式各样的会议，虽然相当辛苦，但也得到了许多关于国际经济的知识和经验。民国卅五年（一九四六）十月，廷黻解

① 现通译为渥太华。

除职务之时，他在上海，我在华盛顿。他在卸职之日曾循例拍给我一封电报，感谢我的协助，未提到其他。他之离职是中枢政治变动的结果，不是因为他做得不好，也不是他自己不愿意做下去。他那时的心情我未和他谈过，不过当时他想必有“无官一身轻”之感。据张镜轩所写的小传上说，廷黻那时有意恢复他的教书研究的生活，但是时正入深秋，学校秋季已经始业，回学校去时间上自有不便。也许是因为这个缘故，他接受了政府的委派代表中国出席联合国远东经济委员会。这是临时的职务，每届会议的代表都是临时令派的，会议终结职务便即解除，这也许是他接受这个任命的原因。

廷黻参加国际组织会议系以民国卅二年（一九四三）的善后救济会议为始。他参加的第二个国际组织会议是民国卅三年（一九四四）七月一日至廿二日在美国纽咸奢州，布腾林[①]（Bretton Woods, New Hampshire）地方举行的联合国金融财政会议，亦即是产生国际货币基金和国际建设开发银行两个机构的会议。出席这项会议的中国首席代表为当时行政院副院长兼财政部长孔庸之（祥熙）先生，我国代表团阵容甚盛，包括廿多位专家，自重庆飞到纽约。廷黻那时已在美国，亦奉命参加代表团。他在会议中被推为一个委员会的主席，听说他安排讨论程序甚为得当，议事程序娴熟，引用得宜，深得各国代表之赞扬。

未能完成的著述

廷黻一生最大的志愿是撰著一部具有权威性的中国近代史，作为他传世之作，即西洋人所谓 Magnum opus。这本书在他当教授时研究工作尚未完成故不能写；在他任官一段长时间他没有闲暇写；在他退休以后苍天没

① 现通译为新罕布什尔州，布雷顿森林。

有给他机会写。近年来他一再请求退休，他并不是厌倦宦途，恐怕也不是想给较年青的人造机会。他的目的在到南港“中央研究院”去写成这部中国近代史。李济之在前引一文里说到一个故事，济之问廷黻：

“廷黻，照你看是写历史给你精神上的满足多，还是创造历史给你精神上的满足多?”

廷黻的答复是：

“济之，现代的人是知道司马迁的人多，还是知道张骞的人多?”

济之认为廷黻的答案“很聪明”，并且怀疑“这也许是由他的外交经验得来的”，因为济之认为：“知道和不知道是后来人的事，很显然的与司马迁或张骞本人并不相干。”

过去我和廷黻曾多次讨论过济之所提的问题，我以为济之误会了廷黻答案的意思，其实廷黻并没有避免直接答复济之所提的问题。我想廷黻的看法是古人之所谓立德，立功，立言，其目的就在让后世的人“知道”他，所谓名垂青史。后人是否知道他，有多少后人知道他，是他努力成败的考验，因此不能说这是后人之事，与他不相干。历史上尽有人在做大事的时候并没有顾到后人是否会知道他做了这件大事，但蕲求流芳百世总是做事的一个主要动机。廷黻以司马迁和张骞为例，在我看来，他的意思是，在两者不可得兼的情形下，他觉得写《史记》比出使西域好，因为他估计后世知道司马迁的人比知道张骞的人多。他这个估计不一定对，或者根本不对，但他的用意是很清楚的。我猜想他是在说出了司马迁这个名字之后随口说出另一个汉朝人的名字。倘若他不说张骞而说其他的人恐怕就没有可怀疑的了。

上文提到两者不可得兼一点是很重要的，因为廷黻既治学，又从政，他的愿望是两者可以得兼，亦即是他希望在退出政府工作后他能有机会把那本中国近代史写出来，使后人知道他既是外交斗士，同时也是一代学人。在他和我谈话时，放弃不做外交斗士已不可能了，所以他唯一的希望是同时也做一代学人，好像是司马光和欧阳修一样，或者是桓谭和杜预一样，“并有著书，咸能自序”。

我们谈这些事时多半是在纽约，问题是他能不能一面工作，一面写书。在国外写书有许多辅助工具可以用，省力省时。例如见到可用的资料可以不必用笔墨来抄录，而可以用照相机拍摄或用影印机复制，几秒钟工夫就可以取到，而且保证没有错漏。西洋人写书已经很少自己手写或打字，只须用口说出，录入音带，书记人员便可在纸上誊写出来。丘吉尔的六大本第二次世界大战回忆录多半是躺在澡盆里口含雪茄“写”出来的。廷黻的问题是他能否用讲白话文录音，录下来之后是否有人可以誊写下来。第一个问题试验过，没有困难，讲时在用字及造句上稍为留心一点就是了，既非文学作品可以不必太讲修辞，誊下来后亦尽可增删润色。写中文费时间是因为每个字都得一笔一笔写出，而且不能太潦草使手民不能辨认。写字多了手指酸痛又得休息。赵孟頫一天能写一万字成为千古奇谈。用口述的方法一小时就可以讲一万字，毫不费力。中国人一生著述上一百万字的就不多，西洋人一生著述上千万字的所在多有。口述录音不困难，要紧的问题在录下来后谁来誊写。誊写的人要懂中文速记，先把录音速记下来，然后再就速记誊清。这是西洋的办法，办公室里的女秘书都有这套本领。但是在中文领域里现在尚没有这样的人才，就是有之，廷黻也养不起他。廷黻终身有志于著述，但是他遗留下来的著作不多。用曹子建的一句话来说，廷黻是“常斐然有述作之意，其才学足以著书，美志不遂，良可痛惜”（《与季重书》）。廷黻是个忙人，但他仍可著书，只是他要写中文，而中文领域里就缺乏写作辅助工具。现在科学昌明，各种工具日新月异，电脑的使用为我们开辟了新天地，台湾报纸已使用自动铸排机印刷，科学家高仲芹已有了种种中文写作传播辅助工具的发明，美国国际商业机械公司也曾做过种种试验。记得有一次我陪儿位外国官员到金门访问，周游全岛之后他们注视最久的是金门县政府里的一座中文打字机，因为各种武器他们都已看过，但中文打字机还是第一次见到。现在国民教育发达，文盲已接近完全扫除的阶段，省时省力的中文写作辅助工具的发明是今日中国刻不容缓的要图，使得廷黻这样的忙人，也能像丘吉尔一样，躺在澡盆里口含雪茄而写成他的中国近代史。在他这是传世之作，毕生的研究没有浪费，在我们则是三生有幸能够读到一本根据丰富学识经验而写成的好书。

一九六一年秋，廷黻和我曾同到母校哥伦比亚大学参加一项学术会谈。会后有人领我们参观当时很风行的“快读”（rapid reading）试验。据说美国前总统艾森豪[①]有一个习惯，他所看的公文，无论是多么复杂的问题，均以一页为限，因此每一件案件佐理人员都得为他摘要，因而发生两个弊病。第一，做摘要费时间，有时全世界的人在报章上已看到的消息美国总统还未看到。第二，现代世界的诸种问题都很复杂，勉为摘要有时看不到问题的全貌，或简洁到看不懂，反而要找人解释。听说甘乃迪[②]总统认为摘要的办法不妥，而提倡“快读”。据哥伦比亚大学心理学系的研究，一个人经过适当训练可以增加阅读的速度，甘乃迪总统就接受过这种训练。“快读”的本领不必是天赋的，一个具有普通智慧的人经过训练都可以做得到，哥伦比亚大学就设有训练班，任何人都可以参加。我们对这个训练很感兴趣，因为我们认为这个试验很可以施用于中文，并且比英文容易。康有为有一段话说：

中国自有文字以来，皆以形为主，即假借行草，亦形也，惟谐声略有声耳。故中国所重在形。外国文字皆以声为主，即分篆隶行草亦声也，惟字母略有形耳。中国之字，无义不备，故极繁而条理不可及。外国文字，无声不备，故极简而意义亦可得。盖中国用目，外国贵耳。然声则地球皆同，义则风俗各异。致远之道，以声为便，然合音为字，其音不备，牵强

① 现通译为艾森豪威尔。

② 现通译为肯尼迪。

为多，不如中国文字之美备矣。(《广艺舟双楫》，卷一)

康有为对西洋语文造诣不深，他所说的话有点似是而非，姑且不论，但他所说的“中国用目，外国贵耳”一句话是很对的。哥伦比亚大学心理学系所作的“快读”试验就是教人在读英文时“用目”，将用字母拼成多音节的字，例如由十四个字母有四个音节的字 transportation，甚而由两个字拼成的名词如 United Nations，作为一个“形”而不作为若干个“声”来认识之，这样就取得了“快读”的效果。在参观“快读”试验时我曾征引康有为的话向在场的心理学专家说了几句话，离开后廷黻和我同车回到联合国去，他对我说：

中国文字重形，应当比英文容易“快读”，照你的说法，将来所有的中国人都可以一目十行，对于中国文化传播的利便真是不可思议的，由此可见提倡汉字拉丁化者真是糊涂之极了。这些事都有待于我们从长研究，固步自封固然不妥，盲目学西洋更是不妥，一切均有待于学术研究。

廷黻近年来是“中华教育文化基金董事会”的董事。这笔基金近卅年来数目增大很多。这个好现象得力于几位董事投资的得当，既无危机，又有高利。我在美国时，董事会主席为蒋梦麟，总干事为胡适之，每年借“驻美大使馆”开会一次，我则以“外交部”或“教育部”代表的资格参加。廷黻对于这笔基金的运用主张很多，他认为应当尽量用之于鼓励台湾各大学教授的学术研究。他极力提倡破除大学间门户之见。把钱用在台湾，如果有大计划，动用基金本身亦无不可。近年来董事会用在提倡台湾学术研究的经费不少，廷黻倡导之功亦不可泯。近年听说他倡导中国通史之编纂，这当然是他最热心的一件事情。这件事提出时我已在澳洲，所知者只是美籍董事庄莱德游澳洲时对我所说的一点点，由此而知廷黻在大力推动这件大事。

纽约朋友来信告诉我，廷黻在一九六五年五月退休后暂住纽约，一来是等待参加是年“中华教育文化基金董事会”年会，会后即返台湾定居；

二来是哥伦比亚大学约请他作“口述历史”（Oral history）录音，料是自传或回忆录性质的记录。据说他是时体力已有不胜，声音微弱，究竟录了多少次，朋友来信语焉不详。胡適之多年前即劝廷黻写自传或回忆录，廷黻始终踌躇，理由是他在联合国的演说联合国已有全部文字的和录音的记录，重要的并经“外交部”和代表团汇刊成册，传播甚广。至于幕后活动的资料，如与政府来往文电以及和别国代表谈话记录等等，大部分还未到发表之时机。何况回忆录要等他退休后才能写，而他退休后想写的是中国近代史而不是回忆录呢?

一个天真的性格

廷黻从政三十年，对民族、国家、政府，他都有卓越的贡献。这该是大家所公认的。

他之所以能作此贡献是因为政府能重用他，使他有机会为民族国家效力。他出身于一个中等人家，既非豪门，亦非望族。辛亥革命那一年他才十六岁，不够年纪参加革命运动。民国元年（一九一二）他赴美国留学，一去九年。他学成回国后矢志学术研究，无意参加实际政治。他既无靠山，亦不属于任何党派系统，更无群众可言。他所有的只是在学术界的声誉，尤其是他对苏联和第三国际的认识，详明透彻，深获各方的赞赏。就因为这些政府征召他担任官职，畀以高位。民国廿四年（一九三五）政府任命他为行政院政务处长时，许多他的朋友劝他多多考虑是否应当接受。有的人对于政府“求贤”的诚意表示保留；有的人以为政治是污浊的，党同伐异，倾轧排挤，弄得不好会身败名裂，劝他不应跳入这个“火坑”；有的人以为他应当保持学者清高的地位，以在野之身议论政事，鞭挞政府；更有的人心存嫉妒而说出许多难听的话来。廷黻是学历史的，何尝不知道从政的风险，在野之优闲？但是他又看到别的方面。中国政治在革命后，尽管有许多令人不满之处，但比起专制时代确有许多不同的地方。古时的名臣很多须要和昏君、谗臣、宦官、外戚冒死斗争，弄得不好就会遭贬谪，推出午门斩首，夷九族。现在这些危险都没有了，谁说中国政治没有进步？从政的人只要不做汉奸，不通敌，不贪赃枉法，不循私舞弊，最多只是不得其道而行，仍可以回到大学里教书研究。同时，那时中日冲突日趋尖锐，大战迫在眉睫，政府征召学者服务就如同征召壮丁入伍，被征者不容徒为个人的利害打算而忘却了做公民的基本义务。廷黻早已认定中日问题的一个关键在苏联。他甫自苏联考察归来，自信对苏联有相当认识，他觉得他有义务以他的识见贡献政府。那时国内弥漫着主战的空气，亦即廷黻后来所说的：

政府因负实际政治责任，说话行事比较谨慎。反对政府的人因不负责任可以随便给政府出难题，对社会唱高调。因之，一般人民很容易发生误会，以为官僚不努力，太消极，甚至于不爱国。反之，反政府的人因言论激昂好像是特别爱国，特别有作为。

他鉴于这个局势的危险，有意到政府里帮助政府赶快从事建设以增强抗战的力量。后来他说：

抗战以前的数年，我们在最高领袖指导下，把统一基础打好了，于是改革法币，建设公路铁路，推进国防等等自力更生的事业得有一日千里的进步。假使政府于“九一八”的冬天就听从一般士大夫的浮议而开始抗战，那我们就不能有自“九一八”到“八一三”那个阶段的积极建设和统一完成。没有那一个阶段，我们哪能有今日的抗战力量？〔以上两节引自他在民国廿八年（一九三九）元旦所发表的《百年的外交》一文，《新经济》半月刊，第一卷第四期。〕

廷黻绝不是热衷于高官厚禄的人，也未存有“学而优则仕”的传统思想，如果政府不征召他，他绝不会去奔走钻营，而安心在清华教书研究，不致有满腹经纶怀才不遇的感叹。他的态度不属于中国文人传统的类型，既不自鸣清高，也不热衷仕进。但是政府既然征召他，他就应召，丝毫不作扭捏的姿态，半推半就，装腔作势。我们可以说他的态度是西洋古希腊的传统，亦即柏拉图所说："一个公民最高的荣誉是为国家服务。"廷黻之出任政务处长及其他职务的动机和胡适之出任驻美大使是一样的：尽公民的责任为国家服务。

廷黻的态度有人议之为过于天真。天真确是他性格的特点。人家说他个性耿直，湖南脾气太重，狷介而甚至于孤僻。这些性格他都有，也都可以说是他天真的流露。天真有两个方面。一方面是把事情看得过于简单，缺乏容人之量。廷黻的个性的确有这一方面。他似乎把世界上的人分成两类，一类是他看得起的人，一类是他看不起的人。他和第一类人尽管意见不同，争辩得面红耳赤，如同他和胡适之、傅孟真的争辩，但和他们争辩根本是因为尊重他们，所以才值得和他们争辩。对于他看不起的人他是很不留情的，这些人和他谈话时他可能很不礼貌，板起面孔一声不响，等那个人把话说过了他就起身送客。他一生因为这个特性不知开罪了多少人。有时他自己也感觉不该如此，表面上敷衍敷衍，客气一番，但做得总不免牵强，令人一望而知他的心情。他的性格是西洋人所说"知识上的傲慢"（intellectually arrogant）。

天真的另一方面是择善固执，守正不阿，知其不可为而为之的精神。廷黻的个性在这一方面可以说是表露无遗。因为他最主要的工作是在联合国，他这个性格也是在那里表现得最为明显。他所遭遇的阻碍和困难是平常人所不能忍受的，但是他毫无畏缩，绝不气馁，抱着最大的决心勇往直前打硬仗，而终于赢得一次又一次的胜利。有一位澳洲外交官曾在联合国与廷黻共事多年。去年双十节他来参加我所举行的庆祝酒会。我告诉他廷黻死了，他沉思片刻然后说道："TF 是一个简单的人，不复杂的人（a simple and uncomplicated man）。他像一头牛，充满着笨劲，一直往前冲，眼睛只往前看，这样他能够排除万难而达到他的目标。这是他可爱之处，也是他成功之处。”我听了这席话，深深感觉这位澳洲人是真真认识廷黻的。廷黻的成就是在外交上的。从他以后我们对于外交该有一个新的认识，体会到在外交战场上要怎样才能克敌制胜。如果他的榜样能够深入人心，他也就可以瞑目九泉了。

蒋廷黻的志业

吴相湘

经世致用　以天下为己任

蒋廷黻先生辞世以后，中外各方都有很多纪念和赞扬文字。“外交斗士”“史学权威”“中国近代史研究的拓荒者”等等，名词充满简端。十一月十九日，在台北举行的追悼会中，李济之先生致辞中更提到他一年前和蒋廷黻在华双橡园官邸闲谈时的一段对话。李：“廷黻！你认为是写历史的人快乐，还是创造历史的人快乐?!”据李说蒋对于这一个问题没有立即作任何正面答复。稍停一会以后，他反问李：“济之！你看世界上的人知道司马迁的多呢？还是知道张骞的多?!”

散会以后，若干人因知识程度不同而提出不同的答案：

甲：自然是知道张骞的人多，小学历史和国语课本中都提到了他。小孩子们都知道张骞通西域的故事啊!

乙：中学历史课本里，有张骞也有司马迁，大概喜欢读线装书的人都知道司马迁，就是自附风雅的富商大贾也将廿四史陈列在客厅里哩!

丙：你们两位都只看到一面，蒋廷黻他是如阎锡山大著《孔子是什么家》一样，“一家”是不足以形容他的！用“外交家”“史学家”来形容蒋廷黻的一体两面，是不恰当的——蒋廷黻至老宝庆乡音未改，直道而行的个性始终如一，是不能用“两面”人来看他的。他是将“学问”“事功”融合为一的人啊!

丁：对啦！我看拿蒋廷黻和丘吉尔来相提并论，庶几乎近之。丘翁创造了历史，并且亲手将自己创造的历史记录下来。蒋廷黻有这种怀抱，只可惜他比丘翁寿命少二十年！

听了这些对话，令人感慨万端。“不患人之不己知，患不知人也！”知人论世真是不易。李济之与蒋廷黻友谊非常深厚，但两人志趣不同：李的兴趣在“先史时代”，就是说他的注意力至少是在四千年以前，在面对古人；蒋的兴趣则在今日，在面对现实，时间的距离如此遥远，自然无法知“心”了。

“人杰地灵”是昔人常用的一句颂扬语，但以今看来，这句话是甚多瑕疵的。事实上：“橘渡江为枳”就说明自然地理环境对生物的影响了。而自然环境以外，人文环境，或者曰历史背景、乡里传统以及教育关系对于一个人的影响，更是非常重要的。孙逸仙、曾国藩、康有为等各以不同姿态出现在中国近代历史舞台，他们生长于不同的人文环境与教育环境，是一决定性的因素。

蒋廷黻是湖南宝庆（邵阳）人，生于光绪二十年（一八九四年。台北追悼会印行的“略历”作民国纪元前十六年十二月七日即一八九六年。而《我们的敌国》下集载：蒋廷黻出生于民国前十六年十月廿一日，究应以何者为准?），幼读书私塾，伯父兰圃先生督促甚严。科举既废，一九〇六年乃入湖南长沙明德小学。后来他常自言他脑海中的国家观念由此产生（事实上：这一学堂即为救国而创立，黄兴、张继在蒋入学前曾执教于此）。次年转学湘潭一教会设立的益智学堂。辛亥革命时学堂停办，乃立志留学。民国元年（一九一二）春放洋入美国密苏里州巴克大学预科。是年秋，湖南督军谭延闿奖以官费，更得专心求学。民国三年（一九一四）转学俄亥俄州奥伯林学院。民国七年（一九一八）毕业，旋往法国读书一年。民国八年（一九一九）夏返美入哥伦比亚大学历史学系。民国十二年（一九二三）春得博士学位，归国就任天津南开大学历史学教授。

就这一段经历看来，蒋廷黻在外国留学的时间比在国内求学时间多。似乎可说“洋化”甚深。但事实上却不如此。他至老乡音不改，甚至有人说他英语也略带湖南口音，且每次述职返美必携湖南腊肉西行，以及返国时必抽暇参加湖南明德校友会，都可说明他虽在外邦甚久却始终尊重其故乡的人文环境与乡里传统给予他的影响（蒋撰《中国近代史大纲》中论述曾国藩、孙逸仙时，曾再三强调他们少年时代的环境影响）。

曾国藩在中国近代历史上的地位，是由于他能将学问与事功融合为一。这原是至圣先师所垂示的标准。王阳明也曾向这样目标努力，所谓“知行合一”学说对于日本且发生重要的影响。只是中国的一些腐儒，不知读圣贤书所学何事！顾亭林大声疾呼也没有能震醒这些酸溜溜的白面书生（至今尤甚，更可浩叹）。

蒋廷黻的同乡前辈邵阳魏源是清季经世致用学派的主要人物，道光六年（一八二六）刊行《皇朝经世文编》，是清代学风大转变的开端。道光二十四年（一八四四），鸦片战争后，魏源又梓行《海国图志》，这是中国近代士人综合中外资料所为知己知彼的第一部著作。日文译本对于明治维新很有影响。

经过魏源的倡导，曾国藩的以身作则，经世致用学风士风弥漫三湘洞庭间，谭嗣同、唐才常、黄兴、宋教仁、蔡锷等就产生在这环境里。李剑农、左舜生、蒋廷黻也产生在这环境里。

蒋廷黻常津津乐道他脑海中的国家观念是在湖南明德学堂读书时产生的。而其回国后的第一部出版品即译述哥伦比亚大学海斯教授的《族国主义论丛》（*Essays on Nationalism* by Cartlon J. H. Hayes）（胡適题签。海斯在此中译本有一英文序）。这一译本中有蒋的译序〔民国十七年（一九二八）秋作于南开大学。台北追悼会刊行“略历”谓蒋于民国十六年（一九二七）起任教清华大学，误。蒋是民国十八年（一九二九）始就清华教职〕。说明这是他和学生们合作译述以外，特别指陈：

我虽明知族国主义的缺点，我确以为中国人的政治精神病惟族国主义的精神药能医治。同时我愿意承受海斯教授的劝告：中国应图主权及土地的完整，确不应行反国际主义的政治经济或教育政策。中国若欲自强，必须有国际的同情与协助。这是反国际主义的政策所不能谋得的。

怎样能收族国主义之利而免其弊，怎样能进世界和平及国际正谊，而免国际主义的虚浮和幻想，是值得注意研究的。

要强调指出的：蒋廷黻这种言行，绝不是逢迎世俗，而是他自少年深受老乡“经世致用”学风人文环境影响的最初表现。可以说：他自拿起粉笔，即不同凡响，就决心将自己的研究面对现实，并将其心得贡献国家社会，绝不做一张留声机唱片。

《最近三百年东北外患史》台北影印本中有蒋手撰的一段“小引”（一九五二年九月十六日于纽约），其中有云：

二十五年以前，我曾试对外交当局贡献一点意见。我说过：“东北问题的重要不在不平等条约问题之下，而其困难反有过而无不及。我们应该早为预备。”我那时在南开大学教书，不但未入政界，并且没有意思参加政治。我的建议不过根据我的研究，提出来以供当局参考。

因为我深感东北问题的重要，所以在我的研究工作中，东北占主要位置。

由这一段回忆更可了解蒋廷黻志业正是发挥他的乡贤魏源倡导的“经世致用”学风，面对国家现实问题，“先天下之忧而忧”且“以实事程实功，以实功程实事，艾三年而蓄之”。（详下文）

许多纪念蒋廷黻的文字，都强调他整理第一手资料的贡献。但相湘以一研究中国近代史的学生并与蒋氏有三十年交往的关系所体认：整理资料固然重要，但世人千万不要忽略蒋廷黻倡导的应用客观态度解释史实这一大事。

民国十六年（一九二七）十月，蒋廷黻在介绍英国史家陶恩培

(Aunold Toynpee) 撰《中国革新运动与日本土耳其革新运动的异同》译文〔李颐译，载民国十六年（一九二七）十月二十三日天津《国闻周报》第四卷第四十一期〕“前记”中即特别介绍原文价值“能给我们一种新见解与鼓励”，“以外人能了解中国的问题到这个地步，已经了不得；我们也应该听听旁观者的话”。可以说这就是蒋廷黻研究中国近代史基本态度的最初反映。从此以后，蒋氏的许多有价值和专题论文，不仅比对参证中外各方史料，并且折衷中外各种不同见解而得到的“兼听则明”的结论，完全跳出我国过去“虚骄”史论的旧套。

《琦善与鸦片战争》〔《清华学报》第六卷第三期，民国二十年（一九三一）十月出版〕，是蒋廷黻运用上述态度与方式公开发表以讨论中国近代史实的一篇引人注意的论文。在这里，他提出了平心静气的客观结论：

林文忠（则徐）的被罢是他的终身大幸事，而是中国国运的大不幸。林不去，则必战，战则必败，败则他的声名或将与叶名琛相等。但林败则中国会速和，速和则损失可减少，且中国的维新或可提早二十年。鸦片战争以后中国毫无革新运动，主要原因在时人不明失败的理由。林自信能战，时人亦信其能战，而无主持军事的机会，何怪当时国人不服输！

蒋氏这一论文的撰写，自然是他多年研究的心得，也可能是有感于所谓“革命外交”的宣传而发为忧愤的。而其刊出之时，适逢九一八事变，全国民气沸腾，早将三年前即民国十七年（一九二八）五三济南惨案以后，蒋委员长告诫全民效法越王勾践生聚教训的训示置之脑后。国人对于蒋廷黻这种议论自然不欣赏，甚至骂他拾洋人的唾余。（甚至还有说蒋不会写中文。）事实上：蒋廷黻虽在美国受教育的时间甚久，但这些见解却绝不是受“洋毒”，而是他的乡贤魏源、郭嵩焘一再倡导坚持的见解。

魏源在《海国图志》中再三强调：“明臣有言：欲平海上之倭患，先平人心之积患……去伪去饰、去畏难、去养痈、去营窟，则人心之寐患去其一，以实事程实功，以实功程实事，艾三年而蓄之。”郭嵩焘更不顾时人的诟责反复指陈："窃见办理洋务三十年，中外诸臣，一袭南宋以后之议论，以和为辱，以战为高，积成数百年习气，其自北宋以前，上推汉唐绥边应敌，深谋远略，载在史册，未尝省览！洋人情势，尤所茫然。""洋人之入中国，为患已深，夫岂虚骄之议论，嚣张之意气，所能攘而斥之者?!"这对蒋廷黻是极具影响力的。因此他检讨近代史实时就注意用客观态度去观察，并在"去伪去饰""戒虚骄"原则下作结论。

当蒋廷黻这一论点发表的先后，金陵学报也刊出几篇论文，将南宋前后士人论史论政的不同态度，用文证列举出来。可以说是和蒋一样企望国人平心静气检讨国是，不要用"常带感情"的笔调来宣传。

但中国社会积习太深，尤其一些所谓大学教授，如傅斯年先生所沉痛指出的是在"懒"字下讨生活的。对于蒋廷黻这番苦心是不能了解的。甚至蜚语中伤说："清华园太小了，他不会感觉过瘾的!"但蒋氏一笑置之。民国廿七年（一九三八）撰《中国近代史大纲》时更将七年前的论点进一步强调申说：

中国士大夫阶级（知识阶级和官僚阶级）最缺乏独立的、大无畏的精神。无论在哪个时代，总有少数人看事较远较清，但是他们怕清议的指责，默而不言，林则徐就是个好例子。

林则徐实在有两个：一个是士大夫心目中的林则徐，一个是真正的林则徐。前一个林则徐是主剿的，他是百战百胜的，他所有用的方法都是中国的古法，可惜奸臣琦善受了英人的贿赂，把他驱逐了。英人未去林之前，不敢在广东战；既去林之后，当然就开战。所以士大夫想，中国的失败不是因为中国的古法不行，是因为奸臣误国。当时的士大夫得了这样的一种印象，也是很自然的。林的奏章，充满了他的自信心。可惜自道光二十年夏天定海失守以后，林没有得着机会与英国比武，难怪中国人不服输。

真的林则徐是慢慢地觉悟了的。他到了广东以后，他就知道中国军器不如西洋，所以他竭力买外国炮，买外国船。同时他派人翻译外人所办的刊物，他在广东所搜集的材料，都给了魏默深（源）。魏后来把这些材料编入《海国图志》。这部书提倡以夷制夷，并且以夷器制夷，后来日本的文人把这部书译成日文，促成了日本的维新。

林虽有这种觉悟，他怕清议的指责，不敢公开地提倡。……换句话说：真的林则徐，他不要别人知道。难怪他后来虽又做陕甘总督和云贵总督，他总不肯公开提倡改革。他让主持清议的士大夫睡在梦中，他让国家日趋衰弱，而不肯牺牲自己的名誉去与时人奋斗。林文忠无疑的是中国旧文化最好的产品。他尚以为自己名誉比国事重要，别人更不必说了。士大夫阶级既不服输，他们当然不主张改革。

这是何等沉痛的话语，此时此地尤其值得国人细读反省。“中国士大夫阶级（知识阶级和官僚阶级）最缺乏独立的、大无畏的精神”，更值得“中国广播公司”和台湾电视公司每日早晚对各大学及衙门作“定向广播”！

蒋廷黻是企望用“春秋责备贤者”的心情，评论近代历史中几位枢纽人物的言行，唤起当代人的注意：不要重蹈覆辙！因此，他对于李鸿章的品评更值得注意。

《李鸿章——三十年后的评论》是蒋廷黻继《琦善与鸦片战争》论文之后发表的另一“知人论世”文章。刊载于《政治学论丛》创刊号〔北京大学政治学会出版，民国二十年（一九三一）十二月，北平〕。蒋廷黻在这一论文中指出：“李鸿章不知西洋文明中民治主义与民族主义，只知机器文明。”“李只做事不做人——在西洋社会中，本着才智或能成大事。在中国则才智以外，非加上‘德’的感化不可。李德望不足以服人，故反对者多。”“李签订（中日）《天津条约》（一八八五）并不是觉得自强功夫已有可为，而是误认日俄的消极为永久放弃野心，致坠入雾中，此为大错。”

在《中国近代史大纲》中，蒋廷黻对于李鸿章认识西洋机器文明、看清中国日本强弱的分野所在以及李要想改革科举制度甚至要想改革士大夫的人生观，是极尽赞扬“李鸿章的伟大”。但对于“李本人就不廉洁”，以致其所主持的自强新政机关，“外商与官吏狼狈为奸，私人发了财，国事就败坏了”曾沉痛指陈。对于李签订《中俄密约》的错误，更用“李鸿章引狼入室”的标题文字以示口诛笔伐。

蒋廷黻论人注意“德”“才”并重，可说是基于中国传统。因此，他对于曾国藩的评论就更值得注意。他在《中国近代史大纲》中指陈：

曾国藩是我国旧文化的代表人物，甚至于理想人物。他是个实践主义的理学家……他知道文章学问道德功业，都只有汗血才能换得来，正如小农民知道要得一粒一颗的稻麦，都非出汗不可。

曾国藩治兵的第一个特点是精神教育的注重。精神教育是曾国藩终身事业的基础，也是他在我国近代史上地位的特点。他的行政用人都首重主义，他觉得政治的改革，必须先由精神的改革。前清末年的官吏，出自曾文正门下者，皆比较正派，足见其感化力之大。

历史上的精神领袖，很少同时也是事业领袖，因为注重精神者往往忽略事业的具体条件。在西洋社会里，这两种领袖资格，是完全分开的，管教者不必管事，管事者不必管教。在中国则不然，中国社会，几千年来是政教不分，官师合一的。所以在中国，头等领袖必须兼双层资格，曾国藩虽注重为人，并不忽略做事。这是他的特别。

在指陈“精神教育”这一要点以外，蒋廷黻对于曾国藩能面对现实，提出解决国家难题的方案更备极推崇：

一方面，他（曾国藩）要革新，那就是说：他要接受西洋文化的一部分。另一方面他要守旧，那就是说：恢复我国固有的美德。

革新和守旧同时举行，这是曾国藩对我国近代史的大贡献。我们至今还佩服曾文正公，就是因为他有这种伟大的眼光。陡然恢复我国的旧礼教而不接受西洋文化，我们还不能打破我民族的大难关。因为我们绝不能拿礼义廉耻来抵抗帝国主义的机械军器和机械制造。何况旧礼教本身就有它的不健全的地方，不应完全恢复，也不能完全恢复呢？

同时陡然接受西洋文化而不恢复我国固有的美德，我们也不能救国家救民族，因为腐化的旧社会和旧官僚，根本不能举办事业，无论这个事业是新的或是旧的！

虽然，蒋廷黻对于曾国藩倡导的自强运动的得失，仍有公平的论断：

曾国藩及其他自强运动的领袖虽走的路线不错，然而他们不能救国救民族。此其故何在？在于他们不彻底。他们为什么不彻底呢？一部分因为他们自己不要彻底，大部分因为时代不容许他们彻底。

蒋廷黻并且指出这是由于他们有“短处”，就是“都出身旧社会，受的是旧教育。他们没有一个人能读外国书”。

蒋廷黻在论述林则徐、曾国藩、李鸿章诸人在中国近代史的地位以后，他对于孙中山先生所提出的革命救国方案是非常敬佩的。他特别指出：“这个方案的伟大，与孙中山先生的少年环境是极有关系的。”他进一步说明：中山先生的青年生活有几点值得特别注意：（一）他与外人接触最早，十三岁就出国了。（二）中山先生所受的教育是科学的教育，而且是长期的：

科学思想方法是近代文化的至宝，但是这种方法不是一两个月的训练班或速成学校所能培养的。我们倘不了解这一点，我们就不能了解中山先生所拟的救国方案能超越别人所提的方案。中山先生的一切方案是具体的、精密的、有步骤的、方方面面都顾到的，因为他的思想是受过长期科学训练的。

基于此，蒋廷黻在《中国近代史大纲》中郑重提示：“孙中山先生的三民主义和革命方略，无疑的是我民族惟一复兴的路径。”

综合上述：蒋廷黻在辛亥大革命后立志负笈西行，在美法留学十余年，归国之后译述“族国主义”，建议当局注意“东北问题”，并且自己努力研究这些问题；真是非欲徒托空言，而是要躬行实践。可以说：湖南乡里经世致用学风环境的熏陶、孙先生少年环境影响的启示是塑造蒋廷黻的两大主要因素。

民国二十四年（一九三五），蒋廷黻参加政府工作。许多人说这是“学而优则仕”。事实上：对蒋来说只是学以致用。如上所陈：蒋早有经世致用的怀抱，过去是企望用学术研究贡献于政治，现在是可以直接应用于政治措施上了。

在蒋廷黻的宦海生涯中，有一点是与衮衮诸公不同的，即他始终注意求新知识，并且仍旧运用客观态度来衡量和处理问题（民国以来，几位大官能如此！今日更不必说了）。

蒋廷黻逝世时不过“人生开始”之年，自然是令人万分悲伤的事。但就他在这短暂的人生旅程中，终于达成他早年的怀抱，实践经世致用的志业，比较他的乡贤魏源、郭嵩焘、曾纪泽的际遇要好多了。这应该是他可以自慰的。

就蒋廷黻品评近代人物的文字来看，他是努力采取许多枢纽人物做人做事的优点。所谓典型犹在，他自己是取自于人并且也塑造出一新标准。他是希望青年们都能以天下为己任，经世致用，努力救国建国的。他近年返台乐于接触青年学生，可说是想现身说法。但令人不解的是台北追悼会中竟极少青年参加。难道是蒋廷黻已成“古人”就与青年们隔离了？还是青年们不认识蒋廷黻？还是近二十年“恶性补习”及“懒”的学风弥漫，将青年的壮志豪气消磨殆尽了呢？

在台北追悼会后，一位学人很伤心地说：“廷黻即逝，自蔡元培、丁文江、胡适以来的北方学统从此绝矣。”相湘完全同意这一说法，同时更以为许多与蒋廷黻攀亲故的人实在是应该做出一点对得起他的事——早在民国二十一年（一九三二）以来蒋廷黻就曾大声疾呼：

国人的国际知识愈充足，其议论将更有价值。倘舆论有势力而无知识的根据，他一定会成一种暴力，这是很危险的。

我国对于外交的舆论，有好几种不健全的现象：在无事的时候，人民是不大注意外交，一旦有事，舆情总是十分激昂，有如狂风巨涛。

因为我们对于外交的注意是临时抱佛脚的，所以知识是片面的、零散的、一知半解的。为日报及杂志撰稿的人，上焉者找几本英美杂志东扯西凑，加上一点爱国的情感，下焉者则全靠感情的冲动和笔锋的尖锐，外交的底蕴不是这样所能得到的！

中国舆论不健全的责任，大学应负一大部分责任！因为制造舆论者，尤其关于外交的舆论，不是大学中人，即曾由大学出身者。我们大学课程总是偏重英、美、法、德，而忽略最与国家兴亡有关的日、俄，这是一个不可原宥的罪恶。

其次，国内的日报也应负一部分责任。“外交部”的责任也是不能逃脱的，“外交部情报处”从来不曾影响国内的舆论，不能造舆情，遇事则为舆情所压倒。

倘大学、日报、外交部各尽其责，舆论必能日见健全。

蒋廷黻在上文所指陈的这“一个不可原宥的罪恶”，现在是不是已经洗刷了呢？自命“清高”的学术界人士自己想想吧。

廷黻先生对学术界的贡献与关切

李　济

同一时期回国教书

绍唐先生要我做今天座谈会的一个引言人，我只有一个资格。这个资格就是，我回国教书之时，大概和廷黻先生同一个时期，那是在民国十二年（一九二三），我们从美国回来，一同到天津南开大学教书。今天在座的刘寿民（崇鋐）先生也差不多是那个时候回来在南开教书的。其实寿民先生的资格比我更好，因为他同廷黻先生一样，都是学历史的，而且教的是近代史。而我学的则是考古学和人类学。但是在天津八里台这段日子，我只是单身一个人居住，占的房间也很宽大，廷黻先生喜欢抽烟，他每天总有一段时间到我的房里来抽烟。这有他特别的理由，此处不必细说。因此我跟廷黻先生渐渐地熟络起来，虽然我们在美国时并不认识，到了南开之后，就成了朋友了。

民国十三年（一九二四）夏天，那时还是军阀时代，陕西督军刘雪亚要办一个暑期学校，训练中学的老师和行政人员，他聘请了若干位平津各大学讲历史和人文科学的先生们，也请了天津南开大学两位先生，碰巧就是我跟廷黻两人，因为只有我们两人是从天津去的，其他的都是从北平去的，无形中我们两人显得更亲近了一点。我们的交情由此更为密切。

在南开教书时，廷黻先生讲的是现代史，我所教的则是考古学和人类学——在当时的中国是两门新兴的科学，也可以说是一些邪门外道，大家都没有听见过的。不过那时南开大学创办伊始，张伯苓先生并无成见，对这些新学说倒也相当提倡，我想开什么课他也就接受了，不像现在的大学被“教育部”控制得很厉害，只准开某些课又不准开某些课，当年开课讲学可说是相当的自由。在那个情形之下，我们很感觉到教书这行职业，好像是在美国一样，很有一点自由意志以及学术有点自由的感觉。

对内地的经验有同样的感受

等我们一伙到了西安，同时又感觉到一种特别的内地的经验。在廷黻先生刚去世不久，我写《回忆中的蒋廷黻先生》一文（原刊《传记文学》第八卷第一期，收入《感旧录》一书中），曾略提到。当年在西安以及西北一带，抽鸦片烟的习惯极为普遍，其普遍的程度，到了凡是客人访问或去拜会朋友，都以鸦片烟招待，躺下吞云吐雾一番；倘若客人拒绝吸食，主人就认为是一种没有礼貌的行为。这一个规矩，我们这一行人中当然有些可以随和，有些人就不习惯，尤其是我们这些从来没有吸大烟习惯的人，虽然平日也抽纸烟或雪茄烟，但是鸦片烟那就大不一样了。这一种内地的经验，当然还有许多别的事情，我和廷黻两人反应都差不多，有些我们觉得很奇怪，有些感觉到很特别，有些则感觉到这是全面社会问题的一种。

到了西北大学暑期讲习班完了之后，有位北平师范大学历史学教授王桐龄老先生，在刘雪亚将军的饯别宴上，当面要求刘督军招待我们免费游历西岳华山。那时候刘雪亚将军对我们这班人当然是非常的客气，当下就答应了，这差事就交到华阴县办理。我们到华山去时，看到实际的情形，觉得有点难过，因为差事交到华阴县政府，县政府就硬派到老百姓身上去了，跟着就是拉夫，强迫很多壮丁办这些差事，而又不给他们工资。我们对此事很感觉到不平，我们又不好意思说话。这一段经验，廷黻先生跟我更感觉到中国的行政上的的确确存在着一些问题。从吸鸦片烟的问题到行政上的不合理，这些都是我们实际的亲身经验，我们两人的反应，可说是完全一致的。

那时我们正是二十九近三十岁左右，年轻力壮，游华山时，我们两人最早攀登绝顶，爬山的成绩最好，其他的人或许是岁数大啦，体力不足，都赶不上我们，当我们游目骋怀，环顾山下，相视而笑，无形中好像又亲近了一层。

为研究近代史建立新基础

我在南开只教了两年书，民国十四年（一九二五），我有一个机会去做考古工作，就离开了南开，廷黻先生仍留在南开。那时中央研究院还没有成立，清华大学办了一个国学研究院，聘请梁任公、王国维、陈寅恪、赵元任诸先生为导师，把我也带进去了，聘我为讲师。清华国学研究院的基本观念是想用现代科学的方法整理国故，我则从事考古的工作，廷黻先生那时还在南开教书，一面开始做学术研究。不久，他也转到清华大学任教。不过他在清华的时候，我在外头做田野考古的工作，不常在北平，我们见面的机会并不太多。但是我晓得，寿民先生或许知道得比我更清楚，廷黻先生在那个时候可说为研究中国近代史和外交史建立了一个很好的新基础。他怎么建立这新基础的呢？第一，他认为要做学问，必须要从原始资料（first hand data）的研究做起，例如研究外交史，他有一句名言，现在差不多大家都晓得的，他说，研究中国的近代外交史，在甲午中日战争以前，中国的材料是很重要的，因为那时中国的外交大概还可以自己做主。但是甲午战争以后，国势江河日下，中国的外交，无论什么决定、合同，大半自己做不了主，都是由外人逼迫而成。因此甲午以后的中国外交史，非参考外国相关的材料不可。他有了这个基本见解，他在清华（我不知道他在南开的时候开始了没有）就训练学生，凡是研究近代史尤其是外交史，无论是哪一个，都必须研究了解与中国有关系的国家的历史，比方研究中日关系，单看中国材料那还不够，必须要懂日文，到日本去留学；要研究苏俄的关系，必须要懂得俄文，到苏俄去留学。他这一基本观念，我觉得非常之要紧，也是很正确的。他为近代史研究建立了一个具体的可以实行的方法，今天许多历史家都了解，非这么做不可，研究中国近代史和外交史，单凭中国的材料，至少是不全的。

首先提倡档案研究

在这个时候，他不但有这些基本观念，而且他亲自去从事研究工作。我想，研究档案，现在是很普遍的一个历史学家的工作，这个风气恐怕是从廷黻先生开始的。他研究实际档案，尤其是故宫的档案，从档案的研究中看历史，他在清华时就大力提倡。一直到现在，外国许多有名的所谓“中国通”，如哈佛大学的费正清教授（John K. Fairbank），他们都不否认是蒋廷黻先生的学生，这是费正清亲自对我说的，他说：“T. F. Chiang，he is my teacher.”他直认这件事，当他在北平做学生时，是上过廷黻先生的课。所以廷黻先生之研究近代史，前后不过数年，不过他的基本观念是建设在现代的基础上，他的影响是极大的。我们可以说，今天研究近代史的人，大部分都是接受这个基本的观念的。当然这个基本观念并不是他一个人才有的，例如创办历史语言研究所的傅斯年先生，他在史语所集刊的发刊词上，要历史家“上穷碧落下黄泉，动手动脚找材料”，他就是倡始寻找原始材料最早的一位。研究历史若没有新材料就没有新问题，没有新问题就没有进步。这句话到今天历史家仍然奉为金科玉律，信守不渝。傅斯年先生和廷黻先生，有一段时间两人过从甚密，抗战期间在重庆，他们两人差不多天天一道吃中饭，他们两人在学术上的见解，大致是一样的，只是他们的研究范围却不一样。

这是从他对历史的学术研究说起，我所知道这一点虽是不多，我相信现代的史学家，熟悉这一段历史的人，大概对这一点都是同意的。

从政后对学术仍不断地关心

当然，大家都知道，廷黻先生并没有一直做历史的研究工作，以后他从政了。他之从政，大概是在蒋先生兼行政院长之时，那时翁文灏做行政院秘书长，廷黻先生为政务处长。他做政务处长之时于学术方面也做了好些事情，我只提一件有关与我个人之事。当中央研究院从事安阳的考古发掘——这是国民政府成立以后最重大的一件科学成就，到今天仍受世界学术界的重视。安阳之发掘，最初经历了许多困难，地方上认为我们把他们的宝贝抢去了，就因为他们有一个“宝贝”的观念，而没有现代考古学的观念，因此尽力阻挠。廷黻先生做政务处处长时，他所管的范围包括各省的行政专员，所谓行政专员，等于先前的道台，一个行政专员可以管若干府。在河南彰德府有一个行政专员，除彰德府之外，还管若干地方，这里头的县知事归他调派。廷黻先生因为同傅孟真先生是很好的朋友，傅孟真先生常同他谈到我们考古发掘所遭遇到的困难，于是廷黻先生对于派到彰德府的一位行政专员（这位先生好像姓方，我忘记了他的名字了），特别嘱咐他说：这是国家很重要的学术工作，必须要多加注意，不能让地方人士从中作梗。地方当局受了上级的嘱咐和约束，以后我们在安阳的发掘工作就太太平平地顺利展开，我们先前已经在安阳工作了好多年，以后几年又工作了好多次，在行政上就安安稳稳的没有再和地方上发生冲突的问题。这是一个实际的例子。当然他也帮助过其他学术机关，但这些事情我不清楚，所以不必说了，只安阳发掘这件事，是我亲身经历的，我可以把它说出来，来证明廷黻先生虽然从政，但是他对学术的发展仍然是不断的关心的。

邀我下榻双橡园

以后廷黻先生从事外交工作，我同他见面的机会就少了，例如他出任驻苏大使那几年，我同他就没有见过面。抗战期间在重庆，他住的地方离中央研究院很近，我们偶尔到他家里去坐坐，不过都是匆匆忙忙，没有和他做过多少长谈。胜利后，他又做外交官出使联合国，这段期间我个人跟廷黻先生没有很接触，所以没有什么事情可说。不过在最后他做“驻美大使”的时候，我倒有一个机会和他见面，并作了多次谈话。这大概是雪艇先生做“中央研究院”院长的时候，在华盛顿举行第二次“中美学术会议”，我是代表之一。廷黻先生听说我将前往华府，他就事先函约我到了华府之后，不必住在外头，就住在双橡园“大使馆”里，他想跟我谈谈。我觉得这倒是一个好机会，因为廷黻先生同我也可以说得上是老朋友了，我在这以前偶尔有机会到美国去，有机会也会找他去，不过我看他事情那么忙，也不愿意耽搁他的时间，因此没有机会可得长谈。这次他约我住双橡园，我一方面感觉这是老朋友的交情，另一方面我也想借机会和他谈谈。

建议编一部可靠的中国史纲

我到了华府之后，他亲自开车子到车站接我回双橡园“大使馆”，我住在双橡园时，蒋夫人和他自己均把我当一个老友看待。我们倒是有好几次长谈，谈的大半是学术上的问题，谈话的情形，我在《传记文学》上发表的《回忆中的蒋廷黻先生》一文中已经说了，此处不再重述。我现在只补充一件事，当时没有详细说清楚。那是有一次，他忽然对我提议说：现在你们考古的成绩相当多，你们为什么不把这些新成绩汇集在一起，编一部比较可靠的中国史纲？那就是一部中国通史。这个意见最早可说是他提出来的。我回答他说：这事情是一个大问题，以今天历史语言研究所的人力，恐怕还做不到，这是第一件事。第二，现在考古的材料虽多，但只限于一个时期，以先秦的材料较多，先秦以后若两汉南北朝唐宋元明清，考古的材料并没有多少，所以现在完全用考古资料作一部通史，这事实不大可能，除非把比较可用的旧材料一样用上，这或许可以勉强做，不过这个功夫就大了，非下大功夫不可。

促成先秦上古史的编纂计划

这是我在华盛顿最早和廷黻先生谈过的一件事情。但是廷黻先生这个人，他观念一有了，他就很快地去进行，这也是他事业成功的一个要素。以后他回台来，他马上就跟雪艇先生谈，他们就继续发展这件事情，并且指定要我负责去做。我就笑着对他说，这事我们历史语言研究所当然有这个责任，也应该这么做，应该把新的资料整理出来，使一般人对于新的重要资料都能晓得，谁也不用指定。不过现在我想，我们史语所只能主持这件事，还要请各处的专家合作，才能编著这部书。而且现在我们顶多只能做先秦上古史的部分，汉以后的事情牵涉得太多，现在恐怕还不能做。他说，那就这样，这件事情你假如肯做，那就好！那时他正好是“中华文化事业基金（China Foundation）”的董事长，他说：那我们董事会拨一笔钱，你来做这件事情。他决定了以后，又和雪艇先生商量，于是“中国上古史编纂计划”就组织起来了，由“中央研究院”和台大好几位先生组织一个委员会，包括沈刚伯先生、李玄伯先生等人。这委员会成立以后，我这就拟定了一百个题目，例如史前的化石人、新石器时代、殷商时代的甲骨文、体质人类学、铜器等等，分别邀请各该门的专家撰写，因为这都是专门的学问，不是一个人包办得了的。委员会成立以后，开了好几次会，第一次会议廷黻先生和雪艇先生都在座，大家对这计划都通过了。这事是在一九六三年，去今已十三年，我很惭愧地向各位报告，史语所所长我早已退休好几年了，我这件任务还没有完成，现在可以报告的，是这件事现在已经完成了五分之三，或已经完成了五分之四，第一本《史前史》已经印出来了，我特别带一本来给大家看看。这部书我们预备出五本，一为史前史，二殷商，三西周，四春秋，五战国，到秦始皇为止。第二册殷商也快要出版了，其他三、四、五三册，现在也已完成了三分之二以上了。这事我希望，至少是我能完成的一件事。不过我能够做多少，我不敢说，因为我已经八十二岁了，但只要我还在一天，我总还要做这件事情的。

司马迁、张骞、蒋廷黻

廷黻先生的方面很广，他在学术上有贡献，而最大的成就还是在事业上。在华盛顿双橡园，我快要离开的时候和他谈天，我就问他：“廷黻，照你看是创造历史给你精神上的快乐多，还是写历史给你精神上的快乐多?”他没有回答我的话，反问我一个问题，他说：“济之，现在到底是知道司马迁的人多，还是知道张骞的人多?”我觉得这是他的外交辞令，我想他很难答我的问话，他两边说都不大好，因为他两边都有贡献，他对学术历史有贡献，而在事业上更有成就。所以他不愿意说，大概是这个意思。这是我的推测。实际上，我想，无论怎么样，就现在的读书人来说，像廷黻先生能在学术上有他的基本贡献，我所说的基本贡献是指观念上的贡献，而又在事业上能有他辉煌的成就，像他这样的人，恐怕找不到很多。这也是我最怀念他的一点，我想这也是湖南人才的一个代表人物，在我的心目中，可说是我的朋友中间使我最佩服的一个。

绍唐先生要我来讲廷黻先生，我本来不敢讲，因为我对他知道的实在有限得很，不过我也很高兴有这个机会，对于我这位老朋友他的光芒来表扬一下。我印象最深的，是我们那次在华盛顿开“第二届中美科学合作会议”，美国科学院的院长请吃饭，廷黻在宴会中讲话，他那篇讲演词，不但词令好，而意思更好，不完全是外交辞令，这代表他对现代学术有非常清楚的认识，只可惜他没有很多的功夫做研究的工作，未能对学术界继续作更大的贡献。

廷黻与我

蒋沈恩钦

纽约生活与女仆曼利

廷黻与我在一九四八年七月廿一日在美国康省法官处结婚。Mr. & Mrs. Bob Cook 是我们结婚的证人。结婚后我们住在纽约城西区七十六街的一所六层楼公寓内，我们住在四楼，廷黻的第二女寿仁（二宝）及第四子居仁（四宝）搬来与我们同住。我们的房子有二楼，楼上有卧室两间，寿仁住一间，我们住一间，四宝睡在楼下饭厅边的沙发上。

那时我们雇了一位德国女仆，名叫曼利。每天中午时她来烧中饭，饭后打扫屋子，然后就预备晚饭。平时我们定在八时开饭，曼利为人爽直，但是脾气很大。我记得有一次廷黻在联合国开会，到了下午八时半尚未回家，她板起了面孔请我到厨房，指指窗口说："我要跳楼了！"我吓得一大跳，问她什么事那么严重，她说："我烧的烤牛肉，完全被'大使'糟蹋了！"我安慰她说："牛肉老一点没有关系的，我们不会怪你的。"她还是气呼呼的很不高兴。还有一次寿仁在晚饭时带了一位女友回家吃晚饭，曼利立刻请我到厨房，对我说，她要停工不做了。我问她为什么事那么生气，她说："寿仁怎么可以随便带朋友来吃饭！事先没有告诉我，她的朋友不能在此吃饭，我没有东西烧给她吃。我也不能将你们的菜分给她。我不喜欢这样，将我的一顿饭完全破坏。"我说："你不要急，我的一份晚餐让给寿仁的朋友好了。你替我煎一个蛋，烤两片面包就行了。"那晚曼利一直板了面孔，大生其气。

我们的公寓租金大约三百美金，曼利的工资也要两百余元，那时“政府”才搬到台湾，经济相当困难，有时不能按时发薪水，我们常常入不敷出。为了要节省起见，我们决定搬到纽约郊外去住；那时四宝在 Riverdale 的 Horaceman 读中学，所以我们决定搬到那里去住，而且也辞去了曼利。在她与我们分离时，她流泪向我说：“蒋太太，等你们经济情况好转时，你要我再来做，请你随时通知我好了。”以后她虽然没有再替我们工作，可是我们常常通音讯，每年圣诞节时，赠送礼物，后来她退休回德国，已于十五年前过世了。

忠于中国的狗

在 Riverdale 我们找到一所小平房，向银行借了一点钱买了下来，每月交分期付款的开支，大约一百五十元。四宝喜欢狗，在纽约时已要父亲买狗，父亲答应他将来搬到郊外时才可以，所以搬到 Riverdale 后，他立刻就要买狗。父亲只肯出三十元。在美国买纯种的狗，最少也要八九十美元，所以我们跑了很多地方，终算找到一对五个月的杂种小黄狗，雌的很活泼，那只雄狗呆呆地坐在地上，一动也不动，如有病一样。四宝要雄狗，所以我们没有别的选择，只能将它买下。我们问店主，此狗是否有病？他说此狗被别人买回去过，因被小孩们踢踢打打，吓得如此，并非有病。四宝抱狗回家后，请父亲取名，那时星期天下午纽约大剧院正在演 Don Carlos，父亲在收听，父亲说：“叫它 Carlo 好了。”取了名字以后，我们立刻将早已预备好的 can 狗饭开给它吃，大家抢着抱它摸它，喜爱万分。到了第二天，Carlo 非但不发呆发抖，随了我们到处跑跳，活泼非常。Carlo 渐渐长大，真是只灵活的管家好狗，任何外人都不许进屋子。如有中国人来访，它嗅了一下就很安定地睡在地上；但是异国朋友来访，它狂吠不止，虽然告诉它不许再叫，它蹲在地上，还是不断地发出哮吼的声音，表示不欢迎这位客人。

Carlo 也最喜欢吃中国饭菜，每晚必等女佣人洗净碗筷后，知道没有剩余的菜给它吃时，然后才去吃它的狗饭。后来一位外国朋友送了我们一只二个月大的小猫，第一天抱回家时，放在地上，Carlo 走过去嗅了一下，张开大嘴，将小猫一口咬住，吓得我们以为 Carlo 要将小猫咬死或吃掉，哪知它将小猫衔在嘴里，走到它的狗饭碗处，将小猫轻轻地放下。这只小猫也喜欢吃狗饭，所以以后开狗饭时，Carlo 总是蹲在旁边，让小猫先吃，等猫吃完洗面时，它再过去吃。我们常到后园走走散散步，Carlo 也跟了出来，它先将小猫衔在嘴里，一同到园子，然后将小猫放在地下，等我们进屋子时，它又将小猫衔回屋内。后来小猫长成大猫，Carlo 无法再衔在口内，可是 Carlo 还是衔住猫的颈子，拖着出进，猫也很乖，任 Carlo 拖进拖出，既不喊叫，也不抵抗。朋友们来访时见了都觉得稀奇好玩。过了一年多，有一次 Carlo 被别人的汽车碰伤后，狗医生给它上了石膏，躺卧在厨房的地上，小猫回屋后，嗅嗅石膏腿，前前后后又嗅了半天，然后走到 Carlo 嘴边舐舐 Carlo 的嘴，然后轻轻地躺在 Carlo 的背后。那一晚小猫再没有出去玩，一直陪在 Carlo 的身边。

我们等四宝中学毕业后，他到波士顿 MIT 去读大学时，我们又搬到 New Jersey 去住。我们找到一所虽旧而大的房子，有三层楼，那时我们从香港请来一个女仆，工资只有五十元。后园很长，廷黻公余回家后，喜欢在后园练练高尔夫球。屋前面有一个小凉台，天下雨时，小猫就回家，所以 Carlo 在下雨时，喜欢坐在凉台上等猫回来。郊外的房子都没有围墙或篱笆，邻近的狗猫，都是随处乱跑，有时 Carlo 看见小猫归途中被别的狗吓住时，它总是很勇敢地追出去，与别的狗打架，使小猫有机会逃进屋子。过了两年多后，有一天小猫暴病死亡，廷黻与我及小孩们都很悲伤难过。Carlo 每到下雨时，还是静静地坐在凉台上，等待小猫的归来；廷黻和我们看了，都是非常的伤心。Carlo 活到十四岁，它在世时，我家从未有小偷光临过。我们在华府时，Carlo 病亡在华盛顿的狗医院内。廷黻说它虽然是外国种，但是一只忠心于中国的狗，所以我们将它火葬后的骨灰，并将它的几只心爱玩具，一同葬在双橡园内的金鱼池旁，立有大理石碑，作为永久的纪念。

外交酬应与中国菜

我们在联合国时，平常应酬不多，可是到了开大会时，就非常的忙碌了。廷黻总是日夜操心，奔走联络，争取各国的支持票。我们平时请客都在纽约城内的大饭店，我家太小，而且只有一个女仆，她只能烧些家常便饭。外国人都喜欢吃中国菜，自然也有例外的，我记得有一次我们请AFL-CIO（美国工商会）的主席米尼（George Meany）夫妇，是一桌很讲究的筵席。在我们开始吃第二、三道菜时，廷黻发觉米尼太太吃得不起劲，就问她，要不要来一块牛排，她说欢迎，那晚其他的菜，她很少吃。但是米尼先生却就不同了。他坐在我的右面，他爱吃中国菜，而且食量奇大，我不停地替他夹菜，他也不断地吃完。我想那晚上，他把他太太的那一份菜，也都吃下了。

一九六一年廷黻奉命去华府，担任“中华民国驻美大使”。那时华府的“中国大使馆”双橡园，破旧不堪，当时“政府”拨下一笔钱，作为修理之用。我们花了几个月的功夫修理双橡园，又将它周围清理了一下，添种了许多玫瑰及其他的花卉，待修理完毕后，双橡园亦焕然一新。

在双橡园请客比在纽约时容易得多，因为那时我们有一位能干而得力的女秘书 Mrs. Nancy Chen，一位名厨师束亚明及一位可靠而有礼貌的男仆徐忠岳。我们请客时，除了男仆外，第一号 waiter 是我们的花匠，他是意大利人，他有许多亲戚及朋友，分别在华府的其他使馆内做花匠。当请客时，需要加添四五个 waiters 帮忙时，都由他去召集其他的花匠来帮忙。他们的正业虽是花匠，到了晚上，他们的副业却是华府的第一流 waiters，穿了笔挺的大礼服，忙着端盘子。我们有时去赴别的大使馆的宴会或鸡尾酒会时，也常常看到我们的花匠也在其中帮忙。

我们的中国菜在华府很有名。有一次在我们请客时，坐在我左边的一位大使对我说："因为你们请客，夜晚我特由某处赶回，同时我们也不愿错过你们的这顿好菜。"我还记得十几年前，蒋"院长"访美来华府时，我们请了几桌酒席，席间有美国国务卿 Dean Rusk 夫妇，Harriman 夫妇及其他大使等，在宴会散后，蒋"院长"对我说："今晚的菜很好，尤其是那道排翅，恐怕在台湾也不能常常吃得到的。"

我们在宴会时，对于排座位，特别当心，每在宴会前，廷黻必亲自查看一次，以免错误。听说有一次某大使请客，将一位贵宾的座位排低了，他很生气，立刻将太太带走离去，饭也没有吃，他觉得这是对他的国家的一种侮辱。

我们女太太们在一起时，很少谈政治的，平时都是谈谈各国的风俗人情，衣着时装之类的"小谈"。男客们除了谈些政治以外，也有说些风趣幽默的笑话。记得有一次饭后，大家围坐在客厅内谈笑，有一位南美老年的大使向我们说："你们知道男人最痛苦的是什么?"我们问："是什么呢?"他说："当你年轻时，女友说 no，当你年老时，她说 yes!"

退休、写回忆录、病逝

一九六四年春，廷黻的身体渐渐憔悴，我怀疑他已有癌症。他的食量渐退，睡眠也不如前。那年健康检查后，他告诉我他有"肺气肿病"，那种病也是绝症，无药可治，但是是慢性的，可以拖延许多年。到了一九六五年春，他已骨瘦如柴。有一天中午回家后，他告诉我他想辞职回台湾去。他还对我说：“以后你不要再管我吃什么，穿什么，随便我好了。”他的意思是“我不久就快死了，你也不必再担心我”。我看了他一眼，一语不发，心中觉得很诧异，他从来没有说过这种话，今天为什么那样叮嘱我？我知道那天早上他是去健康检查过的，莫非医生已查出他有癌症，并已告诉他了？我想他既然不愿告诉我，怕我伤心，受不了这么大的一个打击，我何必追问呢？绝症无药可治，说穿了使大家更伤心，还是假装不知道，装得快快乐乐的样子，与他过完他这一段最后的日子。

我们在五月底离开华府去纽约。那时纽约的哥伦比亚大学已请他写回忆录。我们到了纽约住在旅馆中，他每天去哥伦比亚大学录音，记录他的回忆录。他每天要坐公共汽车去哥伦比亚，我坚持不肯，一定要他坐计程车。有一次薛毓麒“大使”来访，我告诉他此事，他立刻就说：“我用我的汽车来接送他。”以后都由薛“大使”的汽车接送。

过了一个月，有一天我买菜回旅馆见他倒卧在床上，吃的早餐，全部呕吐在床上及地上。我立刻召医生来，医生检查后，要他进医院。他起初不肯，后来医生说现在有一种新药，可以试试。后来被我们说服后，他才肯进医院。进了医院，头几天，那新药似乎有效，他能吃半顿饭，后来还是不行，没有胃口。他的左肩下长了一个像核桃大那么一个瘤，医生切片检查后，确定他是癌症，医生对我说：“住医院很贵，可以回旅馆，我每两天来看他一次好了。”我问医生，他还有多久的日子？他说大概一个月。他那时已不能自食，我每天去医院喂他三餐。九月四日回到旅馆后，他很高兴，要我开新闻节目给他听，那时他的手足已无力，不能自行，要扶着走。过了两星期，他卧床不起，也不想听新闻了，每天烧的鸡汤及牛肉汤他只能吃几口，其他的食物，都不能下咽了。

他的病况日趋严重，到了十月五日医生嘱我送他再进医院。那天下午叶良材先生陪同我坐救护车再送廷黻进最后一次的医院，当我坐在救护车内时，望着他那灰白无血色的脸，我哀哀地想着这是我们最后一次的同车了！不久我再也见不到他了！我再也听不到他的谈话了！这是我们的永诀了！以后我要孤孤单单地度我的余年，我将永远再不能得到他的爱护、他的指导及他的陪伴了！我扶着他的手望着他，我的眼泪，直向肚里吞，那时我心中的悲哀伤心，是他人所不能知道，也所不能了解的。

第二天早晨我去喂他早餐时，他看着我，他的眼眶中滴下了两滴眼泪，这是我生平第一次见他流泪。我安慰他，要他放心，我会照顾我自己的。那天早上是他最后的一餐，以后他不要再吃什么东西了，连水都不大喝。那晚十时，当我回旅馆前，他还能看着我，第二天早上我去医院时，他看了我一眼就合上眼睛不理会我了。如此睡了一天。第三天八号早上我去医院时，他已不省人事，进入弥留状态。我急忙将三个在美国的二女一子，打长途电话召回，他们都在下午赶到。那晚我们都在医院内陪着寸步不离，到九号早上三点廿三分时，我们四人立在他的床边，看着他吐出最后的一口气，与世长辞了！

他生癌病，自始至终，他没有呻吟疼痛过。这是他好强的个性使然。据医生说，他的癌病菌，自肺部蔓延到肝、心、胆及腰子，并未进入任何骨髓，所以不像一般癌症那样痛苦。

好丈夫、 好父亲

我们结婚这么多年来，我可以说廷黻从来没有向我发过脾气或争吵过。他对小孩们也是和颜悦色，有事或有问题时总是好好地与他们商量、劝导，从来没有骂过他们。小孩们都听他的话，也都孝顺敬爱他们的父亲。他对于家事，从不啰嗦，从不诉苦，也从不过问，一切都由我做主，我也从不干预他的公事，所以我们相处得非常融洽和谐，家庭生活，十分愉快。我认为他是一位最容易相处，最容易服侍的丈夫，也是一位最仁慈的父亲。

他喜欢打高尔夫球，看棒球及角力（wrestling），平日公余回家后，就在后园练练高尔夫球，晚饭后看看电视或阅读书报，每晚看完十一时的新闻后，即上楼就寝，早上七时起身，八时半外出办公。他爱清静的生活，当小孩们带了孙儿辈来探访，住上一二星期后才回去，他常说："Glad to see them come，Glad to see them go."

凡是替我们做过事的仆人，我可以说，我从未听到他骂过他们，他待他们如家人一样，非常客气及体谅，所以到现在为止，替我们做过的仆人，仍常通音讯往来，圣诞节时互相馈赠礼物。

廷黻的长女智仁（大宝）及二女寿仁（二宝）都在美国，嫁了洋博士的中国人。长男怀仁（三宝），现居台湾，在船上工作，也很有成就。小儿居仁（四宝，Donald Tsiang）是美国麻省 MIT 的建筑工程硕士，现住在 Mass，是一位相当有名的建筑工程师，在美国许多州内，都有他的工程；他有一女二子，大女 Tina，今年已进大学二年级，长子 Ted，将于明年中学毕业，幼子 Todd，将于后年中学毕业。去年在我回台前，特飞去 Mass。先上廷黻的坟，然后曾去波士顿大学探望 Tina。

中外友人的关切与安慰

当廷黻病重时，曾得到蒋介石先生及夫人的慰问；美国总统约翰逊（L. B. Johnson）夫妇特派代表由华府到纽约的旅馆内来探望，并携有廷黻与我同约翰逊总统夫妇在白宫合摄的四个人的大照片一张，赠送我们，并亲自题名在照片上。美国国务卿鲁斯克（Dean Rusk）夫妇的代表及国务院内的高级官员，都派代表来访。蒋经国先生也派沈剑虹"大使"亲自至旅馆来探望。那时亲自来访的还有宋子文先生、陈质平夫妇、周书楷"大使"等。天天亲来探病的有刘锴"大使"、薛毓麒"大使"、张纯明"大使"、林牟圣夫妇、叶良材夫妇等。

在联合国担任美国代表的洛奇大使（John C. Lodge），在公私双方面和廷黻关系都非常密切，在廷黻病重时，洛奇写了一封长长的信来，对廷黻推崇备至，并且在字里行间，充满了关切之情。大家知道洛奇先生是波斯顿[①]的望族，非常自负，得他如此称颂，不大容易。当时联合国的秘书长宇谭也派了代表来探望廷黻。许多国家代表，也都亲自来访，或者写信来慰问。国内的朋友函电慰问的更多。一时之间，我都没法记得一一写出来，但对他们的盛意我始终铭感在心。

“China Foundation”那时适在美国开年会，全体同仁，如李榦博士、钱思亮博士、叶良材博士等等，都来旅馆探望，还特别在旅馆中开了一次年会。那天下午在会中，全体同仁，推选廷黻为“China Foundation”的主席，他们各位在他离世前还给他这样的荣誉和安慰，这种深挚的友谊，使我万分的感激。

廷黻的后事都由代表团刘锴“大使”主持，我特在此向刘“大使”致谢。

来台观光与返台定居

在廷黻过世不久，美国前任国务卿 Dean Rusk 夫妇到纽约时，特地打听我的住处，打电话邀请我去华道尔夫旅馆吃早餐，并询问我的生活状况。我很感激他们的关怀。美国工商会乔治·米尼的得力助手 Jay Lovestone 先生，是廷黻美国朋友中最要好的之一，他们每星期总要见一二次面，同吃一二次饭。廷黻要请米尼先生帮忙时，总是先与 Jay 商量一下。廷黻病重时，他正在欧洲开会，一日，得知廷黻病危，他立刻由欧洲飞回纽约，这是他最后一次与廷黻晤面。待 Jay 返回欧洲后，不及两周，廷黻

① 现通译为波士顿。

已长逝了。Jay返回纽约时，我已迁移他处，他四处打听我的住处，找到后，他立刻请我吃晚饭，并邀助手及同事Mrs. Page Morris作陪，席间他询问我的近况，我告以实情，他立刻要我去工商会工作，要我做他的秘书，待遇优厚，我自知力不胜任，婉谢了他的盛意。他的热诚相助与深厚友谊，使我永不能忘。

这多年来，每逢杨西崑“次长”路过美国时，总是打电话给我，问我的近况，并告诉我蒋“院长”嘱他询问我的生活状况与健康。三年前承蒙蒋“院长”邀请来台观光，得以目睹台湾的繁荣，工商业的发达和治安的良好及建设的伟大，台湾给我一个莫大的好感，那时我已决定他日退休时，一定回台定居。承蒙蒋“院长”的念旧及照拂，于去年我由美搬回台北安居。我要趁这机会表示对蒋“院长”的感谢！

今天承传记文学社邀请廷黻生前长官好友举行座谈会，我谨向与会诸先生及绍唐先生致由衷的谢意。